谨以此书献给那些关心我国农业、农村、农民的人们！

河南省重点学科河南农业大学马克思主义理论一级学科
河南省高等学校人文社会科学重点建设研究基地科学发展与农民权利研究中心
河南农业大学马克思主义研究中心
资助

新时代我国农村
社会主义核心价值观建设研究

杨筱明　著

XINSHIDAI WOGUO NONGCUN
SHEHUIZHUYIHEXINJIAZHIGUAN JIANSHE YANJIU

河南大学出版社
HENAN UNIVERSITY PRESS
·郑州·

图书在版编目(CIP)数据

新时代我国农村社会主义核心价值观建设研究/杨筱明著.
—郑州:河南大学出版社,2018.12

ISBN 978-7-5649-3597-9

Ⅰ.①新… Ⅱ.①杨… Ⅲ.①农村—社会主义建设—研究
—中国 Ⅳ.①F320.3

中国版本图书馆 CIP 数据核字(2018)第 290188 号

责任编辑 薛建立
责任校对 柴桂玲
封面设计 马 龙

出 版 河南大学出版社
地址:郑州市郑东新区商务外环中华大厦 2401 号 邮编:450046
电话:0371—86059701(营销部) 网址:www.hupress.com
排 版 郑州市今日文教印制有限公司
印 刷 北京虎彩文化传播有限公司
版 次 2019 年 12 月第 1 版 **印 次** 2019 年 12 月第 1 次印刷
开 本 787mm×1092mm 1/16 **印 张** 18.25
字 数 221 千字 **定 价** 48.00 元

目　　录

绪　　论

一、选题背景及意义

（一）选题背景

随着中国特色社会主义进入新时代，我国社会主要矛盾已经从人民不断增长的物质文化需要同落后的社会生产之间的矛盾“转化为人民日益增长的美好生活需要和不平衡不充分的发展之间的矛盾”①。而纵观当前我国社会发展的现状，最大的发展不平衡是城乡发展的不平衡，最大的发展不充分是农村社会发展的不充分；与此同时，农村的精神文明建设与农村的物质文明建设存在着极大的不平衡，农村的精神文明建设远远滞后于农村的物质文明建设。这突出表现在改革开放以来，随着我国在农村进行的一系列改革——取消人民公社体制、推行

① 习近平．决胜全面建成小康社会 夺取新时代中国特色社会主义伟大胜利——在中国共产党第十九次全国代表大会上的报告[M]．北京：人民出版社，2017：11.

家庭联产承包责任制、实行基层民主自治、进行农村税费改革等等，农村的生产力不断得到释放和发展，农民群众的生活水平不断得到提高和改善；与此同时，广大农民群众的生产方式、生活方式、思想观念都发生了深刻的变化。但是，农民群众精神领域的变化并不尽如人意，农村社会频频出现恶性面子竞争、高价彩礼、老人自杀以及享乐主义、个人主义、拜金主义盛行等值得我们深思的问题，甚至消极腐朽文化和西方错误思潮在农村也占有一定的市场。这些问题在某种程度上折射出当前农民精神世界的空虚、价值世界的扭曲，农民正处在旧的价值体系和道德观念正在解体、新的价值体系和道德观念尚未完全建立的尴尬境地。农民亟须在多元并存的价值观念中优化自己的价值追求，提升自己的价值境界。“农业的发展、农村的进步，离不开文化的哺育，离不开精神的支撑。”①2017 年 12 月习近平在徐州农村考察时特别强调：“农村精神文明建设很重要，物质变精神、精神变物质是辩证法的观点，实施乡村振兴战略要物质文明和精神文明一起抓，特别要注重提升农民精神风貌。”②农村的文化阵地，“如果我们不去占领，敌对势力、错误思潮和一些负面的东西就会乘虚而入。……光是打击，总有漏网的，只有让正面的东西去占领了，才能让负面的东西失去生存的土壤”③。而社会主义核心价值观作为社会主义先进文化的灵魂和内核，是农村现代化建设的重要精神支撑。党的十

---

① 刘云山．推动农村精神文明建设再上新台阶[J]．求是，2009(10)．

② 习近平．深入学习贯彻党的十九大精神 紧扣新时代要求推动改革发展[EB/OL]．http://cpc.people.com.cn/n1/2017/1214/c64094－29705356.html，2017－12－14．

③ 习近平．之江新语[M]．杭州：浙江出版联合集团，浙江人民出版社，2007：97．

八大第一次提出培育和践行社会主义核心价值观这一命题。2013年颁发的《中共中央办公厅关于培育和践行社会主义核心价值观的意见》中明确指出："把培育和践行社会主义核心价值观的任务落实到基层。"①我国农村地区的范围比城市地区大得多，而且现在仍然有近6亿农村人口，从这个意义来讲，社会主义核心价值观建设最艰巨最繁重的任务在农村，最广泛最深厚的基础在农村，最大的潜力和后劲仍然在农村。广大农村地区作为基层社会的重要组成部分，是当前社会主义核心价值观建设最滞后的地方，也是当前学术界的研究和关注不够的领域。社会主义核心价值观建设的关键，就在于扎根基层农村社会，转化为广大农民群众的情感认同和行为习惯，成为广大农民群众社会生活的一种常态。只有用社会主义核心价值观武装广大农民群众的头脑，广大农民群众才能创造出更多的物质财富和精神财富，才能为实现"产业兴旺、生态宜居、乡风文明、治理有效、生活富裕"的乡村振兴战略凝聚价值共识，才能为实现两个一百年的奋斗目标提供精神动力。

（二）选题意义

1. 理论意义

第一，有利于拓宽社会主义核心价值观研究的视野。培育和践行社会主义核心价值观这一命题自提出以来，一度成为学术界研究的热点。不同的学者从不同的角度进行研究，都取得

① 中共中央办公厅．关于培育和践行社会主义核心价值观的意见[EB/OL]．http://www.sz.gov.cn/sswj/ztzl_78021/bmzdgz/dflz/dgdj/201612/t20161205_5605051.htm，2013－12－23．

了较大的成果,学者们主要从三个方面来解读:一是关于如何培育和践行社会主义核心价值观,二是对社会主义核心价值观基本内容进行深入的解读,三是关于社会主义核心价值观与一些重要概念之间的关系。其中,关于社会主义核心价值观的培育和践行的研究大多集中于高校领域和城市地区,很少涉及农村地区。而本书以社会学社会调查的研究方法来分析社会主义核心价值观在农村社会培育和践行的现状,分析其中存在的问题、原因及对策,扩大了社会主义核心价值观建设研究的领域,拓宽了社会主义核心价值观建设研究的视野。

第二,有利于丰富和发展农村精神文明建设的理论。农村社会主义核心价值观建设是农村精神文明建设的基础工作和重要组成部分。我党历来重视农村精神文明建设工作,但当前种种迹象表明农村的精神文明建设与物质文明建设不平衡的矛盾十分突出,这就急需加强农村的精神文明建设。2017 年 12 月习近平在徐州农村考察时还特别强调:“农村精神文明建设很重要,物质变精神、精神变物质是辩证法的观点,实施乡村振兴战略要物质文明和精神文明一起抓,特别要注重提升农民精神风貌。”①而农村的社会主义核心价值观建设有利于文明乡风、良好家风、淳朴民风的形成,是新时代推动农村精神文明建设的重要抓手和主要内容,社会主义核心价值观建设也开阔了农村精神文明建设的发展思路。从这个意义来看,本书在一定程度上丰富和发展了农村的精神文明建设的理论。

---

① 习近平.深入学习贯彻党的十九大精神 紧扣新时代要求推动改革发展[EB/OL]. http://cpc.people.com.cn/n1/2017/1214/c64094-29705356.html,2017-12-14.

2. 现实意义

第一,事关国家治理体系和治理能力现代化的实现。习近平总书记曾指出:“培育和弘扬核心价值观,有效整合社会意识,是社会系统得以正常运转、社会秩序得以有效维护的重要途径,也是国家治理体系和治理能力的重要方面。”①党的十八届三中全会提出全面深化改革的总目标是“完善和发展中国特色社会主义制度,推进国家治理体系和治理能力的现代化”②。而国家治理体系和治理能力的现代化是以基层社会治理体系和治理能力的现代化为前提的,正如有学者指出,国家治理“是一个整体系统,在顶层、中层、基层之间具有内在的有机联系。各个不同层面的治理行动最终将折射到基层社会的终端,落地在社区建设的经济、政治、文化、社会、生态等方方面面”③。当前,社会主义核心价值观建设是农村文化建设的重要内容,用社会主义核心价值观武装广大农民群众的头脑,帮助他们提高分辨是非、美丑、善恶的能力,使广大农民群众形成内在的自觉性和自律性,进而为基层社会治理提供价值支撑和智力支持,助力国家治理体系和治理能力的现代化。

第二,事关乡村振兴战略的实现。党的十九大提出实施乡村振兴战略,乡村振兴战略以“产业兴旺、生态宜居、乡风文明、

① 习近平谈治国理政[M]. 北京:外文出版社,2014:163.

② 中共中央关于全面深化改革若干重大问题的决定[M]. 北京:人民出版社,2013:9.

③ 杨敏. 历史视阈下社区文化建设新趋势[J]. 华中师范大学学报(人文社会科学版),2015(5).

治理有效、生活富裕”为总要求。① 相比较而言，乡村振兴战略是20世纪初党中央提出的社会主义新农村建设这一世纪工程的升级版，前者在内涵和外延上都比后者有很大的提升。在乡村振兴战略中，产业兴旺、生态宜居、乡风文明、治理有效、生活富裕是一个有机联系的整体，其中产业兴旺是重点，生态宜居是关键，乡风文明是保障，治理有效是基础，生活富裕是根本。② 而社会主义核心价值观建设是实现文明乡风、良好家风、淳朴民风的重要抓手，乡风文明又是实现整个乡村振兴战略的前提和保障，从这个意义来看，社会主义核心价值观建设关系到文明乡风的形成，更关系到整个乡村振兴战略目标的实现。

第三，事关构建和谐稳定的农村社会秩序。农村是中国现代化的稳定器和蓄水池。中国要发展，关键看农村；农村要发展，关键看农民。中国的发展要以农村社会的稳定为前提，这是因为农村社会的和谐与稳定关系到整个中国社会秩序的和谐与稳定。正如美国学者亨廷顿在其《变化社会中的政治秩序》一书中分析的那样：“在现代化政治中，农村扮演着关键性‘钟摆’的角色。……农村主导集团所起的作用实系决定政府稳定或脆弱的关键因素。……农村的作用是个常数：它不是稳定的根源，就是革命的根源。对政治体制来说，城市内的反对派令人头疼但不致命。农村的反抗派才是致命的。得农村者

① 习近平.决胜全面建成小康社会 夺取新时代中国特色社会主义伟大胜利——在中国共产党第十九次全国代表大会上的报告[M].北京：人民出版社，2017：32.

② 中共中央国务院关于实施乡村振兴战略的意见[EB/OL]http://www.farmer.com.cn/zt2018/1hao/tt/201802/t20180204_1354953.htm，2018-02-04.

得天下。"①而在市场经济和现代化浪潮的冲击下，农村发生结构性巨变，村庄逐渐"空心化"，农民趋于"原子化"，村庄沦为"半熟人社会"。农民的价值观念也发生深刻的变化，主要表现在农村"无公德的个人"②的盛行，"农民的本体性价值日益松弛，社会性价值体系随之异化"③，农村频频出现老人自杀、村霸治村、恶性面子竞争、犯罪率升高等问题，这些问题不仅威胁着农村社会秩序的和谐与稳定，还折射出当前农民价值取向的扭曲、精神世界的空虚。农民的行为受其价值观念的支配，农民的精神世界关系到整个社会的和谐与稳定，关系到中华民族整体素质的提高。社会主义核心价值观建设做的是农民的思想工作，旨在弱化、扭转农民与主流价值观不符合的价值取向，培育农民形成现代的、先进的、正确的价值观念，并且引导农民以正确的、先进的价值观指导其行为，从而再现乡村社会"无为而治"的状态，这既降低了基层社会治理的成本，又维护了农村和谐稳定的社会秩序。

第四，事关中华优秀传统文化的创造性转化和创新性发展。党的十八大以来，习近平在多个场合强调要努力实现中华优秀传统文化的创造性转化和创造性发展。中华优秀传统文

① 塞缪尔·P.亨廷顿.变化社会中的政治秩序[M].上海：上海世纪出版社，2008：241.

② 阎云翔.《私人生活的变革——一个中国村庄里的爱情、家庭与亲密关系（1949－1999）》[M].龚小夏译.上海：上海书店出版社，2009：261.

③ 陈柏峰.农民生活及其价值世界——皖北李圩村调查[M].济南：山东人民出版社，2009：5.本体性价值是关于人对生命意义的思考，是关于如何面对死亡、如何将有限生命转换为无限意义的人生根本问题的应对，是超越性价值或终极的价值关怀。社会性价是关于个人在群体中的位置及所获评价，是关于个人如何从社会中获取意义的价值。

化散落于民间，散落在村落的各个角落，弥足珍贵的传统文化在人们世世代代的生产和生活中，自觉或不自觉地得到了传承、延续和再创。尽管近代以来，传统文化遭到严重地冲击，但并没有形成传统与现代的绝对割裂，传统文化的惯性仍在持续。中国传统文化的独特魅力和存在方式主要体现在大量物质文明、精神文明和非物质文化遗产上，呈现于乡土生活中的古建筑、传统习俗、文化活动、仪式活动等方方面面，而这些古建筑、传统习俗、文化活动、仪式活动都凝结着农民祖辈父辈社会实践的智慧，是中华民族宝贵的精神财富，更是“中华民族的精神命脉，是涵养社会主义核心价值观的重要源泉”①。因此，从某种意义来说，在农村推动社会主义核心价值观建设的过程也是传承、发展、弘扬中华优秀传统文化的过程，二者是同一过程的一体两面。

二、国内外研究综述

通过在知网高级检索中输入关键词“社会主义核心价值观”并含“农村”或“农民”，搜索方式为精确查找，发现国内外学者关于我国农村社会主义核心价值观建设的相关研究并不多，总体起步较晚。数据显示(见图1)，我国学者对农村社会主义核心价值观建设的关注大多在2012年培育和践行社会主义核心价值观这一命题提出以后，2013年至2015年相关论文呈猛增趋势。截止到2017年12月底，采用标题中含有“农村”与“社会主义核心价值观”的相关论文大概有230篇，其中硕士

① 习近平.在文艺工作座谈会上的讲话[N].人民日报，2015－10－15.

论文25篇，但没有相关的博士论文。在这200多篇期刊论文中，发表在核心期刊的论文只有几篇①，而且还有一部分是各类报纸对当地推动社会主义核心价值观建设开展的实践活动的报道。目前，也没有关于农村社会主义核心价值观建设的专著问世，可见这一领域的研究仍然十分匮乏；不过关于农民心理、精神、信仰、价值观方面的研究有相关的著作涉猎，如王铭铭的《村落视野中的文化与权力》，周晓红的《传统与变迁：中国农民的社会心理》，张鸣的《乡土心路八十年——中国近代化过程中农民的变迁》，王沪宁的《当代中国村落家族文化》，曹锦清、张乐天、陈中亚的《当代浙北的社会文化变迁》，李秋洪的《中国农民的心理世界》，康来云的《中国农民价值观变迁》等。

图1是2007～2017年"农村社会主义核心价值观"相关论文知网检索情况：

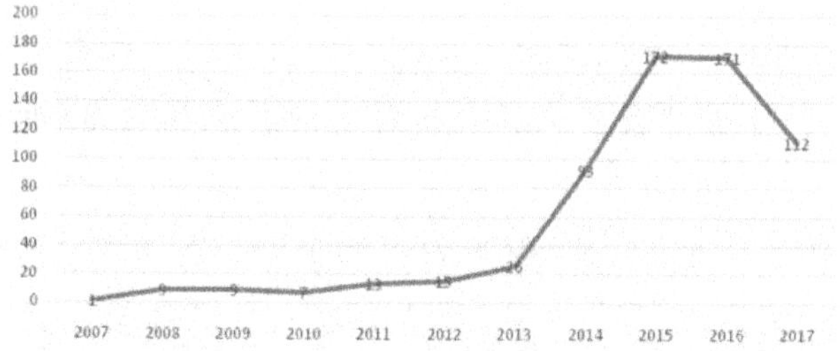

图1　2007～2017年"农村社会主义核心价值观"主题相关论文知网检索情况

---

① 吴春梅，席莹．农民的社会主义核心价值观认同：困境与出路[J]．科学社会主义．2014(6)．刘新玲，陈锦萍．乡村培育和践行社会主义核心价值观的载体研究[J]．毛泽东邓小平理论研究，2015(6)．简臻锐．在农村培育和践行社会主义核心价值观的思考[J]．思想教育研究，2016(11)．吴春梅，雷定鹏．城乡文化交融背景下农民的社会主义核心价值观培育[J]．广西社会科学，2016(4)．

根据文献搜索和查阅相关资料,对国内外关于农村社会主义核心价值观建设的研究进行梳理和归纳。现将其研究的主要内容简要综述如下。

(一) 关于农村社会主义核心价值观建设的理论研究

1. 关于农村社会主义核心价值观建设的意义

关于农村社会主义核心价值观建设的意义,学者们多从国家、社会、个人三个层面展开分析。简臻锐认为,在农村建设社会主义核心价值观,“有利于推动小康社会全面建成,实现民族伟大复兴的中国梦;有利于保障和谐农村的建设,改善农村精神面貌;有利于塑造社会主义新型农民;有利于促进优秀传统文化的传承与创新性发展”①。郭超认为,在农村建设社会主义核心价值观,“事关社会主义核心价值观在全社会的覆盖面和影响力;事关社会主义新农村建设的灵魂和动力;事关农民群众价值追求的方向和层次”②。游训龙认为,在农村建设社会主义核心价值观,是“保障农村和谐稳定的需要;实现伟大‘中国梦’的需要”③。此外,也有学者从扩大社会主义核心价值观的影响范围来谈农村建设社会主义核心价值观的意义,其

① 简臻锐.在农村培育和践行社会主义核心价值观的思考[J].思想教育研究,2016(11).

② 郭超.农村培育社会主义核心价值观的困境与对策[J].西安建筑大学学报(社会科学版),2016(2).

③ 游训龙.当前农村社会主义核心价值观培育中的问题及改进[J].江西社会科学,2014(9).

中于安龙①和郭超②都认为，在农村建设社会主义核心价值观，“有利于提高社会主义核心价值观的覆盖地域与影响范围”。还有学者认为，农村社会主义核心价值观建设是“城乡一体化建设的应有之义”，“是农村文化建设的中心工作”，“是提升新型农民素质的必要前提”③。

2. 关于农村社会主义核心价值观建设存在的困境

学者们普遍认为，当前农村社会主义核心价值观建设存在一些困境，这些困境都是制约农村社会主义核心价值观建设的主要原因，概括起来主要有结构性困境、伦理性困境、人才困境三个方面。第一，结构性困境。吴春梅和席莹认为，当前农村社区社会主义核心价值观建设存在结构性困境具体表现为：“农村基层组织碎片化引发农民认同纽带的缺失；农村阶层分化引发农民认同保障的缺失；村庄结构原子化引发农民认同规范的缺失。”④简臻锐认为，当前在农村社区社会主义核心价值观建设主要面临的困境是农村结构发生转化，出现功能式微，具体表现在“基层组织弱化，难以发挥全部功能；家庭功能弱化，村庄空心化；阶层分化，观念多样”⑤等几个方面。郭超认

① 于安龙.农民社会主义核心价值培育的现实困境与路径选择[J].继续教育研究，2017(1).

② 郭超.农村培育社会主义核心价值观的困境与对策[J].西安建筑大学学报(社会科学版).2016(2).

③ 漆晓玲.论社会主义核心价值观建设面临的困境和对策[J].社科纵横，2016(11).

④ 吴春梅，席莹.农民的社会主义核心价值观认同：困境与出路[J].科学社会主义.2014(6).

⑤ 简臻锐.在农村培育和践行社会主义核心价值观的思考[J].思想教育研究 ，2016(11).

为，当前农村培育社会主义核心价值观面临着“多元化的价值生态带来的困境、价值行为失范带来的困境、急功近利和形式主义倾向带来的困境”①。第二，伦理性困境。有学者认为当前农村社会主义核心价值观建设面临伦理性困境。游训龙认为，“农民的思想道德庸俗化情绪明显”②是制约农村社会主义核心价值观建设的主要原因。吴春梅和席莹认为，当前“乡村公共精神式微引发的农民信仰危机、乡村道德失范引发的农民公德意识虚化、乡村文化建设滞后引发的农民观念分化”③是农村社会主义核心价值观建设的制约因素。简臻锐认为，当前农民的“个体意识和功利意识浮现，冲击原有道德伦理”，主要表现在农民“个体意识出现，公共责任意识有待提升；功利化意识出现，影响原有思想观念”两个方面。④ 第三，人才困境。谭镜和漆晓玲都认为，当前农村社会主义核心价值观建设面临着人才困境。农村社会主义核心价值观建设的“队伍不健全，基层工作者素质良莠不齐”⑤、农村“文化队伍匮乏落后”⑥是当前农村社会主义核心价值观建设面临的主要困境。

---

① 郭超.农村培育社会主义核心价值观的困境与对策[J].西安建筑大学学报(社科版),2016(2).

② 游训龙.当前农村社会主义核心价值观培育中的问题及改进[J].江西社会科学，2014(9).

③ 吴春梅，席莹.农民的社会主义核心价值观认同：困境与出路[J].科学社会主义.2014(6).

④ 简臻锐.在农村培育和践行社会主义核心价值观的思考[J]思想教育研究，2016(11).

⑤ 谭镜.农村社会主义核心价值观的构建研究[N].中国会议，2016—08—27.

⑥ 漆晓玲.论社会主义核心价值观建设面临的困境和对策[J].社科纵横，2016(11).

3. 关于制约农村社会主义核心价值观建设的因素

学者漆晓玲从农村文化建设的角度来分析制约农村社会主义核心价值观建设的因素，她认为农村“文化条件参差不齐、文化主题呆板生硬、文化形式单一低俗”①是制约农村社会主义核心价值观建设的主要因素。吴春梅和雷定鹏从城乡文化融合的视角分析制约农民认知、认同、践行社会主义核心价值观的因素，他们认为，城乡文化的相互交织消解了农民对社会主义核心价值观的认同；农村公共文化服务匮乏，制约农民形成价值共识；乡村基层组织公共权威缺乏，导致社会主义核心价值观传播的路径断裂；乡村共同体转型，导致村落集体主义精神式微等等都是制约农村社会主义核心价值观建设的主要因素。② 高满良认为，农村社会主义核心价值观建设受农村的经济、政治、文化以及农民自身各种因素的影响；他认为，农村“祛政治化的影响、生产方式的制约、农民认知水平的限制、乡村文化冲突”③等都是制约农村社会主义核心价值观建设的主要原因。还要学者注重从内因、外因两个方面分析制约农村社会主义核心价值观建设的原因。其中，张家强④认为，社会转型、市场经济体制、公共文化事业等的影响是外因，农民受教育

① 漆晓玲．论社会主义核心价值观建设面临的困境和对策[J]．社科纵横，2016(11)．

② 吴春梅，雷定鹏．城乡文化交融背景下农民的社会主义核心价值观培育[J]．广西社会科学，2016(4)．

③ 高满良．社会主义核心价值观融入乡村社会的阻滞因素及路径展望[J]．农村经济与科技，2016(14)．

④ 张加强．新农村建设中农民社会主义核心价值观的培育[D]武汉：华中科技大学，2008(11)．

程度低、农民科技素质差、农民思想观念落后是内因。唐丽娜①将党委、政府在农村社会主义核心价值观建设中的主体作用与农民自身存在的问题归结为内因，将社会转型、农村经济体制改革以及传统封建思想的影响归结为外因。汤西米认为，农村社会主义核心价值观培育存在问题的原因在于“基层党委政府工作力度不够、宣传与培育机制不完善、乡村社会自身存在缺陷、乡村社会治理水平较低”②。

4. 关于农村社会主义核心价值观建设的对策

学界对这一问题的研究相对来说涉猎较多，成果也较为丰富。学者们普遍从加强社会主义核心价值观的宣传教育、实践养成、长效机制、榜样示范、完善农村公共文化服务体系等方面进行分析。其中，漆晓玲认为：“完备的公共文化服务体系是农村社会主义核心价值观建设的立足点；情理交融的人文主题是农村社会主义核心价值观建设的出发点；丰富浓郁的乡土文化活动是农村社会主义核心价值观建设的落脚点；灵活机动的城乡联动文化骨干队伍是农村社会主义核心价值观建设的创新点。”③张峰分析了农村社会主义核心价值观建设的有效机制，认为可以通过“完善农村的宣传教育机制”、“建立主客体互动沟通机制”、“建立健全利益导向与激励机制”、“建立健全保障

---

① 唐丽娜. 农村培育和践行社会主义核心价值观的现实困境与实现机制研究[D]. 郑州大学，2016(4).

② 汤西米. 社会主义核心价值观在农村的宣传与培育研究[D]. 湖南师范大学，2015(5).

③ 漆晓玲. 论社会主义核心价值观建设面临的困境和对策[J]. 社科纵横，2016(11).

机制”①来加强农村社会主义核心价值观建设。吴春梅、雷定鹏认为，可以通过“挖掘本土资源，弘扬集体主义精神”、“构建新型文化共同体，增进价值共识”、“强化农村公共文化服务，助推价值整合”、“培育乡村基层组织公共权威，强化价值引领”②来推动农村社会主义核心价值观建设。张家强认为，加强农村社会主义核心价值观建设需要党委政府高度重视，需要开展形式多样的宣传教育活动，需要提高农民文化素质，需要加强农村公共文化服务体系、提高中小学德育水平。郭超和赵平认为，在农村培育和践行社会主义核心价值观要从加强宣传教育、融入乡土生活、满足利于需求、丰富实践形式、构建长效机制五个方面来依次解决社会主义核心价值观的“内化”、“转化”、“强化”、“外化”和“固化”问题。③ 他们还认为，农村社会主义核心价值观建设，“应该以了解农村现状，抓住有利时机为切入点；以转换话语体系，丰富教育形式为关键点；以培育乡土文化，加强隐性教育为着力点；以发挥榜样教育作用，引领农村风尚为支撑点；以解决实际问题，增加价值共识为落脚点”④。

（二）关于农村社会主义核心价值观建设的实证研究

目前，有相当一部分学者采用实证方法对农村社会主义核心价值观建设展开研究。已有的实证研究主要集中在农村社

① 张峰．社会主义核心价值体系在农村建立的有效机制[J]．赤峰学院学报（汉文哲学社会科学版），2014(11).

② 吴春梅，雷定鹏．城乡文化交融背景下农民的社会主义核心价值观培育[J]．广西社会科学，2016(4).

③ 郭超，赵平．在农村培育和践行社会主义核心价值观要注意“五化”[J]．学术论坛，2015(1).

④ 郭超，赵平．在农村开展社会主义核心价值体系学习教育的有效路径[J]．河北农业大学学报（农林教育版），2013(4).

会主义核心价值观建设的载体、农村社会主义核心价值观建设的传播渠道、农村某一特定群体对社会主义核心价值观的认同几个方面展开。

1. 关于农村社会主义核心价值观建设的载体

已有的文献中专门针对农村社会主义核心价值观建设的载体研究较少。其中,陈家剑专门剖析了少数民族瑶族建设社会主义核心价值观的载体,他通访谈法与问卷相结合的实地调研,发现金秀瑶族自治县在社会主义核心价值观建设过程中载体运用存在的问题,最后提出相应的对策①;还有学者强调以村庄内生型志愿者组织为载体推动农村社会主义核心价值观建设(刘新玲,陈锦萍,2015)。② 除此之外,笔者在梳理文献中发现,何文毅在他的博士论文《新农村建设中农民思想政治教育实施策略研究》(西南大学,2011 年 6 月)中将农村思想政治教育的载体归纳为农村活动载体、村镇文化载体、乡村管理载体和大众传媒载体。因此,笔者认为他对农村思想政治教育载体的研究也为农村社会主义核心价值观建设的载体提供了参考,值得借鉴。

2. 关于社会主义核心价值观在农村传播的渠道

已有的研究一致认为,电视、手机和网络等新媒体是农民接受、了解社会主义核心价值观的主要渠道。其中,廖志坤、乔玉为通过对湖南衡阳市、永兴县、绥宁县部分农村进行调查,对

① 陈家剑. 金秀瑶族自治县社会主义核心价值观培育的乡土载体研究[J]. 广西师范大学,2017(6).

② 刘新玲,陈锦萍. 乡村培育和践行社会主义核心价值观的载体研究[J]. 毛泽东邓小平理论研究,2015(6).

社会主义核心价值观在农村传播的渠道与效果进行了研究，得出电视是农民获取社会主义核心价值观的主渠道，村级组织的传播还有待加强，并提出社会主义核心价值观在农村传播的改进建议，强调改进电视传播、增强网络传播力、创新三级宣教模式。① 汤西米在其硕士论文《社会主义核心价值观在农村的宣传和培育研究》中也得出与廖志坤和乔玉为的研究相似的结论，即农民得知社会主义核心价值观的首要渠道是电视、广播和宣传标语，其次是村干部，再其次是书本、报纸等传播渠道。

3. 针对农村某一特定群体培育社会主义核心价值观的研究

在已有的实证研究中，有一部分是将农民群众作为一个整体来分析其认知、认同、践行社会主义核心价值观的现状及影响因素，主要代表有朱红晖的《农民对社会主义核心价值体系的认知及践行——基于广西藤县的调查》②，王国伟的《新形势下农民群体对社会主义核心价值观认同度的分析——基于全国 2142 份问卷的调查》③，沈贤岚、沈又红、郭庆的《农民社会主义核心价值观的认同度及影响因素研究——基于湖南省的实证分析》④。还有一部分是针对农村某一特定群体培育社会主义核心价值观的实证研究。其中，王刚（2016 年）和杨顺昌（2016 年）分别分析了农村党员干部在农村社会主义核心价值

① 廖志坤，乔玉为. 社会主义核心价值观在农村传播的渠道和效果研究[J]. 湖南师范大学(社会科学学报)，2016(5).

② 朱红晖. 农民对社会主义核心价值体系的认知及践行——基于广西藤县的调查[J]. 人民论坛，2013(3).

③ 王国伟. 新形势下农民群体对社会主义核心价值观认同度的分析——基于全国 2142 份问卷的调查[J]. 思想政治教育研究，2017(2).

④ 沈贤岚，沈又红，郭庆. 农民社会主义核心价值观的认同度及影响因素研究——基于湖南省的实证分析[J]. 伦理学研究，2017(3).

观建设中的角色，他们普遍认为农村党员干部是农村社会主义核心价值观建设的宣传教育者、行为示范者、利益维护者、氛围营造者、基层运行机制探索者①，强调在农村社会主义核心价值观建设中要发挥基层党员干部不可替代的作用，并给出一定的对策。此外，还有学者们分别对农村中学生群体(谢丹2016、郭跃增2016、闫贝贝2016)、新生代农民工群体(陈欣2017)、大学生村官群体(杨婷2013)、农村留守儿童群体(唐孝慧2016)进行研究，他们在分析加强这一类群体认知、认同、践行社会主义核心价值观必要性的基础上，通过实证调研分析这类群体认知、认同、践行社会主义核心价值观的现状及存在的问题，并有针对性地提出加强这一群体认知、认同、践行社会主义核心价值观的对策。

总的来说，国内外关于农村社社会主义核心价值观建设的研究处于起步阶段。已有的研究多停留在理论层面，实证研究相对较少，暂时也没有相关专著类成果出现。通过对已有研究的整理与分析，发现关于这一领域的研究存在如下几个问题：第一，已有的研究缺乏对农村社会主义核心价值观建设主体的系统性分析。农村社会主义核心价值观建设的前提是弄清楚由谁来建设。个别学者认为农民是农村社会主义核心价值观建设的主体，这当然没有错，但此种观点较片面。本书认为，农民并不是农村社会主义核心价值观建设的唯一主体，农村社会主义核心价值观建设的主体有待进一步研究。第二，已有的研究缺乏对中国共产党在农村进行意识形态教育的历史梳理。第三，已有的研究注重分析农村社会主义核心价值观建设面临

① 杨顺昌，杨建义.论农村党员干部在社会主义核心价值观培育中的角色[J].中共成都市委党校学报[J]，2016(4).

的困境,缺乏对农村社会主义核心价值观建设存在的问题进行深入分析、概括和总结,尽管有少量研究涉及农村社会主义核心价值观建设存在问题的原因,但分析都比较分散、片面和浅显,没有系统、全面、深入地分析这些原因,甚至有研究将农村社会主义核心价值观建设存在的问题与困境混为一谈,造成模糊不清的尴尬境地。第四,在已有的关于农村社会主义核心价值观建设的实证研究中,研究者们都过多依赖调查问卷,在实证研究中重数据、轻分析,都是摆出一大堆数据,轻描淡写地说几句结论性的话;即使有分析,也缺乏理论的深度和对现实的解释力度。同时,有些调查由于从问卷设计到调查过程都显得有些粗糙,因此研究结果缺乏信度和效度。还有就是实证调查与理论研究没有很好地结合,理论研究往往没有以实证调查做基础,实证调查又往往缺少理论指导。① 以上列举的这些不足弱化了实证调查结果的科学性。当然,以上的研究不足也为本书的研究提供了可发挥的巨大空间。

三、研究思路与方法

(一)研究思路

本书以新时代我国农村社会主义核心价值观建设研究为主题,以农村的社会转型和乡村振兴为研究背景,以马克思主义的认识论和实践论为指导,以社会学的社会调查为研究方法,以农村社会主义核心价值观建设的相关概念及学理分析为

① 廖小平.价值观变迁与核心价值体系的解构与建构[M].北京:中国社会科学出版社,2013:29.

理论基础，将改革开放以来农村社会主义核心价值观建设的历史梳理作为起点，沿着理论基础一历史考察一现状剖析一原因分析一对策分析的逻辑思路展开。研究内容除绪论和结语外，共由六章组成：

绪论部分就农村社会主义核心价值观建设的选题背景、选题意义、研究现状和存在的不足等进行文献搜集、分析和梳理，提出本书的研究思路与方法，并对本书的创新点和重难点进行阐释。

第一章着重阐述社会主义核心价值观建设的相关概念，并着重分析农村这一关键词的本质与特点，旨在为农村社会主义核心价值观建设提供理论基础。本书认为，社会主义核心价值观建设是指相关主体有组织、有目的地通过一定的方式、施加一定的影响，引导人们认知、认同、践行社会主义核心价值观的实践活动。当然，人既是社会主义核心价值观建设的主体，也是社会主义核心价值观建设的对象，作为具有主观能动性的个体的人并不是被动地接受社会主义核心价值观，而是在与建设主体互动的过程中认知、认同并践行社会主义核心价值观。因此，社会主义核心价值观建设是一个自上而下的“推”与自下而上的“建”相结合的过程。关于农村的概念，本书认为农村是指具有共同价值观的同质人口组成的关系密切、习俗相同、并富有人情味的社会生活共同体。

第二章是关于农村社会核心价值观建设的学理分析，主要从农村社会主义核心价值观建设的主体分析、特殊性分析和农民认知、认同、践行社会主义核心价值观的内在机理分析三个方面展开，旨在为农村社会主义核心价值观建设提供逻辑前提和理论铺垫。其中，在主体分析这一部分，本书认为农村社会主义核心价值观建设的主体应该遵循党委领导、政府负责、社会协调、公众参与的原则。因此，中国共产党是农村社会主义核心价值观建设的领导主体，政府是农村社会主义核心价值观建设的责任主体；乡镇企业和民间组织是农村社会主义核心价值观建设的重要参与者，农民是农村社会主义核心价值观建设的主力军。这些主体构成了一个多元复合的主体联动机制，在社会主义核心价值观建设中各自发挥着不同的作用。在特殊性分析这一部分，本书认为农村社会主义核心价值观建设的特殊性表现在农村社会主义核心价值观建设主体的特殊性、环境的特殊性和载体的特殊性三个方面。在内在机制分析这一部分，本书认为社会主义核心价值观建设过程中，农民对社会主义核心价值观的价值认知是前提，价值认同是关键，价值践行是归宿；其中，价值认知和价值认同是价值践行的前提和基础，价值实践又反过来作用于价值认知和价值认同，强化和固化价值认知与价值认同，而农民的利益需求是其认同、践行社会主义核心价值观的内在动力。

第三章主要以纵向的时间坐标为线索对改革开放以来我国农村建设社会主义核心价值观的历史实践进行梳理，并在此基础上总结出历史经验，以期为新时代农村社会主义核心价值观建设提供参考和借鉴。本书认为虽然培育和践行社会主义核心价值观这一命题是在党的十八大提出来的，但社会主义核心价值观建设早已蕴含在党在农村进行的思想政治教育、精神文明建设、路线方针政策的宣传与实施以及国家的基层社会治理的行动中。通过梳理，本书将改革开放以来农村社会主义核心价值观建设分为四个阶段，分别是萌芽阶段（1978～1992年）、起步阶段（1992～2005年）、发展阶段（2005～2012年）和全面展开阶段（2012年至今）。在萌芽阶段，中国共产党主要通过以下方式建设社会主义核心价值观，即：以农村经济体制改革为抓手引导农民解放思想，以农村的精神文明建设为依托培育爱党、爱国、爱社会主义的农民，以社会主义思想教育为抓手培育有理想、有道德、有文化、有纪律的农民，以“先富带后富”为价值口号引导农民共同富裕的价值观念，以“法律下乡”和村民自治为载体培育农民民主、法制价值观念。在起步阶段，中国共产党注重以《公民道德实施纲要》为纲领加强农村思想道德建设；以《爱国主义实施纲要》为纲领加强农村的爱国主义教育；以《中国共产党农村基层组织工作条例》为抓手加强基层组织建设。在发展阶段，中国共产党以社会主义新农村建设为契机培育有文化、懂技术、善经营的新型领导；以形式多样的活动为载体培育农民社会主义荣辱观；将社会主义核心价值体系的基本要求贯穿于农村精神文明建设的全过程来推动农村社会主义核心价值观建设。在全面展开阶段，中国共产党注重以美丽乡村建设为依托、以精准扶贫为契机、以“两学一做”学习教育活动为载体推动农村社会主义核心价值观建设。

第四章是对当前农村社会主义核心价值观建设的现状进行剖析。本章选取豫南 DY 村为研究个案，主要从 DY 村如何建设社会主义核心价值观以及 DY 村村民认知、认同、践行社会主义核心价值观的现状两个方面着手进行调查。调查的主要方法是访谈法和问卷法。通过调查发现，自培育和践行社会主义核心价值观建设这一命题提出以来，DY 村村两委积极响应党的号召，通过开展“最美人物”评选活动、移风易俗活动和自办村晚活动引导农民认知、认同、践行社会主义核心价值观。DY 村开展的涵养社会主义核心价值观的生动实践取得了不错的成效，DY 村村民对社会主义核心价值观的认知度、认同度和践行的积极性都较高，但也存在不同程度的问题，主要表现在：在认知方面，农民对社会主义核心价值观的部分内容理解存有偏差，对社会主义核心价值观的深层内涵和内在逻辑理解不到位；在认同方面，农民对社会主义核心价值观的浅层次认同度高，深层次认同度低；在践行方面，农民在践行社会主义核心价值观过程中存在践行随意化、践行功利化、认知与践行相错位等问题。

第五章是本书的核心内容。主要从结构、过程、因素三个层面系统地、全面地、深入地分析农民认知、认同、践行社会主义核心价值观存在问题的原因。其中，结构分析主要从改革开放以来农村的经济结构性的转变、政治结构性的转变和文化结构性的转变对社会主义核心价值观建设的影响展开论述；过程分析主要对社会主义核心价值观建设过程中的主体缺位、宣传不到位、建设机制不健全、建设载体单一展开论述；因素分析主要从影响农村社会主义核心价值观建设的组织因素、人才因素、公共因素、综合因素四个层面展开。从结构、过程和因素三个层面展开分析，在分析方法上体现了宏观与微观、传统与现代、动态与静态的统一。

第六章力求从个案研究中总结出具有一般性的启示和规律，致力于由个案的特殊性上升到普遍性这一层面的认识。针对第五章农村社会主义核心价值观建设存在问题的深层原因分析，提出当前我国农村社会主义核心价值观建设对策的思考；主要从夯实农村社会主义核心价值观建设的基础、完善农村社会主义核心价值观建设的机制、整合农村社会主义核心价值观建设的资源三个方面具体展开论述。

（二）研究方法

1. 文献研究法

文献研究法是社会科学的基本研究方法之一。笔者借助中国知网、中国硕博学位论文数据库、万方数据资源、互联网资源、人大复印资料等平台搜集与本书相关的文献，借助学校图书馆、国家图书馆、校际图书馆借阅与本书相关的专著，通过对前人相关学术成果的梳理，分析已有研究存在的不足，从而确认本书的重点。在此基础上，笔者通过查阅县志、地方志和乡政府与村级党组织存档的内部资料，以此来考证和完善调查的相关材料。

2. 田野调查法

田野调查法是社会学研究常用的研究方法。早在1930年毛泽东就在发表的《反对本本主义》中强调过："没有调查，没有发言权。"①"离开实际调查就要产生唯心的阶级估量和唯心的工作指导，那末，它的结果，不是机会主义，便是盲动主义。"②新时期，习近平在《之江新语》一书中也十分强调调查研究的重要性，他认为：对过去蹲点调查、解剖麻雀等方法，要学习、要弘扬，同时又要不断改进方法和手段。既要抓点、搞好典型调查，也要注重调查研对象的广泛性，不能以点盖面、以偏盖概全，只

① 毛泽东选集（第二卷）[M]. 北京：人民出版社，2009：109.
② 毛泽东选集（第二卷）[M]. 北京：人民出版社，2009：112.

见树木，不见森林。① 要避免"陷于狭隘的经验论"②。对农村社会主义核心价值观建设的研究就必须深入基层进行田野调查，尽可能多地掌握相关的资料，了解农村如何建设社会主义核心价值观；了解农民认知、认同、践行社会主义核心价值观的现状以及影响农民认知、认同、践行社会主义核心价值观的因素等等。要善于从大量的个体情况中找到一般规律，从特殊性中找到普遍性，再从整体上把握客观事物，从而做出正确的决策。要借助哲学思维对实证资料进行分析，力求做到理论分析与实证研究相结合，研究方法的系统性与研究成果的科学性相统一。本书采用的田野调查方法主要包括问卷调查法和半结构式访谈，具体展开方式在书中再做详细介绍。

3. 个案研究法

本书在实证部分选取了豫南 DY 村为个案研究对象（在论文写作中将村庄名字及访谈人物的姓名做了匿名化处理）。个案研究法是马克思主义基本原理中矛盾分析法的具体体现。矛盾分析法是人类社会认识世界和改造世界的根本方法。根据矛盾分析方法，任何现实存在的事物都是矛盾共性（普遍性）与个性（特殊性）的统一，共性寓于个性之中，没有离开个性的共性，也没有离开共性的个性，共性与个性相互渗透、互为条件。矛盾的共性和个性相统一的关系，既是客观事物固有的辩证法，也是科学的认识方法。人类认识的一般规律就是由认识个别上升到认识一般，再由认识一般到认识个别的辩证发展过

① 习近平．之江新语［M］．浙江：浙江出版联合集团，浙江人民出版社，2013：166．

② 毛泽东选集（第二卷）［M］．北京：人民出版社，2009：112．

程。关于这一点，毛泽东在其《矛盾论》中曾深入分析："就人类认识运动的秩序来说，总是由认识个别的特殊的事物，逐步地扩大到认识一般的事物。人们总是首先认识了许多不同事物的特殊的本质，然后才有可能更进一步地进行概括工作，认识诸种事物的共同的本质。当着人们已经认识了这种共同的本质以后，就以这种共同的认识为指导，继续地向着尚未研究过的或者尚未深入地研究过的各种具体的事物进行研究，找出其特殊的本质，这样才可以补充、丰富和发展这种共同的本质的认识，而使这种共同的本质的认识不致变成枯槁的和僵死的东西。这是两个认识的过程：一个是由特殊到一般，一个是由一般到特殊。"①认识过程的由特殊到一般，再由一般到特殊，就突出了研究特殊性的重要意义，"如果不研究矛盾的特殊性，就无从发现事物运动发展的特殊的原因，或特殊的根据，也就无从辨别事物，无从区分科学研究的领域"②。因此，在全国农村推进社会主义核心价值观建设的现实场域中，DY 村是其中一个场域，这个场域在农村社会主义核心价值观建设中有其特殊性。根据矛盾分析方法，普遍性往往寓于特殊性之中，只有深刻认识、把握特殊性，才能得出农村社会主义核心价值观建设的普遍性规律。如果不能认识到普遍性寓于特殊性之中，否认研究特殊性的意义及其代表性，就等于"完全否认了并且颠倒了人类认识真理的正常秩序"③。本书运用"解剖麻雀式"的个案研究来深入分析农村社会主义核心价值观建设的现状、存在的问题及其原因，最终提出相应的对策，正是遵循由认识特殊

① 毛泽东选集(第二卷)[M]. 北京：人民出版社，2009：309－310.
② 毛泽东选集(第二卷)[M]. 北京：人民出版社，2009：309－310.
③ 毛泽东选集(第二卷)[M]. 北京：人民出版社，2009：309－310.

到认识一般的人类社会认识规律,也是运用矛盾分析法认识事物的具体体现。当然,我们并不否认个案研究具有一定的局限性,但这并不排除个案研究也可以揭示出一般性的规律,而且也不排除个案之间作比较后在实际中可以加以应用。

四、研究的创新点、难点与不足

(一)研究的创新点

1. 研究方法之新

将社会学的田野调查法、个案法运用于马克思主义理论学科,这在学科专业领域是较鲜见的。

2. 研究内容之新

学术界关于农村社会主义核心价值观建设的研究成果较少,已发表的高质量的文章更是少见,目前也没有相关的专著和博士论文问世。本书是对这一领域的尝试,其中,对农村社会主义核心价值观建设主体的分析、对改革开放以来农村社会主义核心价值观建设的历史梳理等内容都比较有新意。

(二)研究的难点

(1)由于影响农村社会主义核心价值观建设的原因很多很复杂,在写作过程中如何全面系统地分析、提炼和概括这些原因,是本书面临的一个不小的难题。

(2)在田野调查过程中,如何将所思所见提升到理论层面,如何深入了解农民对社会主义核心价值观的理解、认知及认同情况以及如何让访谈对象没有约束、畅所欲言地说出自己的真实感受等都具有一定难度。

（三）研究的不足

本书仅选取一个村庄作为研究对象，从某种意义来说，不具有总体的代表性，因此在成果展示方面存在一定的局限性。但是，这并不能否定本书的意义，辩证法告诉我们普遍性离不开特殊性，普遍性寓于特殊性之中，对某一个案的研究有助于我们更好地把握矛盾的普遍性与特殊性。

第一章　相关概念的解析

概念是反映事物的特有属性的思维形态。“概念（认识）在存在中（在直接的现象中）揭露本质（因果、同一、差别等等规律）。”①厘清社会主义核心价值观建设的相关概念，准确把握当代中国农村的本质特征，是我们进行理论研究的逻辑起点和理论前提。

第一节　社会主义核心价值观建设的相关概念

围绕社会主义核心价值观建设，有一系列的相关概念与范畴，如价值、价值观、价值体系、核心价值观与核心价值体系、社会主义核心价值观与社会主义核心价值观建设等，厘清这些概念的基本内涵，对相近概念进行区分，是本书的逻辑前提和理论基础。

① 列宁全集（第 55 卷）[M]．北京：人民出版社，1990：289.

一、价值、价值观、价值体系

关于什么是“价值”的问题，国内外学术界一直存在着争论。价值一词最早源于经济学中商品二重性的使用价值和价值，随后逐步延伸到哲学、心理学、社会学、伦理学等学科和领域。“价值”在不同的学科中的含义也不同，无论是在经济学“使用价值”范畴中价值内涵的“有用性”，还是哲学、政治学等使用的“价值范畴”中的“满足性”，差异在于对价值特性的着眼点不同。“有用性”是客体本身存在的意义，而“满足性”则突出客体对主体的意义；也可以说，“有用性”归根结底依然是“满足性”的问题。所以，无论强调哪一方面，都离不开价值主体、客体之间的关联。价值作为关系范畴，实质是客体对主体的意义，表示客体对主体需要的满足。马克思认为：“价值这个普遍的概念是从人们对待满足他们需要的外界物的关系中产生的。”①由此可见，价值是揭示外部客观世界对于满足人的需要的意义关系范畴，是指具有特定属性的客体对于主体需要的意义。总的来说，价值是主体和客体的统一，孤立的主体与孤立的客体都构不成价值。

价值观“是主体对客体有无价值和价值大小的立场与态度的总和”②。价值观的形成和发展总是与其社会地位、经济状况、文化传统等有密切的联系。一个人的价值观一旦形成，就会对他的行动以及态度、情感等产生潜移默化的影响和指引作用。个体的价值观从属于他所属的群体的价值观，小群体的价

① 马克思恩格斯全集(第19卷)[M]. 北京：人民出版社，1963：406.

② 罗国杰. 马克思主义价值观[M]. 北京：人民出版社，2013：31.

值观从属于其所属的更大的群体或者社会的价值观。虽然个体的价值观和群体的价值观之间经常出现不一致甚至相背离的情况,但群体和社会的价值观总是在引导并制约着个体价值观的形成与发展。价值观对人的心理、情感、意志和信念都起着非常巨大的影响作用,直接制约着人对世界观察的角度和改造的方向。一定的价值观形成之后,这种价值观就能够使人自觉地依据它的标准去行动。① 价值观在内容上既可以表现为价值取向、价值追求、价值目标,成为价值主体进行价值活动的动力;还可以表现为价值尺度、价值标准,成为主体对客体进行价值判断的观念模式和框架,是主体进行价值判断、价值选择的思想依据和出发点。

价值体系是从系统的意义上说明价值观之间的结构关系,是社会意识的本质体现。价值体系受一定社会基本制度的制约,是一定社会崇尚和倡导的思想理论、理想信念、道德准则、精神风尚等方面价值追求的总和。价值体系并不是社会中一切具体的价值追求的简单相加或堆砌,不是一个孤立的单质结构体,而是具有内外居落、交织结网、多维立体的综合系统结构。基于价值的多样性和价值主体的差异性特征,价值体系在两个意义上存在:一方面,价值体系并非是个体所有价值观念的堆砌,而是依照价值作用所形成的有机构成,即以主导价值观为核心形成“中心一外围一边沿”的价值结构体系;另一方面,在社会意识的意义上,是不同的价值主体、不同的价值取向、不同领域的价值目标等的集合体,依照价值作用而形成的

① 罗国杰.马克思主义价值观[M].北京:人民出版社,2013:32.

“核心价值——般价值—外围价值”的有机结构。①

价值观和价值体系既有联系又有区别。价值观和价值体系在本质上是一致的、统一的，它们都体现一定社会的价值追求。但是，两者又有区别，是形式和内容、外延和内涵的关系。一方面，价值体系是价值观的基础和前提，是价值观形成和发展的必要条件；没有价值体系就不会价值观，就不会有价值观的发展和演变。另一方面，价值观是价值体系的高度凝练和抽象概括，是价值体系的精神和灵魂，决定价值体系的基本特征和基本方向；价值体系是侧重从理论结构的角度来说明价值观的本质特征，价值观渗透在价值体系之中，通过价值体系表现出来。

二、核心价值体系与核心价值观

一定的社会有多重并存的价值体系，各个价值体系所起的作用也是不同的。在多种价值体系中居核心地位、起主导作用的就是核心价值体系，它决定和制约其他价值体系。社会的核心价值体系是指“在社会生活中居于统治、引导地位的社会价值体系，它能够有效地制约非核心、非主导的社会价值体系的作用的发挥，能够保障社会经济制度、政治制度、文化制度的稳定和发展”②。任何社会都有自己的核心价值体系，它是社会得以运转、社会秩序得以维持的基本精神依托，也是一定社会主流文化的精髓。

① 方旭光.认同的价值与价值的认同[M].北京：中国社会科学出版，2014：10—17.

② 吴潜涛.社会主义核心价值体系的科学内涵[J].道德与文明，2007(1).

在核心价值体系的结构中，核心价值观具有独特的地位。“核心价值观是指能够体现社会统治阶级和主体成员的根本利益、反映社会统治阶级和主体成员的价值诉求，对社会变革、社会发展和社会进步起维系和推动作用的价值目标、价值取向和价值准则。”①从结构的意义上看，核心价值观居于核心价值体系中最中心、最核心的地位，它统帅和支配着其他处于从属地位的价值观，即一般价值观。核心价值观并不是最高价值，而是涵盖最广、具有最大共识、得到最普遍认同的价值理念，是价值体系的根本原则。从与其他价值的关系来看，核心价值观具有对一般价值吸附、凝聚、规约、导向的作用。在核心价值体系内，核心价值观既不是一般价值观，也不能替代一般价值观。一般价值观以核心价值观为中心，核心价值观以一般价值观为基础；一般价值观在不同领域、不同范围、不同层面体现核心价值观。核心价值观居于核心价值体系的最内核，体现价值体系的价值属性和价值原则；一般价值观是由核心价值统摄、辐射、衍生的；一般价值观与核心价值观“是框架与实质、结构与要素、形式与内容的关系”②。

三、社会主义核心价值观

社会主义核心价值观是指在社会主义社会中居于统领地位的核心价值观念，是在社会主义价值体系中居于核心地位、起指导作用、从深层次回答“什么是社会主义”这一根本问题的

① 包心鉴.社会主义核心价值观：本质特征·功能定位·路径选择[J].解放军理论学习，2014(12).

② 韩震.社会公平正义与政治文明建设[J].中国社会科学，2009(1).

价值理念。① “社会主义核心价值观是当代中国精神的集中体现,凝结着全体人民共同的价值追求。”②作为我国意识形态的本质体现,社会主义核心价值观渗透在我国社会的政治、经济、文化、社会、道德伦理等所有领域和各个方面,体现在国家的路线、方针、政策、法律法规等所有规范中,体现在社会运行的机制、过程中,也体现在社会成员的全部价值实践之中。从某种意义来说,社会主义核心价值观是我国“制度化的思想体系”和“观念形态的国家机器”。③ 需要指出的是,对社会主义核心价值观的理解要注意区分“一般”的社会主义核心价值观与“特殊”的社会主义核心价值观。我们现在所说的社会主义核心价值观,其实质是指中国特色社会主义的核心价值观,是“特殊”的社会主义核心价值观,而不是为全世界所有社会主义国家提供一般意义上的价值遵循。我们提出的“三个倡导”实际上回答的是我们要建设什么样的国家、建设什么样的社会、培育什么样的公民的重大问题。

四、社会主义核心价值观建设

“建设”一词最早出现在我国的《墨子·尚同·中》:“古者上帝鬼神之建设国都、立正长也,非高其爵,厚其禄,富贵游佚而错之也。”《现代汉语词典》将“建设”解释为建立、设置,有创

① 方东爱.社会主义核心价值观的发展历程及其当代建构[D].安徽大学,2010(3).

② 习近平.决胜全面建成小康社会 夺取新时代中国特色社会主义伟大胜利[M].北京:人民出版社,2017:42.

③ 陈秉公.马克思主义意识形态理论与社会主义核心价值体系建构[J].马克思主义研究,2008,(3).

立新事业、充实新精神、增加新设施之意。早在 2008 年，刘云山就指出："核心价值观与核心价值体系都坚持重在建设"①，核心价值观与核心价值体系建设的目的都是为了凝聚价值共识，形成全社会共同奋斗的精神基础。社会主义核心价值观建设，"首先应该解决好认识、认知、认同的问题。要引导人们进一步加深对社会主义核心价值观的理解，准确把握其基本内容、现实目标、鲜明特征和实践要求，增强践行社会主义核心价值观的自觉性、坚定性"②。从这个意义来看，社会主义核心价值观建设就是指相关主体有组织、有目的地采取一定的方式、施加一定的影响，引导人们认知、认同、践行社会主义核心价值观的实践活动。然而，根据马克思经典作家的论述"现实的主体，是人"③，人既是社会主义核心价值观建设的主体，也是社会主义核心价值观建设的对象，作为具有主观能动性的个体的人并不是被动地接受、认知、认同社会主义核心价值观，而是在与建设主体互动的过程中感知、感悟、认同并践行社会主义核心价值观。

社会主义核心价值观建设这一命题是由党中央提出来的，因此，社会主义核心价值观建设首先表现为一种国家行为，而承认了人的主观能动性，也就意味着社会主义核心价值观建设不是自上而下的硬灌输，而是自上而下的"推"和自下而上的"建"相结合的生动实践。我们这里可以用一个生动的比喻来形象地理解社会主义核心价值观建设的意涵，如果说社会主义核心价值观是一颗"种子"，那么社会主义核心价值观建设就是

①② 刘云山．着力培育和践行社会主义核心价值观[J]．求是，2014(2)．

③ 马克思恩格斯全集(第 3 卷)[M]．北京：人民出版社：2002：103．

让这颗“种子”落地生根，成长发芽，开花结果。“积极健康向上的思想和精神在人们心里播下种子，就能生根、开花、结果，就能转化为崇德向善的实际行动。”①社会主义核心价值观建设内在地包含着社会主义核心价值观的培育和践行两方面的内容，培育是促使个体内化核心价值观的行为，践行是个体外化核心价值观的行为。培育的过程渗透着践行，践行的过程中渗透着培育，培育和践行是辩证统一的，是同一个过程的一体两面，不能割裂分开来看，二者相互渗透、相互促进、相互影响。培育注重引导、增强人们对社会主义核心价值观的认知和认同，践行注重促进人们付之行动。“意识形态建设不仅仅是认识问题，更是一个实践问题。主流意识形态建设主要是‘做’，而‘说’要落到‘做’上。”②社会主义核心价值观建设的要义在于社会主义核心价值观为主体所掌握，并以客体的形式作为认识对象和实践对象表现出来。社会主义核心价值观建设的主体是现实社会中的人，主体认知、认同、践行社会主义核心价值观的过程也是社会主义核心价值观从理论形式转化为主体的本质力量，成为主体一部分的过程③，而其终极目标是引导广大人民群众自觉地将其作为行动指南、思维方式、道德规范和价值追求，自觉做到内化于心、外化于行、知行合一④。

---

① 刘云山. 着力培育和践行社会主义核心价值观[J]. 求是，2014(2).

② 侯惠勤. 社会主义核心价值观建设中的若干重大理论问题[J]. 思想教育研究，2012(9).

③ 万生更. 哲学视域中的社会主义核心价值体系建设[J]. 理论与改革，2009(3).

④ 郭超，赵平. 在农村培育和践行社会主义核心价值观要注意“五化”[J]. 学术论坛，2015(1).

第二节 农村的概念

在农村建设社会主义核心价值观还需要对农村这一关键词有正确的理解和把握。农村又称乡村、村庄、村落，有的地方叫村屯或湾子，它是与城市相对而言的地域，任何一个地理意义上的国家都由农村和城市两块地域构成。从这个意义来看，农村是“泛指城市社区以外的区别于城市地域的诸多特征的所有地区”①。但是，伴随着现代化和城镇化的进程，我国的国土空间上除了农村和城市这两大块区域外，还出现了城郊和城中村这两个区域。因此，将农村“泛指城市社区以外的区别于城市地域的诸多特征的所有地区”这一概念，在今天来看是不太准确的。事实上，自古说起农村，就离不开对农业、农民、土地这三个基本要素的把握。因此，如果从农村社会的构成要素来看，农村是指以农业生产为核心（主要是指种植业，包括畜牧业和水产养殖业），以农民为生活主体，以土地为生产资料，以村落为生活单元，从而形成的各种社会关系的集合体。② 但是，当前我国一些经济发达地区的农村早已不再以农业生产为核心，甚至连农民的身份也由农民转变为市民，因此，这个定义也具有一定的片面性。著名社会学家杨懋春认为，“农村是以家

① 赵霞.乡村文化的秩序转型与价值重建[D].河北：河北师范大学，2012(6).

② 何文毅.新农村建设中农民思想政治教育实施策略研究[D].西南大学，2011(6).

庭为单位，以村为中坚，而以集镇区为其范围”的区域。① 该定义是对农村这一地域范围的概括性描述，尚未体现出农村社会的根本性特点。笔者赞成学者刘祖云对农村的定义，他认为农村“是一种具有共同价值观的同质人口组成的关系密切、习俗相同、并富有人情味的社会生活共同体”②。从这个意义来看，村落的本质是共同体，对农村这一地域的了解还需要从农村社区的本质及特点来深入把握。

一、作为共同体的农村

我们这里借用西方社会学家斐南迪·滕尼斯的“共同体”这一概念来分析农村社区的本质。共同体（又称社区）是社会学的基本概念，这个概念是由德国社会学家斐南迪·藤尼斯（Ferdinand Tonnies）在他 1887 年发表的著作《共同体与社会——纯粹社会学的基本概念》（又译为《社区与社会》）中首次提出来。滕尼斯笔下的共同体是指在“本质意志”基础上自然而然形成的微型社会，这种社会建立在一致的自然情感和文化意识的基础上，社会成员之间具有排他性的紧密的社会联系。滕尼斯所构想的共同体实际上是一个生活共同体、地缘共同体、血缘共同体和精神共同体，或者它们之间的结合形式。“血缘共同体作为行为的统一体发展或分离为地缘共同体，地缘共同体直接表现为居住在一起，而地缘共同体又发展为精神共同体……精神共同体在同从前的各种共同体的结合中，可以被理

① 杨懋春.近代中国农村社会之演变[M].台北：巨流图书公司，1980：49.

② 刘祖云.社会转型期城市社区建设的理论探讨[J].武汉大学学报，2001(6).

解为人的最好形式的共同体。"①在传统时期，村落是在自然经济条件下农民群聚而居、自然而然形成的一个地缘共同体，在这个地缘共同体内，农民以自给自足的小农生产为基础产业，以土地为基本生产资料，以个体劳动为基本劳作方式，以来自血缘的亲情和来自地缘的乡情为支撑，在共同的生产生活和抵御外来侵略的过程中逐步形成共同的思想观念、风俗习惯、道德风尚和行为规范。从这个意义来看，传统时期的村落就是滕尼斯笔下"共同体"的雏形，居住在同一社区的农民"不仅拥有共同的观念和共同的需要，而且拥有关于共同需要的观念"②。每一个地理意义上的自然村都是一个生活共同体，也是地缘共同体、血缘共同体和精神共同体的集合体。由于传统村落的封闭性和分散性，农民的经济活动几乎都是在村庄内部展开，村庄社会内部必然会形成以经济利益为纽带的各种互动，正是这些互动促使着村庄共同体坚实根基的形成。

二、处于社会转型中的农村

在农村建设社会主义核心价值观，还需要对农村社会的特点有一定的了解。事实上，在整个中国社会处于社会转型的大背景中，农村社会也不例外。对当今中国农村社会的结构与变迁的认识，已经不能排除在社会转型之外，不能用老眼光去看新问题。本书在分析农村社会的特点时，以 1978 年改革开放为时间节点，将改革开放之前的农村划为传统时期的农村，改革开放之后的农村

① 斐迪南·滕尼斯.共同体与社会——纯粹社会学的基本概念[M].北京:北京大学出版社,2010:53.

② 俞可平.社群主义[M].北京:中国社会科学出版社,2005:130.

划为转型时期的农村，也是新时期的农村。之所以这样划分是因为自周秦以来2000多年，中国一直是一个农业国家，其社会结构是一个农业社会的结构，尽管改革开放以前我国农村社会经历了历次政治运动的洗礼，但传统农业社会的许多特点并没有发生根本性改变，这些改变发生于1978年改革开放以后。据相关数据显示，直到1978年，农民仍占全国人口的82.1%①，而真正促使农村社会发生大变革、社会结构由农业社会转变为工业社会结构的时期是改革开放以来的这40年。

（一）传统时期农村的特点

关于传统时期的农村，费孝通先生曾用“乡土性”、“差序格局”、“礼治社会”、“长老统治”等关键词对其进行高度概括，梁漱溟先生曾用伦理本位来形容传统社会的文化特征，这些理论对于我们今天理解和把握农村的特征仍然有着极其重要的意义。中国的传统社会是一个以传统农业为基础的农业社会，作为一种完整的社会形态，它产生于我国的先秦时代，并延续到鸦片战争时期。此后，由于西方文明的冲击，传统农业社会的完整形态开始瓦解，但它的基本社会经济结构和文化根基并没有因为英国的鸦片战争和西方列强的坚船利炮而湮灭，而是继续延续到1978年中国的改革开放。传统时期农村社会的特点可以从其经济结构、政治结构和文化结构来把握。

首先，在经济结构上，传统的农村社会是一个自给自足的小农社会。中国自古就是一个农业大国，土地是农民最基本生活的来源和保障，自给自足的小生产方式是传统农村社会的根

---

① 廖小平.价值观变迁与核心价值体系的解构和建构[M].北京：中国社会科学出版社，2013：131.

本生产方式。这种生产方式的特征主要表现在以手工劳动进行简单的再生产和以家庭为生产单位两个方面，正如马克思曾指出的那样，“在印度和中国，生产方式的广阔基础，是由小农业和家内工业的统一形成的”①。也正是这种生产方式型塑了中国农民几千年特有的心理特征和价值观念，主要表现在以下几个方面：首先，由于农业生产对天时的依赖性，导致中国农民遵循着春种夏锄、秋收冬藏的自然规律，这种依赖性也致使他们形成对自然的无限崇拜，把自己的命运交给阳光和雨露。这是因为，如果遇到干旱或者洪涝等自然灾害，他们来年的收成就会受损，就有可能会挨饿。因此，中国农民在几千年的农耕社会中既形成了勤俭节约、自力更生、艰苦奋斗的优良品质，又具有愚昧无知、封建迷信、缺乏主体性的特点。其次，小规模的自给自足的土地经营业方式以及农业生产使用工具的简陋导致农业不需要甚至无法容纳更为先进的生产技术和条件，因而中国农民缺乏创新意识。他们在农业生产中遇到的困难往往都可以在祖辈那里得到解决的方案或经验。所谓“庄稼活儿不用学，人家咋做咱咋做”说的就是这个意思。因此，中国农民在封建社会的两千多年里世世代代都过着男耕女织、自给自足、日出而作、日落而息、凿井而饮的生活，这也形成了中国农民安于现状、墨守成规、因循守旧的心理特征和价值观念。最后，农民以家庭为生产单位导致农民缺乏广泛的社会交往和社会交换，普遍过着鸡犬相闻、老死不相往来的生活。他们彼此之间是孤立的、分散的状态，类似马克思形容法国小农时所说的“一袋马铃薯”的状态。长期处于这样一个封闭的圈子里，进而形成中国农民思想狭隘、目光短浅的特点，即他们只关注自己眼

① 马克思．资本论(第三卷)[M]．北京：人民出版社，1972：412．

前的利益、局部的利益和立即可以到手的利益，缺乏对长远利益、集体利益和公共利益的关注。

其次，在政治结构上，传统中国社会是一个实行封建专制制度和集权政治的国家。按照现代政治学的观点，根据一个政府的权力集中程度和社会治理模式，可以把政治分为集权政治和分权政治，其中前者也可以称为独裁政治，后者也可以称为民主政治。集权政治是指权力全部集中掌握在中央政府手中，地方权力只是中央权力的附庸，地方按照中央的命令从事地方事务的管理，地方没有自主权；分权政治是指政府的公权力一部分由中央政府行使，另一部分由地方政府行使，即地方拥有一定的自主权力，地方同时也拥有对中央实施建议和监督甚至决议的权利。从现代社会不同政治模式的运行及其效果来看，分权政治的优越性明显大于集权政治。而从中国封建社会两千多年的政治统治来看，中国实行的是封建专制制度，其政治体制属于集权政治。尽管两千多年的封建社会经历了数十次的改朝换代，但其根本政治制度并没有改变，即使是在新中国成立以后的人民公社时期，我国的政治体制仍然属于高度集权政治，中国的政治体制始终没有真正迈开实质性的民主政治的步伐。

除了封建专制和中央集权的政治统治外，传统中国还是一个家国一体的宗法政治结构。中国传统社会的国家是国与家的复合体，国是家的放大，家是国的浓缩。家国一体的政治结构强调国家利益、集体利益高于个人利益，社会个体的价值被淹没在群体之中，农民没有主体意识。这种政治结构还强调以血缘、亲缘、家族关系为纽带而形成的宗法等级制度，这种等级制度表现为统治者、当权者、士人与平民，也就是农民之间不可逾越的等级关系。传统中国社会是一个典型的身份社会，按照血缘、亲属、尊卑、长幼顺序确定父子、夫妻、兄弟等各自的身份，建立起父尊子卑、兄长弟幼的等级秩序，而君臣关系只不过是家族关系的放大。在中国传统家族社会里，君君、臣臣、父父、子子、夫夫、妇妇等便构成了中国传统社会的“身份之网”。这种等级制度或“身份之网”不可能发育出现代独立、自由、平等个体间的契约合作关系与民主精神。而作为中国传统文化集中代表的儒家伦理文化，正是这种宗法等级文化的集大成者，孔孟所谓“刑不上大夫，礼不下庶人”的礼制和法制思想，就是这种等级观念最明显和集中的表现。①

最后，从文化结构来看，传统农村社会的文化结构大致由以儒家为核心的官方（正统）文化与民间自创的、带有地方性的非官方（小农）文化两部分构成。前者是占统治地位的统治阶级主导的社会意识形态，后者是指村落社会的人们在特定自然或生态环境中，通过政治、经济及文化生活而形成的世界观和价值观以及与之相应的行为方式。前者可以称之为“大传统”，后者可以称之为“小传统”（雷德菲尔德）。“大传统代表着上层知识社会的文化取向，而小传统则主要指民间社会自身所创造的文化，其载体是农民。”②事实上，大传统与小传统并不是决然割裂的，传统农村社会的文化与大的文化传统存在着高度的一致性，“小传统”中的很多内容来自于“大传统”的精英文化和圣贤哲学③。“大传统”和精英文化是通过一定的转换

---

① 司汉武，同春芬．传统与超越：中国农民与农村的现代化[M]．西安：西北农林科技大学出版社，2006：18－19．

② 于建嵘．转型期中国乡村政治结构的变迁[D]．华中师范大学，2001(8)．

③ 李亦园．人类的视野[M]．上海：上海文艺出版社，1996：142－156．

或影响机制而进入民间生活，并与“小传统”的环境相结合，逐渐构成“小传统”的有机部分。当我们把传统文化与儒家文化等正统思想联系起来时，就必须考虑传统的儒家文化是如何与普通民众的生活联系起来的，而费孝通对中国乡村士绅的分析似乎可以解答这一问题。① 古代的士绅大都接受过系统的经典文化的训练，作为乡村社会的精英阶层，他们在乡村社会拥有较高的威望和社会地位，备受农民的尊重和敬畏，其一言一行对农民的观念和行为都会产生一定的影响。乡村士绅通过参与村庄的政治、文化、宗教等活动来治理乡村，潜移默化地将儒家“大传统”内涵的一些价值观念传递给农民，用儒家这一“大传统”来教化农民，从而实现“大传统”被基层老百姓所接受、所认同。当然，“大传统”也是从不同的“小传统”中反复过滤、提纯而转化形成的，“大传统”必须扎根于“小传统”之中，才能成为形塑整个文化的规范力量。儒家“大传统”以伦理道德为核心，将政治和伦理高度统一。作为官方意识形态，它不断地教化农民，对农民的文化心理、社会意识加以熏陶和改造，使传统社会的农民形成浓厚的宗法血缘意识、家族观念、孝悌观念、人际和谐等观念。

（二）转型时期中国农村的特点

本书前面分析过，中国的农村处于巨大的社会变迁中，用费孝通先生的话说，中国正处于从乡土社会蜕变的过程中，“不变”是相对的，“变是绝对的”，只是或迟或早，或快或慢，程度

① 费孝通. 乡土中国生育制度[M]. 北京：北京大学出版社，1998：324—347.

不同而已。①对处于变迁中的农村特点的考察就需要利用社会转型这一理论作为分析工具。社会转型是指一个社会经过改革和调整，其社会结构和社会形态由一种状态向另一种状态转变的过程，是社会变迁的重要形式。社会转型是由内在力量或者外在力量推动引起的，其中，由社会内部的主动而自觉地改革引起的社会转型则称为内源性转型，而由外力（如国际压力、武装侵略等）原因引起的变革，从而造成的社会转型，一般称为外源性转型。社会转型是一个渐变的过程，往往表现为社会结构和社会形态的渐变，这种变化是由量变逐渐达到质变的过程。

就近代中国来看，自第一次鸦片战争失败以后，以朝廷（政府）、执政当局或民间力量为主体主张的变法或变革都致力于通过社会的变法和变革来谋求国家的强大，如魏源提出的"师夷长技以制夷"，清末曾国藩、李鸿章等推行的"洋务运动"，以及后来康有为、梁启超推行的"百日维新"变法运动。但是，这些变法与变革都是立足于当时的政治或政权框架内，并没有改变传统社会的政治结构。而后来的辛亥革命、新民主主义革命则谋求通过对封建政治的革命性变革，求得国家和民族的强盛。尽管这些变法或革命在某种程度上通过政权更迭、技术引进或者王朝的推翻推动了社会的部分变化，但这些变化也都是有限的、局部的。这些革命都没有动摇封建社会的根基，中国社会的经济结构仍然以自给自足的小规模农业生产为主，统一的高度集权的政治体制没有发生根本性改变，以儒家为核心的传统文化的地位也没有发生根本性改变。因此，这些变法或革

① 费孝通．乡土中国生育制度[M]．北京：北京大学出版社，1998：53—56．

命并没有真正启动中国社会现代化转型的步伐。

直到1949年新中国成立,中国共产党带领全体中国人民,在农村进行了以土地改革与互助组、初级农业生产合作社、高级农业生产合作社以及人民公社运动为主要内容的社会主义改造,几乎是一路小跑,于1956年进入社会主义社会。但是,由于当时人们并不十分清楚对于一个刚刚从半殖民地半封建时代走出来的中国应该如何建设合乎国情的社会主义,可以说,在相当长的一个时期里,中国的社会主义建设走了一段很长的弯路。这是因为,人民公社体制同样是一个高度集权的政权组织形式,公社作为政权组织对农村的经济、政治、文化,甚至可以说一切都实行军事化管理。人民公社体制虽然在某种程度上有一定的积极意义,但公社化造成了农村大量人力物力的损耗和浪费,也养成了农村基层干部"左"的工作恶习和官僚主义、浮夸、瞎指挥等坏作风,违背了我们党的实事求是、群众路线的优良传统,不仅降低了政府在农村发展中的工作效率,还引起部分农民对党的不信任。公社化还阻滞了农民行为方式和价值观念的现代化,公社化不但没有培养农村现代化所需要的商品意识、开放意识、竞争意识和快节奏的生活习惯,相反,存在于人民公社的运转机制中的"大锅饭"、平均主义和计划经济反而破坏了农民的勤劳传统,强化了农民的均贫富思想和重农轻商意识,既给农村进入正常的轨道造成重重意识、观念以及行为障碍,也使农民在步入社会主义市场经济大潮时缺乏必要的心理和经验准备。

真正启动了中国社会内源性转型脚步的,当推邓小平所领导的以经济体制改革为动力的改革开放和社会主义现代化建设进程。中国的改革可以说是从农村最先开始入手的,而农村的改革首先是在经济领域里进行的。1978年安徽省小岗村冒险进行“大包干”极大地提高了农民的生产积极性和农村生产力，此后家户经营成为中央的政策并在全国推行。农业生产经营体制逐步从以生产队为单位的集体户经营转向以家户为单位的个体经营，经营决策和核算基本在家户内进行。随着农村经济体制的改革，农村基层政权组织结构发生了变化，具有经济核算和基层行政管理功能的人民公社被取缔代之以乡镇行政组织，同样是一级经济核算单位的生产大队和生产小队，改为行政村和村民小组。行政村的性质发生了实质性的变化，成为农村村民自治组织，其成员由村民直接选举。行政村的职能主要是宣传国家政策，解决公共事务，协助村民发展生产力和组织社会生活，而不再具有经济核算和决策职能。

总而言之，转型中的农村，在经济方面，由传统时期单一的、自给自足的自然经济向商品经济转变，由集体化时期推行的全面公有化的计划经济向市场经济转变。农民的主体意识、利益观念和经济自由观念觉醒并不断扩大，市场主体或经济主体的利益动机被加强，农村社会呈现出经济的市场化和多元化的特征。在政治方面，随着人民公社的解体以及基层群众自治制度的确立和实行，传统的中央集权的政治制度趋于瓦解，现代的地方分权制度随之建立。农村社会由传统的人治社会逐步向现代的法治社会转变。农村政治的开明程度大大提高，政治趋于民主化和法治化，农民的各项自由和社会权利也明显扩大。在文化方面，经历了五四“反传统”和“文化大革命”时期的围剿，传统文化在现代化浪潮中日趋式微，传统文化的道德教化功能下降，更多地被基于人们自主选择的休闲和娱乐功能所取代。与传统时期的文化相比，新时期的农村文化呈现出多元化、世俗化和非意识形态化的特征。转型时期的农村不仅具有自己本土文化“小传统”的特征，也受外来文化和西方文化的影响。

转型时期的农村已经不再是传统时期封闭的、同质性高的农村。随着村庄边界的打开,村庄与外界的联系越来越频繁,农村、农业、农民无时无刻不受到市场化、信息化、城镇化以及全球化的影响,农民的流动性、异质性不断加剧。随着户籍制度壁垒的消除,农村人口的社会流动不断加剧,越来越多的农民外出寻找农业以外的就业和收入机会;农民外出从事的职业不同,收入也就不同。职业和收入的不同,导致农民的分化和异质性越来越大。伴随着社会流动的加剧,中西部地区的农村作为劳务输出地,不同程度地出现了村庄空心化和留守老人、妇女、儿童现象。农村由传统时期的熟人社会转变为半熟人社会,村庄内在的社会联系也由传统时期的"有机团结"(建立在熟人间的道德和习俗规范基础之上)转变为"机械团结"(以分工和合作为基础)(涂尔干 E. Durkheim)。①

社会转型必然带来人们思想观念和奉行的核心价值发生深刻变化。马克思等经典作家早就说过:"人们的观念、观点和概念,一句话,人们的意识,随着人们的生活条件、人们的社会关系、人们的社会存在的改变而改变。"②纵观欧洲的文艺复兴时期、日本的明治维新时期以及中国的春秋战国时期,都是人们的价值观念发生深刻变革的时期,这是人类社会发展的普遍规律。正是在农村社会的巨变中,农村社会出现了"无公德的

① 廖小平.价值观变迁与核心价值体系的解构与建构[M].北京:中国社会科学出版社,2013:124—125.

② 马克思恩格斯文集(第一卷)[M].北京:人民出版社,2009:50—51.

个人"①、农民"善分不善和"②、"农民的本体性价值日益松弛，社会性价值体系随之异化"③和"老人自杀、恶性面子竞争、犯罪率升高"等值得我们深思和警醒的现象。农民的行为方式是其价值观念的外在反映，这些好坏不分、是非不分、雅俗不分甚至违法行为的背后都折射出当前农民价值取向的扭曲、精神世界的空虚，农民处在旧的价值体系和道德观念正在解体、新的价值体系和道德观念尚未建立起来的尴尬境地。这就迫切需要用社会主义核心价值观武装广大农民群众的头脑，用社会主义核心价值观这一先进文化占领农村这一重要阵地。

① 阎云翔．私人生活的变革——一个中国村庄里的爱情、家庭与亲密关系(1949—1999)[M]．龚小夏译，上海：上海书店出版社，2009:261.

② 曹锦清．黄河边的中国[M]．上海：上海文艺出版，2013:23.

③ 陈柏峰．农民生活及其价值世界——皖北李圩村调查[M]．济南：山东人民出版社，2009:5.

第二章 农村社会主义核心价值观建设的学理分析

农村社会主义核心价值观建设是一项系统性工程，那么这项工程由谁来建设？农村社会主义核心价值观建设不同于城市，那么它的特殊性表现在哪里？农民认知、认同、践行社会主义核心价值观遵循着什么样的内在机制？这些无疑都是推动农村社会主义核心价值观建设的理论前提。本章针对以上问题给予回应，也为本书的后续研究做理论铺垫。

第一节 农村社会主义核心价值观建设的主体分析

农村社会主义核心价值观建设首先需要弄清楚由谁来建设，即农村社会主义核心价值观建设的主体这一问题。“主体是人，客体是自然”①，这是马克思、恩格斯经典作家早年对主

① 马克思恩格斯选集(第二卷)[M].北京：人民出版社：1995:3.

体的经典论述。“现实的主体，即人”①，主体是人或人是主体，但并非每个人都可以成为主体，主体是“自然的、肉体的、感性的、对象性的存在物”②，是有头脑、能思维、现实地从事社会实践活动和认识活动的人。从这个意义来看，处于现实社会中的所有人都是社会主义核心价值观建设的主体。③ 社会主义核心价值观建设的主体是处于现实社会中的每一个人。但是，“人是一个特殊的个体，并且正是他的特殊性使他成为一个个体，成为现实的、单个的社会存在，同样，他也是总体，观念的总体，是被思考和被感知的社会的自为的主体存在”④。除了作为个体的人之外，主体往往还存在其他的表现形式，如阶级、政党、政府、社会组织、社会群体等，这些都是由现实的个人及其形成的社会关系构成的。事实上，社会主义核心价值观建设是全体社会成员的共同责任。《关于培育和践行社会主义核心价值观的意见》中明确指出，社会主义核心价值观建设要“坚持全党动手、全社会参与”⑤，“要按照‘党委统一领导、党政群齐抓共管、文明委组织协调、有关部门各负其责、全社会共同参与’的要求……

① 马克思恩格斯全集（第 3 卷）[M]. 北京：人民出版社：2002：103.

② 马克思恩格斯全集（第 42 卷）[M]. 北京：人民出版社：1979：167.

③ 马永庆. 论社会主义核心价值观的培育主体[J]. 社会主义核心价值观研究，2016(1).

④ 马克思. 1844 年经济学哲学手稿[M]. 北京：人民出版社，2008：84.

⑤ 中共中央办公厅. 关于培育和践行社会主义核心价值观的意见[EB/OL]. http://www.sz.gov.cn/sswj/ztzl_78021/bmzdgz/dflz/dgdj/201612/t20161205_5605051.htm，2013－12－23.

形成整体联动、齐抓共管的工作格局"①。鉴于此,笔者认为,农村社会主义核心价值观建设应该坚持以党委领导、政府负责、社会协同、公众参与为基本遵循,要充分发挥党委、政府、社会与公众等不同维度的主体在农村社会主义核心价值观建设中的作用,形成一个多元复合的主体联动机制。

一、执政党是领导主体

进入现代的农村社会,中国共产党作为执政党取代了传统的宗族、士绅等力量成为农村乃至整个国家构建核心价值观的领导力量。执政党一般将主导的核心价值观在党章、党纲和宣言中做出明确的原则性规定,并通过相关政策、路线、方针来促进政党主导的价值观成为社会主流价值观。"政党通过自己严谨完善的纲领、鲜明的政治主张和职责政府重要的决策和理念引导整个国家和社会形成一种或几种价值观要素。"②在我国,中国共产党既是执政党,又是领导党,与其他民主党派以"长期共存、互相监督、肝胆相照、荣辱与共"的原则相处,共同致力于建设中国特色社会主义。根据党章规定,中国共产党是中国工人阶级的先锋队,代表着广大劳动人民的根本利益,是中国特色社会主义事业的领导核心,肩负着政治领导、思想领导和组织领导的重任。中国共产党是农村社会主义核心价值观建设的领导主体,主要体现在党的政治领导、组织领导和思想领导几个方面。

---

① 刘云山.推动农村精神文明建设再上新台阶[J].求是,2009(10).

② 张伟.国外加强社会主义核心价值观建设的做法及启示[J].当代社会与社会主义,2011(2).

（一）执政党通过政治领导加强农村社会主义核心价值观建设

党的政治领导主要是指党在社会主义革命、建设和改革的过程中，提出明确的政治任务、政治目标和政治方向，制定实现这些任务、目标和方向的路线、方针和政策，并组织、带领人民群众共同奋斗。党的政治领导可以理解为党将其政治任务、政治目标和政治方向思想理论纲领化、路线化、方针化、政策化。中国共产党正是将其倡导的核心价值观体现在国家治理和社会发展的方针、政策之中，贯穿于统筹城乡发展、统筹区域发展以及促进“三农”发展的方针、政策和制度之中，渗透于农村经济发展、农村的民主政治建设、农村的生态文明建设的各个领域之中，融入农村的国民教育和农村的精神文明建设全过程之中等等，来增强农民群众对社会主义核心价值观的理解、认知和认同，来提升社会主义核心价值观的吸引力和凝聚力。

（二）执政党通过组织领导加强农村社会主义核心价值观建设

在建党90多年的历史实践中，中国共产党形成了党的中央组织、地方组织和基层组织这样一个完整而又严密的组织体系。社会主义核心价值观建设正是由这样一个完整而又严密的组织体系，即由中央到地方再到基层这样一个自上而下的网络组织体系逐渐向基层推进的。而在农村社会主义核心价值观建设中，党的领导地位主要是通过其基层党组织，即乡镇党委和村党支部的具体领导来加以实现。“基层党组织是党在农村基层组织执政的基础和各项工作的领导核心，它们担负农村社会主义核心价值观和中国梦宣传教育的协调、组织、实施的使命。"①农民在日常政治生活中接触最多的就是基层党组织。基层党组织是党中央领导的神经末梢，是党的一切工作的战斗堡垒，承担着所有上级交代的工作和任务。基层党组织也是跟农民群众联系最密切的党组织，广大基层党员群体是农村社会主义核心价值观建设的重要示范者，其一言一行都潜移默化地影响着农民群众对社会主义核心价值观的理解和认同。需要注意的是，党的领导不单单是对基层党组织的领导，还包含了对基层政权组织乡镇政府、基层群众自治性组织村民委员会的领导，党对基层的乡镇企业、民间组织、专业合作社等也具有领导关系。② 这些组织在农村社会主义核心价值观建设中都发挥着不同的作用，处于不同的地位，都是农村社会主义核心价值观建设的主体，后面我们会具体分析。

（三）执政党通过思想领导加强农村社会主义核心价值观建设

党的思想领导是指党运用马克思列宁主义、毛泽东思想、中国特色社会主义理论体系教育和武装广大人民群众，帮助他们提高思想觉悟，提高辨别是非的能力，树立正确的价值观念。在农村推进社会主义核心价值观建设就是党的思想领导的题中应有之义。农村这个阵地，"我们不去占领，敌对势力、错误思潮和一些负面的东西就会乘虚而入。我们抓思想文化阵地建设就是一个雄辩的佐证，光是打击，总有漏网的；只有让正面

① 王国伟.新形势下农民群体对社会主义核心价值观认同度的分析——基于全国2142份问卷的调查[J].思想政治教育研究，2017(2).

② 徐勇.农村社区治理主体及其权力关系分析[J].理论月刊，2013(1).

的东西去占领了，才能让负面的东西失去生存的土壤”①。社会主义核心价值观是新时代我国意识形态的集中体现，只有坚定不移地用社会主义核心价值观去武装广大农民群众的大脑，凝聚广大农民群众的价值共识，才能用正面的东西占领农村这一重要阵地。

二、政府是责任主体

政府是“一个国家为维护和实现特定的公共利益，按照区域划分原则组织起来的，以暴力为后盾的政治统治和社会管理组织”②。在我国，政府通过其科层体系自上而下运转进行行政工作。从正式的行政体系角度看，现代国家的行政组织向农村的延伸到乡镇一级为止，在此之下，即村级一下皆不在正式国家行政编制之列。而乡镇政府作为国家权力机关的神经末梢，肩负着推动农村社会主义核心价值观建设的重要职责，乡镇政府主要通过执行党的政策、提供公共服务、完善基层社会治理来加强农村社会主义核心价值观建设。

（一）政府通过执行党的政策促进农村社会主义核心价值观建设

政府掌握着公权力，是党的意志的直接体现者和执行者。在当代中国，执政党提出的各项路线、方针、政策都是通过党领导下的各级政府的职能部门去具体贯彻、落实和执行的。从这

① 习近平.之江新语[M].杭州：浙江出版联合集团，浙江人民出版社，2013：97.

② 乔耀章.政府理论[M].苏州：苏州大学出版社，2000：6.

个角度来讲，政党与政府的关系就是政策制定与政策执行的关系。而在广大农村社区，乡镇政府代表着国家公权力，作为国家政权的神经末梢，是贯彻和落实中央、省、市、县政府出台的政策的重要一环。乡镇政府对上级党委及国家政策的执行情况直接影响着农民对社会主义核心价值观的理解和认同。在社会主义核心价值观建设的过程中，乡镇政府在政策执行方面落实得越到位就越有利于社会主义核心价值观建设在农村的推动，因为社会主义核心价值观就内涵于国家制定的大政、方针、政策之中。如果乡镇政府不能将国家的政策，如惠农政策、强农政策、扶贫政策、农村养老保险政策、农村医疗保险政策落实到位，就会影响党在农村工作的开展，会削弱中央政府的公信力，进而影响党在农村执政的合法性基础，挫伤农民对社会主义核心价值观的认知和认同。

（二）政府通过提供公共服务为农村社会主义核心价值观建设搭建平台

提供公共服务是现代政府的本质职能要求。政府为农村提供的公共服务内容非常广泛，涉及农村基础设施建设，涉及农民群众的教育、医疗、卫生、养老、文化等民生领域的方方面面。其中，政府为农村提供的公共文化服务与社会主义核心价值观建设直接相关，既是农村社会主义核心价值观建设的重要抓手，也为农村社会主义核心价值观建设提供载体和阵地。公共文化服务是“以政府部门为主的公共部门提供的、以保障公民的基本文化生活权利为目的、向公民提供公共文化产品与服务的制度和系统的总称，包括公共文化服务设施、资源和服务内容,以及人才、资金、技术和政策保障等方面内容"①。政府提供的公共文化服务"无论是物质层面的文化服务产品还是制度层面的公共文化产品都承载着宣传国家方针政策和主流意识形态的责任"②。近年来,在政府的公共文化服务的支持下,各地行政村的文化基础设施基本建立,村庄纷纷建立起文化舞台、图书馆、篮球场、体育器材等基础设施;村庄每年文化活动的开展也有国家财政的支持;政府"送戏下乡"、"电影放映"等工程不断丰富农民们的文化生活,这些都为农村社会主义核心价值观建设提供了重要阵地和载体,提供各种支持和保障。

(三)政府在社会治理中加强农村社会主义核心价值观建设

社会治理是政府职能的重要组成部分,它是一个"以维护和实现人民的利益为核心,发挥多元治理主体的作用,针对国家治理中的社会问题,完善社会福利、保障改善民生,化解社会矛盾,促进社会公平,推动社会有序和谐发展的过程"③。从某种意义来讲,社会治理的终极目标是实现社会的良性运行和协调发展。社会治理要求政府首先转变其自身的观念,即从过去的管理型政府向服务型政府观念的转变,后者强调以实现公共利益最大化为宗旨,以多元主体参与(政府、社会、公众)、合作共治为服务形式,以民主、公正、平等、法治等价值理念为运行

① 徐腾.中国特色社会主义核心价值观研究[D].扬州:扬州大学,2013(6).

② 吴春梅,雷定鹏.城乡文化交融背景下农民的社会主义核心价值观培育[J].广西社会科学,2016(4).

③ 姜晓萍.国家治理现代化进程中的社会治理体制创新[J].中国行政管理,2014(1).

基础。这些都在某种程度上与社会主义核心价值观具有内在的契合性和一致性。从某种意义来讲,服务型政府的构建就是社会主义核心价值观建设的具体体现,而社会主义核心价值观建设同样为构建服务性政府提供人文关怀和价值指导,二者互相影响、互促互进。在农村社区,乡镇政府在基层社会治理中担任着重要角色,乡镇政府主要通过发展农村生产力、完善基层民主政治建设、丰富农民文化生活、化解基层社会冲突、稳定农村社会秩序等方方面面来推动社会主义核心价值观建设。

三、乡镇企业和民间组织是重要承担者和参与者

(一)乡镇企业是农村社会主义核心价值观建设的重要承担者

乡镇企业是指具有农民身份的人在农村地区兴办的以非农产业为主的企业群体。在社会结构意义上,乡镇企业是推动农村从农业社会走向工业社会的基本力量,是农民创办的用以求生存发展,改变自身经济地位、职业身份和社会身份的组织形式。乡镇企业的主要出资人是农民和乡村集体,这导致了村民、乡村集体对企业的直接控制。20 世纪 80 年代,我国乡镇企业异军突起,为广大农村地区的经济发展乃至整个社会的经济发展做出了巨大贡献。乡镇企业在促进农村经济发展的同时,也通过吸纳农民就业、促进农民增收、转变农村产业结构和农民的就业结构来推动社会主义核心价值观建设。

1. 乡镇企业通过吸纳农民就业推动农村社会主义核心价值观建设

乡镇企业具有明显的盈利动机，但在具体的用工制度上，几乎无一例外的都是首先雇用本社区的居民，这样乡镇企业就为千千万万的农村剩余劳动力提供了就业岗位。乡镇企业在为农民摆脱贫困、实现富裕提供契机的同时也缓解了广大农村地区剩余劳动力过密的问题，以至于我国不会出现劳动力过剩而引起社会混乱或不稳定，进而维护了我国农村社会秩序的和谐与稳定。农村社会秩序的和谐与稳定是农村社会主义核心价值观建设的前提，也是农村社会主义核心价值观建设的题中应有之义。乡镇企业还通过不断推动国民经济的发展向政府和国家纳税，使基层政府有经济基础推动农村的科教文卫体等事业的发展，为农民形成现代的、先进的、正确的价值观提供有力的物质保障。

2. 乡镇企业通过促进农民增收推动农村社会主义核心价值观建设

乡镇企业在拓宽农民就业门路的同时，也提高了农民的收入。据统计，早在2001年，“乡镇企业从业人员人均工资达到5909元，全国农民人均从乡镇企业获得的收入达804元，当年农民收入的增加有1/3是通过乡镇企业职工工资收入增加实现的”①。随着农民收入的增加，农民的基本生活有了保障，农民的物质生活富裕起来了，精神需求和文化需求不断提高。正

① 陆学艺. 中国农村现代化基本问题[M]. 北京：中共中央党校出版社，2004：80.

如马克思所说的："人们为了能够'创造历史'，必须能够生活。但是为了生活，首先就需要吃、喝、住、穿以及其他一些东西。因此，第一个历史活动就是生产满足这些需要的资料，即生产物质生活本身。"①物质交往的最初形式就是生产力的发展，如果没有生产力的发展，"那就只会有贫困、极端贫困的普遍化；而在极端贫困的情况下，必须重新开始争取必需品的斗争，全部陈腐污浊的东西又要死灰复燃"②。如果没有生产力的发展，农民就会处于愚昧、落后、无知的状态，农村社会的文明发展程度就会受到限制，中国的古话"衣食足而知荣辱，仓廪实而知礼节"说的就是这个道理。

3. 乡镇企业通过转变农村产业结构和农民就业结构推动农村社会主义核心价值观建设

乡镇企业的发展必然带来农村产业结构和农民就业结构的转变。长期以来，中国农村产业结构一直以种植业为主，农村中日益增长的劳动力长期被种植业困在土地上，这种不合理的产业结构是中国农村经济长期落后的主要原因。乡镇企业扭转了农村经济单一种植业经营格局，取而代之的是一、二、三产业全面发展的新格局，农村产业结构和产业布局在改革中获得日益均衡的发展。乡镇企业在调整整个农村经济的产业结构的同时，也调整着自身的产业结构。在乡镇产业发展之初，工业企业是主体，现在乡镇企业已经涉及服装纺织、金属冶炼及制造、建材、食品饮料、机械制造、采掘、石油化工、电子电器、橡胶塑料、造纸及印刷等13大门类。乡镇企业在转变农村

① 马克思恩格斯选集(第一卷)[M].北京：人民出版社，2009：158.
② 马克思恩格斯选集(第一卷)[M].北京：人民出版社，2009：166.

产业结构的同时也带来农民就业结构的转变，农民就业结构的转变带来农民就业观念的转变。乡镇企业的营销观念和经营制度面向市场，非常灵活，进入乡镇企业工作的农民不再守着自己的一亩三分地，从事着除农业以外各种不同的职业。随着从事职业的不同，农民的眼界不断拓宽，农民的市场意识、时间意识、契约意识、竞争意识等不断增强。乡镇企业是农民或村集体合资办的企业，农民在合作中就必须有协商，而协商的核心精神就是平等、公平、和谐等价值观念，即使农民在合作中有争吵，但争吵之后也有产生价值共识的可能。

（二）民间组织是重要参与者

民间组织通常又称为"非官方组织"、"非营利组织"、"第三部门"，它一般是由民间设立的、从事社会公益和互益活动的非营利组织，包括社会团体、民办非企业单位和基金会等。在我国官方文件中，民间组织与社会团体含义基本相同。民间组织具有组织性、非营利性、民间性、自治性、志愿性等特征。组织性强调民间组织不属于政府组织；非营利性是指民间组织不以获取经济利益为目标，而是从事公益性服务；自治性是指民间组织不直接受控于政府，也不受制于其他组织，而是实行自我管理、独立运作的组织，并有内部的自律性；志愿性是指人们参加组织活动、提供公益服务和社会福利是自愿的。① 从某种意义来讲，民间组织是联系国家、社会与个人的桥梁。民间组织按照地域可以划分为城市民间组织和农村民间组织。因为农村社会主义核心价值观建设与农村的民间组织联系最密切，所

① 郑杭生等. 社会学概论新修[M]. 北京：中国人民大学出版社，2009：192－193.

以本书主要讨论后者。

“农村民间组织是指农民在自愿参与的前提下，以自主管理、自我服务为原则，不以营利为目的组建的社会组织。我国农村的民间组织根据其服务内容的不同，可以分为政治管理类民间组织、经济互助合作类民间组织、社会服务与公益文化类民间组织。”①政治管理类组织主要指村民委员会、妇代会等基层群众群体，是在政府的推动和组织下成立的，这类组织与政府联系密切，其行为受政府制约，功能受政府授权，从某种意义来说，是具有半官方性质的民间组织。经济互助合作类民间组织是在政府的引导和扶持下，农民自发成立、自我管理和自我服务的新型社会组织，这类组织旨在提高农民的合作化程度，带领农民群众脱贫致富，提高农村的经济发展水平；社会服务与文化公益类民间组织是为了满足农民的精神文化生活和提高农民的知识素质水平，在农民文化教育、技能培训、扶贫帮困、养老医疗、环境保护等方面建立的公益性组织②，如村庄里的志愿者协会、老年人协会、红白喜事协会等。这类组织对乡风文明建设、村庄道德建设、促进村庄人际和谐、提高村民身心素质等具有不可忽视的作用。

民间组织为社会主义核心价值观建设搭建了一个平台，在这个平台里，农民可以自由表达自己的心声、愿望和需求，并通过自己组织的选举代表参与村庄公共事务的管理和决策的制定，从而实现民主选举、民主决策、民主管理和民主监督。民间组织也是农民互动的社会平台，在农民互动的过程中，无形中

---

① 张丽丽，左侠．当前我国农村民间组织在村庄治理中的作用[J]．理论观察，2009(5)．

② 郭彩云．农村民间组织与乡村治理研究[D]．中央民族大学，2012(6)．

提高了农民的主体感、参与感和效能感。而主体感、参与感和效能感是农村社会主义核心价值观建设不可或缺的要素,如果农民不参与到社会主义核心价值观建设中,不发挥主观能动性,农村社会主义核心价值观建设就成了政府有关部门自上而下的硬灌输,其培育和践行效果自然不佳。农民的互动过程也是协商过程,而协商的核心精神就是平等、自愿和公正,这也在无形中深化了农民对社会主义核心价值观的认知、认同与践行。

四、农民是主力军

农民是指"在国家正式户籍制度登记表上被列为农业户籍,与土地、农业生产、乡村居住等因素联系在一起的一类群体"①。农民占农村人口的绝大多数,是农村生产、生活的主体,更是农村建设和发展的主体,这就决定了农民是农村社会主义核心价值观建设的核心主体。农民既是一个个体概念,也是一个群体概念,从个体层面来看,每一个农民都是农村社会主义核心价值观建设的主体;从群体层面来看,村庄的精英群体、村庄内的文化积极分子以及"生活面向"向内的农民群体都是农村社会主义核心价值观建设的重要力量。

(一)村庄精英是农村社会主义核心价值观建设的示范者

"所谓村庄精英,就是村庄掌握资源优势的那些人,因为掌

① 周占杰.新农村建设中农民素质问题研究[D].中央民族大学,2010(3).

握资源优势，而在村务决定和村庄生活中具有较一般村民大的影响。”①村庄精英分为体制内精英和非体制内精英。体制内精英即村干部，分为两类，一是代表自上而下体制性权力的代表人物——村党支部书记，二是代表自下而上内生性权力的村委会代表人物——村委会主任。体制内精英是国家权力在农村的执行者。在村庄治理中，他们对上联系政府、对下联系农民，是连接国家与农民的桥梁。体制内精英往往集村中的党、政、企业大权于一身，是国家政策的宣传者、推动者和执行者。对于非体制内精英来说，从其在村庄发挥影响所主要借重的资源来看，又可以分为经济精英和非经济精英，前者如村中的经济能人、种植养殖大户、私营企业老板等，后者是指在村庄社会中具有一定影响力的德高望重的老人，如宗族头人等。总的来讲，经济资源更具现代社会的特征，因而经济精英又被称为现代型精英；非经济型精英如宗族头人等更多借用传统作为资源，而又被称为传统型精英。

由于社会主义核心价值观作为国家主导的意识形态是由执政党提出来的，其培育和践行首先是由党领导下的各级政府的职能部门去执行和推动的，层层任务和文件下达到乡镇基层政府、再到各个村庄，这就导致在村一级最先接触到社会主义核心价值观的这一概念的必然是村干部、党员群体、村委会成员这些与党组织联系比较密切的人。因此，他们对社会主义核心价值观的二次理解和消化直接影响着农民对社会主义核心价值观的理解和认知。只有他们正确而又深刻地理解社会主义核心价值观的本质内涵，他们才能跟老百姓说明白、讲透彻，才能在工作中自觉、自如地引导农民认知、认同、践行社会主义

---

① 贺雪峰．新乡土中国[M]．北京：北京大学出版社，2013：303．

核心价值观。而非体制内精英由于其掌握的资源及在村里享有较高的社会地位、威望和经济实力，因而他们的价值观念和行为方式会对普通农民的观念和行为产生一定的影响，他们的一言一行对农民都具有示范作用。非体制内精英在村庄内具有强大的号召能力、组织能力和协调能力，能有效地整合村庄社会资源，助力于农村社会主义核心价值观建设。

（二）村庄文化积极分子是农村社会主义核心价值观建设的生力军

村庄的文化积极分子包括：已经退休的老干部、老党员、老教师等"三老"人员，会唱花鼓戏、皮影戏、黄梅戏和会伴奏乐器等民间艺人，已经富裕的农民，节假日的学生和教师群体（在职）等。社会主义核心价值观建设属于农村文化建设的范畴，是农村文化建设的重要内容，村庄的文化积极分子自然也是建设社会主义核心价值观的主体。民间艺人通过艺术创作将社会主义核心价值观的基本内容编入文艺节目里，如编入花鼓戏、三句半、皮影戏等剧目的台词里，向群众生动直观地演绎、诠释社会主义核心价值观；打工致富的农民老板通过捐资建设文化基础设施，为社会主义核心价值观建设提供物质基础；假期的学生时间充裕，喜欢玩耍，爱看热闹，积极参与村庄开展的文化活动，并带动家长一起参与，从而扩大了农民参与村庄文化活动的半径。

（三）村庄"生活面向"向内的农民群体是农村社会主义核心价值观建设的中坚力量

"村庄生活的面向，是指村民建立自己生活意义和生存价值时的面向，主要是指农民在村庄生活中可能获得的价值感受。"①对于农民而言，村庄不仅仅是一个生活共同体、地缘共同体、利益共同体，更是一个意义（价值）共同体。而"生活面向"向内的村民更加注重在村庄内实现自己的人生价值，主要表现在他们认可自己的村民身份，看重村庄生活的价值，不愿意隔断与村庄的联系，对村庄的生活产生期待，对村庄有一定的情感和价值认同。因为他们的"生活面向"向内，他们是最想把村庄建设好的一部分群体，加上他们中大部分长期工作和生活都在村庄内，是最了解村庄需要什么以及如何建设村庄的一部分群体，这一部分群体对于整合农村社会资源、加强农村社会凝聚力具有不可忽视的作用，而这些无疑都是社会主义核心价值观建设的添加剂。

通过以上的论述，农村社会主义核心价值观建设的主体可以大致分为三个层面，即国家层面、社会层面和个人层面。其中，执政党和政府可以归结为国家层面的主体，企业和民间组织为社会层面的主体，广大农民群众则是个人层面的主体，三个层面的主体在农村社会主义核心价值观建设中担任着不同的角色，发挥着不同的作用，形成一个多元复合的主体联合机制，共同促进、引导农民认知、认同、践行社会主义核心价值观。

① 贺雪峰. 新乡土中国[M]. 北京：北京大学出版社，2013：19－21.

第二节　农村社会主义核心价值观建设的特殊性分析

社会主义核心价值观建设是一项系统性的工程，而系统是由不同的要素构成的。从社会主义核心价值观建设的基本构成来看，它是一个包括社会主义核心价值观的建设主体、社会主义核心价值观的建设客体、社会主义核心价值观建设的环境（环境因素是社会主义核心价值观建设不可缺少的基本要素）、社会主义核心价值观建设的载体等要素的系统。其中，社会主义核心价值观建设的主体是指社会主义核心价值观建设的承担者、发动者和实施者；社会主义核心价值观建设的客体是指社会主义核心价值观建设的接受者和受动者；社会主义核心价值观建设的环境是指与社会主义核心价值观建设有关的、对人的价值观形成和发展产生影响的外部因素；社会主义核心价值观建设的载体是指能承载和传递社会主义核心价值观的基本内容、达到社会主义核心价值观建设的目的，并为建设主体所运用，对客体产生一定影响的活动形式或物质形式。需要指出的是，社会主义核心价值观建设的主体与客体是相互互动的关系，在社会主义核心价值观建设的过程中，主体起主导作用，客体起主动作用；主体的主导作用以客体的主动作用为基础，客体的主动作用以主体的主导作用为前提；主体不仅主导和影响着客体，客体也主动作用于主体。主体与客体之间是一种相互影响、相互作用、相互促进的关系。而农村社会主义核心价值观建设的特殊性就突出表现在其建设主体的特殊性、建设客体的特殊性、建设环境的特殊性和建设载体的特殊性四个方面。由于农民即是农村社会主义核心价值观建设的主体，也是农村社会主义核心价值观建设的客体，所以这里不再单独就农村社会主义核心价值观建设客体的特殊性展开论述，即农村社会主义核心价值观建设的特殊性表现在建设主体、建设环境、建设载体三个方面。

一、农村社会主义核心价值观建设主体的特殊性

农村社会主义核心价值观建设主体的特殊性突出表现在执政党和政府的特殊性、乡镇企业和民间组织的特殊性以及农民的特殊性三个方面。

（一）党委和政府的特殊性

在我国，执政党和政府作为权力机关，其在农村社会的运行所依靠的主要执行力量是乡镇党委和政府。在乡镇一级，乡镇党委和乡镇政府虽属党政两个系列，但实际上是乡镇政治权力的中心，即党委领导下的乡镇政权，两者在乡镇政治生活中是高度统一的，而不是两个权力中心。而乡镇党委和政府在农村社会的运行所依靠的主要执行力量是村级党组织。村级党组织虽然不属于正式编制的党政机关，但实际发挥的职能仍属于党政机关的功能。国家权力要在乡村居民中发挥影响力，就必须通过与居民关系最为接近的村级党组织的传递或执行。所以，从这个意义上说，村级党组织实际上是乡村权力系统的一个终端。村级党组织“作为国家对基层乡村一体化整合的工具，其权力来源和合法性基础主要来自国家政权体制，是按照

中国政治传统由上级党委进行授权的。在这种意义上可以说，村党支部代表的权力是直接来自政权机关的国家权力，是以国家强制力为后盾的”①。因此，自上往下看，村级党组织的合法性基础和权力来源决定了它是农村社会主义核心价值观建设的领导主体，也是农村社会主义核心价值观建设的执行者和推动者；而自下往上看，村级党组织联系着广大农民群众，扮演者农民群众“当家人”的角色，村级党组织的多重角色决定了其在农村社会主义核心价值观建设主体中的特殊性及重要性。

（二）乡镇企业和民间组织的特殊性

乡镇企业的特殊性突出表现在它在用工制度上优先使用具有地缘关系和血缘关系的熟人。乡镇企业是农民创办的农村企业，具有浓厚的乡土特征。传统上，在农村人际关系和社会交往中，地缘和血缘关系占支配地位，农民待人接物和利益分配的标准也因对象与自己关系的亲疏远近而有所不同。这种文化传统也深刻地反映在乡镇企业的动机和行为上，最常见的现象就是乡镇企业老板在招聘会计时大都遵循着“用自己人放心”的原则。乡镇企业中的职工和领导人的交往关系往往也不是由明确的契约关系界定的，而是由血缘和地缘关系界定的，即使乡镇企业内部有明文规定的规章制度，在实施和处理关系时仍然会受到乡里乡亲关系的制约和影响。这种情况下，就不利于农民形成现代的法治观念，农民的行为遵循着特殊主义原则，这无疑与社会倡导的主流价值观相背离。

民间组织的特殊性突出表现在村委会的特殊性上。村委

① 于建嵘．转型期中国乡村政治结构的变迁——以岳村为表述对象的实证研究[D]，华中师范大学，2001.

会按照《村民委员会组织法》的界定，是由村民选举出来的自我管理、自我教育和自我服务的群众性自治组织。从这个意义来看，村民委员会是广大农民群众的权利和利益需求的反馈者和表达者，广大农民群众通过村委会参与管理村庄的公共生活，进行自我教育、自我管理，实现基层社会自治。但是，《村民委员会组织法》又规定："村委会必须把自己置于党支部领导之下，定期向党组织汇报工作。……村委会要积极取得乡镇政府的指导、支持和帮助，积极组织完成乡镇政府布置的任务。"① 乡镇政府作为国家政权组织体系中自上而下的行政压力的最后承担者，往往在实际工作中，把这些任务传递给村级党组织的同时也传递给村民委员会。上级党委下达的政策、文件以及政府提供的公共服务都由村两委来贯彻和执行，从这个意义来看，村委会是具有准官方性质的民间组织。村委会通过贯彻执行党的相关政策、调解民间纠纷、协助维护农村社会的治安等村级事务来引导农民认知、认同、践行社会主义核心价值观。概括地来讲，村委会的特殊性表现在它的双重角色这一层面，即它既是广大农民群众的权益和诉求的"委托人"，又是国家基层政权在村庄的"代理人"，村委会的双重身份决定了其在农村社会主义核心价值观建设中的特殊性。

（三）农民的特殊性

农村社会主义核心价值观建设主体的特殊性还体现在农民这一主体的特殊性上。这是因为，农民既是农村社会主义核心价值观建设的主体，也是农村社会主义核心价值观建设的客

① 中共中央文献研究室．十四大以来重要文献选编（中）[M]．北京：人民出版社，1997：1019.

体。农民在农村社会主义核心价值观建设中同样担任着双重角色。作为建设主体，他们是农村社会主义核心价值观建设的积极承担者、示范者、推动者，作为建设客体他们是农村社会主义核心价值观建设的接受者、承受者。当然，作为具有主观能动性的和有思想、有情感、有意志的人，农民不是被动地接受社会主义核心价值观，而是在与建设主体的互动、沟通和相互作用中认知、认同、践行社会主义核心价值观。

农民作为农村社会主义核心价值观建设的主体，最突出的特征表现在三个方面：一是农民的综合素质不高。与城市居民相比，农民的综合素质相对较低。综合素质是一个人的身体素质、思想道德素质、科学文化素质等各方面素质的集中体现。而农民的综合素质不高突出表现在农民的政治素质较低和科学文化素质较低两个方面。农民普遍不关心政治，他们很少主动参加，甚至有的农民从未参加过村庄的选举与被选举活动；一些农民不懂得用科学技术来提高生产效率，对农业生产固守老一辈流传下来的经验，不愿意主动学习新技术，没办法走上科技致富的道路；农民受教育程度不高导致他们的科学文化素质较低。农民综合素质不高阻碍了他们对抽象的社会主义核心价值观的正确理解和认知，社会主义核心价值观要想入农民的脑、入农民的心，其艰巨性可见一斑。二是农民的主体意识不强。主体意识是指人在实践活动中从自己的主体地位出发，以不同方式掌握客体所显现出来的独立意识、自主意识、创新意识和主导意识。我国农民在几千年的农业社会中，由于强大而悠久的专治统治以及靠天吃饭的农耕生活，使农民始终处于从属、屈从、被主宰的地位，农民缺乏自我意识、独立意识和创新意识。这一点，马克思在分析法国小农时就曾指出："他们不能代表自己，一定要别人来代表他们。他们的代表一定要同时是他们的主宰，是高高站在他们上面的权威，是不受限制的政府权力，这种权力保护他们不受其他阶级侵犯，并从上面赐给他们雨水和阳光。”①农民的主体意识不强，一方面突出农村社会主义核心价值观建设自上而下的“推”的必要性，另一方面则突出农村社会主义核心价值观建设自下而上的“建”的重要性，其中，自上而下的“推”强调国家力量的灌输，自下而上的“建”则强调农民主体性的发挥。三是农民是受传统农耕文明影响最深的群体，传统文化中落后的思想观念，如小富即安、因循守旧、崇拜权威、重男轻女等思想仍然不同程度地盘旋在一些农民的心间。这些落后的思想观念影响、阻碍着农民形成现代的、先进的、正确的价值观念，而且这些与现代主流价值观相背离的传统价值观念作为一种小农意识在无形中而不是显形中影响着农民的行为。农民要转变旧的价值观念、形成新的价值观念需要长期的过程。此外，就社会主义核心价值观的基本内容来看，它既有对中华优秀传统文化的创造性转化和创新性发展，也合理地兼并、包容了西方社会部分核心价值观，如自由、民主、平等、法治这些价值观念。由于我国传统农村社会在某种意义上来说是人治和礼治社会，自由、民主、平等、法治这些价值观念在我国传统农村社会缺乏存在的土壤，农民要完全抛弃旧社会的价值观念、接纳和吸收西方的价值观念需要一个长期的过程。农民的综合素质不高、主体意识不强以及受传统文化影响至深决定了农村社会主义核心价值观建设的长期性和艰巨性。

① 马克思恩格斯选集(第一卷)[M].北京:人民出版社,1995:677—678.

二、农村社会主义核心价值观建设环境的特殊性

环境因素是社会主义核心价值观建设不可缺少的基本要素。农村社会主义核心价值观建设的环境不同于城市，主要体现在农村的经济环境、政治环境、文化环境和人居环境四个方面。

（一）农村经济环境的特殊性

与城市相比，农村经济环境的特殊性突出表现在农村的经济发展水平十分落后且不平衡现象突出。农村多以种植业、农林牧渔业等第一产业为主，而城市以工商业、服务业第二、三产业为主，而且由于工农业剪刀差的长期存在以及城乡二元经济结构的影响，农村的经济发展水平与城市相比要落后很多。除此之外，我国农村各地区的经济发展水平不平衡性特征也十分突出。虽然我国各地区城市的经济发展水平也存在发展不平衡的现象，但农村地区的经济发展不平衡现状要更加突出。通常情况下，根据我国农村经济发展水平的显著差异，可以将我国农村分为东部地区的农村和中西部地区的农村。总体来讲，东部沿海地区的农村经济发展比较快，市场化程度比较高，是人口流入地区，而在中西部农村经济发展比较慢，人口大量从农村流出，农村自给自足的经济仍然占有相当比重。因此，根据经济发达程度，可以将中国农村大致分为东南沿海发达地区的农村和中西部欠发达地区的农村。东部地区数量不大，但地位重要，主要集中在“长三角”、“珠三角”和京津唐地区，以及

山东、辽宁、福建沿海地区。[1] 中西部地区大都以农业为主，属于传统农业型地区。经济发展的不平衡性也导致了农村社会主义核心价值观建设的不平衡性，这是因为东南沿海地区经济发达的农村更早地受市场化、信息化以及全球化的影响，农民的传统价值观念更早地受到冲击，农民的传统心理特征也更早地开始转变。而且经济发达地区的农民的生活保障已经基本解决，农民的眼界更加开阔，农民的精神境界和文化需求层次也较高，他们也有更多的资金、更多的时间和精力、更多的物质手段来投身于乡村的意识形态教育工作。而在中西部欠发达地区的农村，由于部分农民基本生活保障还未完全解决，农民更注重物质生活水平的提高，他们得花费很多时间和精力忙于生计，对精神层面、文化层面的追求较低。再加上大部分落后地区的农村村级组织将发展经济放在第一位，将农村的文化建设、精神文明建设放在次要位置，没有做到两手都要抓、两手都要硬，对村庄的意识形态工作不那么重视，造成这方面的工作比较滞后。经济基础决定上层建筑，农村落后的经济发展水平决定了农村社会主义核心价值观建设的滞后性，而不同地区农村经济发展水平的差异也决定了农村社会主义核心价值观建设的差异和不平衡性，即使是同一地区的农村也会因为其生产力发展水平的不平衡导致社会主义核心价值观建设的不平衡性。

（二）农村政治环境的特殊性

农村的政治环境的特殊性可以从农村政治场域的复杂性来把握。当前，我国在基层农村社会的治理模式实行的是“乡

---

① 贺雪峰.最后一公里村庄[M].北京：中信出版集团，2017：10—14.

政村治"模式。改革开放以后,伴随着家庭联产责任承包制的推行以及人民公社的解体,我国将基层群众自治制度确立为国家的基本政治制度之一,国家政权逐渐从农村社会退出,在乡镇一级建立基层政权,乡镇行使管理乡村社会事务的权力,但不直接具体管理基层社会事务;在乡以下的行政村建立村民委员会这一群众性自治组织,由村民委员会领导广大农民群众进行自我服务、自我教育和自我管理,村民委员会对本村事务行使自治权①。学界普遍将这一基层社会治理方式称为"乡政村治"。在这种治理格局下,农村社会存在着多元的权力关系,如村级党组织与村民委员会的关系、镇与村关系、村民和村两委的关系、村民与家族势力的关系以及家族势力与村两委的关系及其博弈构成了农村社会复杂的政治场域。各权力主体之间的相互博弈形成不同的力量格局,社会主义核心价值观进入这样一个由各种力量交织的农村场域,会遇到不同主体的推力或阻力,遇到不同主体的挟持和利用,遇到不同目的的正读与反读,②使农村社会主义核心价值观建设面临着十分复杂的局面。因此,农村社会主义核心价值观建设的艰巨性和复杂性可见一斑。

(三)农村文化环境的特殊性

与城市文化相比,农村社会最突出且普遍存在的文化现象就是人情文化和宗族文化。从某种意义来说,城市是现代化的产物,它是陌生人社会,陌生人社会中人与人之间的交往更多

---

① 金太军."乡政村治"格局下的村民自治——乡镇政府与村民委员会之间的制约关系[J].社会主义研究,2000(4).

② 马天驰,聂家华.在农村推进马克思主义大众化的思考——基于"场域—惯习"视角[J].中共中央党校学报,2015(1).

地依靠契约和理性思维，而农村社会是熟人社会，熟人社会中人与之间的交往更多地依赖对熟人的无条件的信任，而农村的人情文化和宗族文化都是熟人社会特有的文化现象。

1. 人情文化

人情文化即农村社会普遍存在的人情往来文化。农村社会是一个熟人社会，也是一个人情社会。处在乡土社会中的人无不以人情往来作为其为人处事的原则。人情往来本来是一种互惠的机制。过去，在村庄熟人社会中，遇到婚丧嫁娶等人生大事，举办仪式，人情往来即是公共告知，又可以筹到急需资金，类似零存整取，帮助农民渡过阶段性的经济危机。但是，现在的农村，无论大事小事、有事无事，村民都办酒席以收取人情敛财，以至于几乎所有人都卷入到了这种无节制的人情往来之中，把辛辛苦苦挣的钱大部都送了人情。在过去，人情是相对稳定的，是婚丧嫁娶等大事才办酒席的。人情往来，讲究的是长期的平衡。后来，因为传统已破，人与人之间的往来难以形成长久预期，送出去人情必须在短期收回，因此出现了越来越多过去不会办也不能办、现在为收回人情而办的酒席。传统礼尚往来的形式还在，办事必须送人情，不送人情就要得罪人，就会冒犯人。之前，以稳定的长期预期为基础的互惠变成了丧失预期的即时交换。缺少内容徒有形式的人情往来失去了它本来应有的互惠、互助的本体性价值，人与人之间的人情往来日益理性化、世俗化和功利化。

2. 宗族文化

宗族文化是以血缘为纽带的一种地域文化。梁漱溟先生称中国传统社会是伦理本位的社会，费孝通先生说中国传统社会是“差序格局”的社会，其实都是一个意思，即在中国传统社会中，人与人之间的关系不如西方那么个人化，每个传统的中国人都被一层一层的人伦关系笼罩着，成为关系中的人。而这些关系在某种意义上是不由人们选择的，是由血缘关系强加于每个人的。“血缘是稳定的力量。在稳定的社会中，地缘不过是血缘的投影，不分离的。‘生于斯、死于斯’把人和地的因缘固定了。”①宗族文化其实是一种血缘关系、亲缘关系和地缘关系的叠加。宗族文化在我国有深厚的历史根源，尽管集体化时期国家通过强制性力量打压过宗族文化，但随着基层社会自治的实行，国家政权的上移给农村的宗族文化带来复兴的空间和趋势。一些地方再现修宗祠、修家谱、建家庙等宗族性文化活动，对于村落成员来说，参与自己家族产生重大影响的活动具有特别重要的意义。然而，宗族势力的兴起对村庄治理存在巨大的潜在威胁。一些农村社区的宗族势力发展到一定的程度和范围，演化为黑恶势力，他们不仅严重干涉村庄选举，甚至想村里的一切事情都由他们说了算；贿选、买票、卖票等现象时有发生，一些农村出现宗族势力操控基层政权，只为本族人谋利益，严重损害了农民群众对基层政权的信任，阻碍了基层社会村民自治和公平正义的实现。家族势力的复兴代表乡土权威的回归，这种乡土权威在有些农村严重影响国家政权的权威，削弱基层政权开展村级活动的根基。

人情文化和宗族文化都是农村社会特有的文化现象，这两种文化的存在给农村社会主义核心价值观带来不容小觑的阻碍，但人情文化和宗族文化如果利用得好，也可以转化为农村社会主义核心价值观建设的有效载体，这正是农村文化环境的

① 费孝通. 乡土中国[M]. 北京：北京大学出版社，1998：70.

特殊性所在。

（四）农村人居环境的特殊性

人居环境是人们赖以生存和居住的场所。与城市相比，农村的人居环境相对较差。尽管近年来，在社会主义新农村建设的推动下，农村的人居环境有很大的改善，一些地区的房舍面貌焕然一新，一些基层组织加大对绿化的投入，村庄的整体面貌有很大的飞跃，但农民没有维持意识，也缺乏环保意识，农民的一些不良卫生习惯使得一些农村地区的人居环境十分令人担忧。其主要表现在三个方面：一是农村的违搭违建现象严重存在，例如，有的农民在公共场所东一块西一块地搭建牲畜棚圈，有的农户随意在自家耕地上盖新房或者旧房子拆了建、建了拆，这些都破坏了村庄人居环境的整体美观；二是一些农村的环境污染现象严重，例如，一些农民为了农作物的增产滥用含有有害物质的农药化肥，一些农民乱烧秸秆、逢年过节肆意放炮，一些乡镇企业乱排污水等等，这些行为带来农村土地、饮用水、空气的污染；三是农村随处可见各式各样的垃圾，如剩菜油渍、废弃塑料袋、牲畜粪便、杂草废物以及厕所无人打扫而散发恶臭造成苍蝇乱飞等现象。如此种种脏、乱、差问题使得农村人居环境令人担忧。

事实上，环境对人的思想品德和价值观念的形成具有决定作用，“环境决定着人们的语言、宗教、修养、习惯、意识形态和行为性质”①。“一个人从他与环境的相互作用中学习……好

---

① 欧文选集(第二卷)[M].北京：商务印书馆，1979：48.

的行为是一个有好的本性倾向的人与好的环境接触的结果。"①一个明显的例子就是，当一个人看到别人不随地吐痰，他也会约束自己不随地吐痰；当一个人看到别人不乱扔垃圾，他也会注意自己不乱扔垃圾；当一个人看到别人在公共场合都小声说话，他也会不自觉地降低自己的音量。因此，"消除那种容易使人性产生罪恶的环境，罪恶就不会产生。代之以适于养成守纪律、讲规矩、克己稳重、勤勉耐劳等习惯的环境，这些品德也就可以形成"②。农村经济环境、政治环境、文化环境以及生态环境的特殊性不仅决定了农村社会主义核心价值观建设不同于城市，而且农村经济发展水平的滞后性和不平衡性、农村政治场域的复杂性、农村文化样态的独特性以及令人担忧的人居环境也带来农村社会主义核心价值观建设的艰巨性和复杂性。

三、农村社会主义核心价值观建设载体的特殊性

社会主义核心价值观建设的载体是指能承载和传递社会主义核心价值观的基本内容、达到社会主义核心价值观建设的目的，并为建设主体所运用，对客体产生一定影响的活动形式或物质形式。在社会主义核心价值观建设的过程中，建设目标的实现、建设内容的实施、建设方法的运用、建设主体与建设对象之间的互动等都离不开一定形式的物质承载方式或活动。

① (美)S. E. 佛罗斯特. 西方教育的历史和哲学基础[M]. 华夏出版社，1987：68.

② 欧文选集(第一卷)[M]. 北京：商务印书馆，1979：35.

社会主义核心价值观建设的载体是社会主义核心价值观建设过程中各要素相互联系、相互作用的枢纽，是各个要素相互作用实现的形式。作为连接建设主体与建设客体的活动形式或物质形态，社会主义核心价值观建设的载体能使建设主体和建设客体在这种活动形式和物质形态中发生互动，从而使农民产生价值共鸣和情感认同，进而提高农民对社会主义核心价值观的认知度、认同感以及践行的可能性。

事实上，农村社会主义核心价值观建设的载体非常丰富，按其类型可以大致分为农村活动载体、农村文化载体、农村管理载体和大众传媒载体等①，这些载体都为农村社会主义核心价值观建设提供很好的平台。其中，活动载体包括农村的精神文明创建活动、道德模范人物评选活动以及政府的文化下乡、法律下乡、卫生下乡等活动；文化载体包括硬性的文化基础设施和“软性”的民俗文化两方面，前者指农村的文化大院、道德讲堂、农家书屋等文化设施，后者指具有地域特色和民族特色的民间艺术和风俗习惯等；管理载体是指农村的村级党组织、村委会、农民协会、红白喜事理事会等组织在管理村级事务的过程中，将社会主义核心价值观的基本内容渗透其中，以此来引导农民群众认知、认同、践行社会主义核心价值观；大众传媒载体包括传统媒体和现代媒体两个方面，前者是指广播、电视、报纸等传统传播媒介，后者是指手机、微信、网络等现代传播媒介，大众传媒以图文并茂的方式引导农民认知、认同、践行社会主义核心价值观。以上的划分标准，虽然可能会出现一些载体的交叉，如农村的管理载体在一定程度上也属于农村活动载

① 何文毅.新农村建设中农民思想政治教育实施策略研究[D].重庆：西南大学，2011.

体，但大体上来说，这种划分标准是可行的。

农村社会主义核心价值观载体的丰富性决定了农村社会社会主义核心价值观建设方式的多样性。特别是农村民俗文化的多样性、风俗习惯的独特性决定了特定地域农村社会主义核心价值观建设载体的独特性，如贵州苗寨千人长桌宴的礼仪仪式、豫南光山县元宵节“送灯”的风俗习惯、华北老镇范庄“二月二”的龙牌盛会等，这些独特的民俗文化决定了农村社会社会主义核心价值观建设没有统一的模式，各地需要根据自身的实际情况，合理地利用各种载体进行社会主义核心价值观建设。

概括地讲，农村社会主义核心价值观主体的特殊性决定了农村社会主义核心价值观建设既要重视国家主导力量自上而下地“推”（灌输），在基层农村社会，村两委是国家主导力量的代表者，更要注重引导农民发挥其主观能动性，自下而上地“建”（参与），与此同时还需要社会力量的协同和发力。农村社会主义核心价值观建设环境的特殊性不仅决定了农村社会主义核心价值观建设不同于城市，而且农村经济发展水平的滞后性和不平衡性、农村政治场域的复杂性、农村文化样态的独特性以及令人担忧的人居环境也带来农村社会主义核心价值观建设的艰巨性和复杂性。农村社会主义核心价值观建设载体的丰富性决定了农村社会社会主义核心价值观建设方式的多样性，农村社会主义核心价值观建设没有统一的模式，各地要根据自身的资源优势，因地制宜地建设社会主义核心价值观。

第三节　农民认知、认同、践行社会主义核心价值观的内在机理分析

农村社会主义核心价值观建设的过程是引导农民正确认知、理性认同、自觉践行社会主义核心价值观的过程。而农民作为个体的人，其对社会主义核心价值观的认知、认同与践行遵循着一定的规律，这个规律就是农民认知、认同、践行社会主义核心价值观的机理。从心理学意义来看，一个人的价值观念的形成必须经过知、情、意、行四个阶段的不断反复地发展。其中，“知”是指认知，是建立在主体对客体有一定的了解、甚至是经过审慎的考虑基础之上的；“情”是指主体在认知客体以后，在情感上的产生的赞同或反对的态度，即情感认同；在情感认同的基础上得到主体意志的肯定从而上升为一种稳定的价值观念甚至信仰，最终自觉地外化为一种生活方式的反复践履。从个体层面来看，社会主义核心价值观建设也要经历一个“价值认知－认价值同－价值践行”的过程。这个过程遵循着人类认识事物的一般规律，即从认识到实践，再从实践到认识，如此认识－实践－再认识－再实践无限循环往复的过程。需要注意的是，认识本身就是人类的感知活动，认识是主体在实践基础上对客体的能动把握，离开实践的认识是不存在的。正如列宁所说的那样：“从生动的直观到抽象的思维，并从抽象的思维到实践，这就是认识真理、认识客观实在的辩证途径。”①正是

① 列宁全集(第55卷)[M].北京：人民出版社，1990：142.

遵循着这样的认识规律，社会主义核心价值观建设作为人的主观能动性活动，也遵循着一定的内在机理，即：在社会主义核心价值观建设的过程中，农民对社会主义核心价值观的价值认知是前提，价值认同是关键，价值实践是归宿。

一、价值认知是前提

价值认知，是指个体对社会主义核心价值观的理解与认识，主要表现在个体对社会主义核心价值观这一命题的科学内涵、基本内容、精神实质以及内在逻辑的深刻理解和接受程度。在价值认知的过程中，个体将社会主义核心价值观与自身联系起来，将社会主义核心价值观与评判现实事件联系起来，不断地反思自身、审视自身，也不断地在价值评价和价值判断中理解、感悟社会主义核心价值观。但是，价值认知只是社会实践和现实生活在人们头脑中的直接的、朴素的、原始的反映，这种直接的、朴素的、原始的反映是一种感性认识，这种感性认识还要经过二次加工上升为理性认识，即由价值认知上升为价值认同。

二、价值认同是关键

"价值认同是在价值认知的基础上对社会主义核心价值观所形成的肯定、赞同、喜爱和持续追求的情感体验。"①价值认同的过程是价值主体对某种价值观念、价值目标和价值规范自

① 胡春阳.转型时期社会主义核心价值观认同建构[J].中国特色社会主义研究，2015(1).

觉接受、自觉遵循的态度，是价值主体对某种价值观念、价值目标、价值规范产生心理、情感共鸣并内化为主体自觉意识的过程。认同的情感或来自于利益实现的预期，或来自于价值追求的理想性。但是，需要注意的是，主体对某一价值观念的认同并非一开始就对某种抽象价值理念产生认同，而是在对一定价值取向的后果评估中形成价值判断，即主体会提前判断该价值取向是否符合自己的利益需求、是否能实现自己的切身利益，这个过程也表现为价值主体对认识对象（社会主义核心价值观）的"审视、解读、评价和选择，是一种不断发问、追思的'反思性选择过程'"①。价值主体基于价值追求的经验或价值追求的后果，或对价值理想的向往，形成对某种价值目标的信任、肯定和倾向。但是，价值认同归根到底来自主体对利益实现的预期，从某种意义来说，主体对利益实现的预期越大，主体就越会认同某种价值观；反之，利益实现的预期越小，主体对某种价值观的认同度就越低。这是因为，"人们所奋斗的一切，都与他们的利益有关"②。当然，这种利益不仅仅指狭隘的经济利益，也包括政治利益、生态利益、文化利益等一切关乎人的需要的形式、活动及过程。因此，社会主义核心价值观要想获得广大农民群众的认同，就必须与农民群众的生产生活、与农民群众的切身利益相联系。

价值认知与价值认同的过程实质是个体内化价值观的过程。内化表现为一种自觉化的过程，是价值主体对某些思想观念、道德规范的理解、接受和认同，并使之与自身的价值追求相

---

① 陈秉公．论社会主义核心价值观"高势位"培育和践行的规律性[J]．思想理论教育，2014(2).

② 马克思恩格斯全集(第46卷)[M]．北京：人民出版社，1956：48.

一致的过程。内化的价值追求表现为价值主体在实践活动中，主体会自觉地以特定的价值目标为基本的价值理念，调适、规范自己的价值活动，以适合已经内化为自身价值追求的标准，即自觉践行某种价值观念。内化的价值观念往往是相对稳定的，不易变化的。只有已经实现情感认同的价值观念才能内化为价值主体的价值取向，才能进一步通过价值实践外化出来。从这个意义来看，价值认同是价值实践的关键，不经历价值认知和价值认同，社会主义核心价值观的践行就不复存在。

三、价值实践是归宿

价值认知和价值认同的最终归宿和最终目的都指向价值实践，“价值观的生命力在于实践”①。价值实践是指价值主体在价值认知和价值认同的基础上，自觉地践行社会主义核心价值观的行为。它是价值认知和价值认同的外化，从某种意义来说，价值认知和价值认同是价值主体将社会主义核心价值观内化为个体价值观的过程，而价值实践则是个体将内在价值观外化为价值行为。这是因为，一方面，价值主体对某一正确的、先进的价值观念如果仅仅停留在认知与认同这一层面，那么该价值观的先进性就不能在现实生活中体现出来，价值观本身具有的目标指引功能、凝聚共识功能、规范行为功能等也就不能有效发挥出来。如果仅仅停留在价值认知与价值认同这一层面，就是在主体的思维里绕圈子，不能产生任何实际意义。因此，价值认知与价值认同最终要通过价值实践表现出来，并通过价

① 刘云山.着力培育和践行社会主义核心价值观[J].求是，2014(2).

值实践实现其本质意义。另一方面，主体也通过价值实践检验已有的价值认知和价值认同是否正确，通过价值实践改变错误的价值认知与价值认同，通过价值实践强化、固化正确的价值认知和价值认同。正如马克思曾指出的那样："人的思维是否具有客观的真理性，这不是一个理论的问题，而是一个实践的问题。人应该在实践中证明自己思维的真理性，即自己思维的现实性和力量，自己思维的此岸性。关于思维——离开实践的思维——的现实性或非现实性的争论，是一个纯粹经院哲学的问题。"①价值实践不仅能检验价值认知与价值认同的正确与否，而且"对于人们认知结构的巩固与深化、情感的增加与升华、意志的磨炼和信念的养成，都具有强化的作用"②。价值实践强化、固化价值认知和价值认同，为价值认知和价值认同进一步发展、完善奠定基础。

从认识论的角度来看，价值认知－价值认同－价值实践的过程就是一个从认识－实践－再认识－再实践的无限循环、反复的过程。认识是主体在实践的基础上对客体的能动反映；实践是认识的基础，认识依赖于实践，离开实践的认识是根本不可能的，实践和认识总是相互作用的。从这个意义来讲，认识本身也是人类的感知活动。在社会主义核心价值观建设的过程中，价值认知和价值认同就是主体的认识活动。但是，价值认知仅仅是一种感性认识，是对社会主义核心价值观直接的、朴素的反映，它是价值认同的前提，这种认识有待上升为理性认识，即由价值认知上升为价值认同，这是社会主义核心价值

① 马克思恩格斯选集(第一卷)[M].北京：人民出版社，1995：55.

② 焦玉玲.社会主义核心价值体系认同机制研究[D].苏州大学，2012(3).

观建设内在机理的第一个阶段。价值认同外化为价值实践则是社会主义核心价值观建设内在机理的第二个阶段。第一个阶段是从感性认识过渡到理性认识，是认识活动量变的积累，而第二个阶段则是主体认识活动由量变到质变的飞跃。需要指出的是，价值认知和价值认同都是从实践中产生，为实践服务，随实践发展，并受实践检验的。个体对社会主义核心价值观的认知、认同越深，个体践行社会主义核心价值观的可能性就越大，所谓"知是行之始，行是知之成"、"知之愈明，则行之愈笃；行之愈笃，则知之益明"说的就是这个道理。价值认知以理论的科学性和真理性为前提，而价值认同则以主体的利益需求为契合点。需要注意的是，社会主义核心价值观建设的过程并不是到价值实践就就此结束了，价值实践仍然会反过来作用于个体的价值认知和价值认同，这是社会主义核心价值观建设内在机理的第三个阶段，这时的价值认知与价值认同已经不同于之前的价值认知与价值认同，是更高一级的价值认知与价值认同，个体在实践中不断调整自己的认知不足，增强价值认同，进行价值实践，再次实现由量变向质变的飞跃。

农民对社会主义核心价值观的认知，通过宣传、教育可以做到，但农民对社会主义核心价值观的理性认同则来自农民的个体生活经验以及内心的体验。农民的个体生活经验和内心的体验归根结底来自农民的实践。这是因为，社会生活本身是实践的，而"把人与社会连接起来的唯一纽带是天然必然性，是需要和私人利益"①。也就是说，农民对社会主义核心价值观的理性认知、情感认同和价值践行均与农民关心关注的事物有关、与农民的需要密切相关、与农民追求的利益密切相连。农

① 马克思恩格斯全集(第1卷)[M].北京：人民出版社，1956：439.

民的需要就是农民的个人利益所在。这是因为，在任何情况下，“现实的人”都是有利益需要的人，“现实的人”总是“从自己出发”去认识世界和改造世界，“任何人如果不同时为了自己的某种需要和为了这种需要的器官做事，他就什么也不能做”①。农民所有的价值观念都能在其现实生活中和实践中找到其物质和利益的根源，脱离了农民的生活世界，脱离了农民的现实生活，去试图引导农民认知、认同、践行社会主义核心价值观，难免会陷入唯心主义的误区。正如邓小平指出的：“革命精神是非常宝贵的，没有革命精神就没有革命行动。但是，革命是在物质利益的基础上产生的，如果只讲牺牲精神，不讲物质利益，那就是唯心论。”②

农民的需要来自他们对美好生活的向往，来自他们对幸福生活的期盼。学者邓道坤曾在《人民日报》上发表的文章中将新时期农民的期盼总结为“十盼”。这“十盼”分别是：(1)农民盼快致富。新时期农民的温饱问题基本解决，他们盼望过上更宽裕、更富裕的生活，但他们缺门路、缺技术、缺资本，需要帮扶。(2)农民盼进城变市民。农民盼望在城市有一份稳定的工作，有稳定的生活和稳定的社会保障，这是他们梦寐以求的愿望。(3)农民盼农业增收。农业的边际效益低，农民对农业投入得越多意味着回报越少，农民盼望能提高农业种植的效益来增收。(4)农民盼社会公平。农民在外打工最害怕的就是老板拖欠工资，害怕辛辛苦苦白干一年，害怕诉求无门，有冤无处申，所以他们盼社会公平、盼法制健全。(5)农民盼活得有尊严。农民是弱势群体，为了生计他们处处求人、委曲求全，忍受

① 马克思恩格斯文集(第一卷)[M].北京：人民出版社，2009：286.
② 邓小平文选(第二卷)[M].北京：人民出版社，1994：146.

无助，事实上他们靠自己勤劳的双手致富，他们凭力气干活，凭本事吃饭，他们盼望得到社会的尊重，盼望过上有尊严的生活。(6)农民盼有好的教育。农民盼望子女能接受好的教育，盼望子女能成长成才，走出农村，这是农民非常强烈的愿望。(7)农民盼无后顾之忧。农民害怕生活没有保障，盼望劳有所得、住有所居、老有所养、病有所医、灾有所济、穷有所帮……盼望没有后顾之忧。(8)农民盼亲情慰藉。随着越来越多的农民外出务工，农村剩下"996138"部队，农民和亲人过着"两栖"生活，农民牵挂着亲人，想念着亲人，热切盼望亲情慰藉。(9)农民盼家园美好。农民的生活好起来了，他们盼望生活质量能再提高一些，盼望家乡像城里一样干净整洁、环境优美，盼望农村不比城市差。(10)农民盼好政策。农民高度赞同中央的惠农、强农、富农政策，但他们盼望更好的政策，盼望中央对农民的事多重视一点，对农民的意见多听一点，盼望农产品的价格再高一点……①

当然，农民的盼望远远不止这些，以上的论述只是为了强调农村社会主义核心价值观建设一方面要遵循个体认知、认同、践行社会主义核心价值观的普遍规律，另一方面一定要做到贴近农村、贴近农民生产生活的实际。农村社会主义核心价值观建设要以农民的所思所盼为切入点，从农民群众最关心的事物入手对其进行价值观引导和价值观教育，这样社会主义核心价值观才能真正地走入农民的内心，成为农民内心的"自律"。

① 邓道坤．中国梦 农民十盼[N]．人民日报，2013－09－08．

第三章 改革开放以来农村社会主义核心价值观建设的历史考察

培育和践行社会主义核心价值观虽然是党的十八大提出来的重大命题，但社会主义核心价值观的培育和弘扬早已孕育在中国共产党带领全体中国人民进行的革命、建设和改革的伟大实践与理论创新中。而农村的社会主义核心价值观建设体现在改革开放以来党在农村进行的思想政治教育和精神文明建设之中，体现在党在农村实行的路线、方针和政策之中，体现在党在基层的社会治理行动之中。从某种意义来说，中国的改革开放史就是一部社会主义核心价值观建设史。梳理改革开放以来我国农村社会主义价值观建设的历史实践，并总结出其历史经验与不足，对于现阶段农村的社会主义核心价值观建设具有重要的指导作用。笔者通过梳理，认为根据党在农村实行的方针政策的不同，可以将改革开放以来我国农村的社会主义核心价值观建设分为四个阶段，分别是萌芽阶段（1978～1992年）、起步阶段（1992～2006年）、发展阶段（2006～2012年）和全面展开阶段（2012年至今）。在不同阶段，党在农村进行社会主义核心价值观建设的侧重内容不同，但都注重围绕特定历史时期党在农村实行的路线方针政策以及解决农民群众思想上突出存在的问题来引导农民认知、认同、践行社会主义核心价值观。

第一节　农村社会主义核心价值观建设的萌芽阶段(1978～1992年)

改革开放初期,以邓小平为代表的中央领导集体没有直接提出建设社会主义核心价值观这一命题,但在邓小平的全部理论和实践中,特别是从他在农村实行的经济体制改革以及他对社会主义本质的探索中,透露出他本人对农村思想领域的关注。具体考察起来,其表现在以下几个方面。

一、以农村经济体制改革为契机引导农民解放思想

改革开放以后,党中央确立了在农村实行家庭联产承包责任制、统分结合双层经营的经济体制改革,即土地经营由集体时期的“大锅饭”转变为“家户经营”。一部分农民受“大锅饭”时期平均主义观念的深刻影响,对经济体制改革的社会主义性质产生怀疑,将包产到户、包干到户误解为“土地还家”、“平分集体财产”、“分田单干”等,认为这种改革偏离了社会主义道路,抛弃了公有制和集体经济,不是搞社会主义;还有一部分农民认可改革的社会主义性质,但又认为这种改革与共产主义的理想之间的距离越来越远,对改革持观望态度,迟迟不敢行动;另有一部分农民在改革中获益,但又唯恐这种改革只是暂时性

的,心理惴惴不安,希望这种体制能长久化、固定化。显然,"小生产的习惯势力还在影响着人们。这种习惯势力的一个显著特点,就是因循守旧,安于现状,不求发展,不求进步,不愿意接受新事物"①。农民上述的心理不利于改革。针对上述情况,我们党围绕建立健全农业生产责任制这个中心,对农民进行农村经济体制改革方针政策的宣传和教育。② 1981 年 12 月,中共中央召开了全国农村工作座谈会,强调农村的包产到户这种经营方式是建立在土地公有制基础上的,许多老百姓以为包产到户就是搞私有制,这是对中央政策的误解,包产到户是社会主义农业经济的组成部分。③ 随后,1982 年中央一号文件明确指出:"目前实行的各种责任制,包括小段包工定额计酬,专业承包联产计酬,联产到劳,包产到户、到组,包干到户、到组,等等,都是社会主义集体经济的生产责任制。"④ 1983 年中央一号文件再次强调分户承包的家庭经营与集体化时期之前的小私有的个体经济有着本质区别,这种经营方式是建立在土地公有制基础上的,它不过是合作经济中的一个经营层次,是一种新型的家庭经济。文件还强调,对于有群众要求实行这种方法的地方,要积极给予支持,对于不要求实行这种办法的,也不勉强,社会主义允许多种责任制形式同时并存。⑤ 1983 年的

① 邓小平文选(第二卷)[M]. 北京:人民出版社 1994:142.

② 高岳仑,唐明勇. 中国共产党农民思想政治教育工作的理论与实践[M]. 北京:中国农业出版社,2009:229.

③ 中共中央党史研究室. 中国新时期农村的变革(上)[M]. 北京:中共中央党史出版社 1998:174-175.

④ 中共中央国务院关于"三农"工作的十个一号文件[M]. 北京:人民出版社,2014:3.

⑤ 中共中央国务院关于"三农"工作的十个一号文件[M]. 北京:人民出版社,2014:24.

一号文件还突出强调："我们当前面临的主要问题是，不少同志对这一历史性变革缺乏充分的思想准备，某些上层建筑的改革跟不上经济基础变化的需要。"①1980 年，邓小平发表关于农村政策的讲话，指出，"现在农村工作中的主要问题还是思想不够解放。除表现在集体化的组织形式这方面外，还有因地制宜发展生产的问题"②；农民应该"思想更解放一点，改革更大胆一点"。自 1982 年，中央连续五年用五个"一号文件"来解释、宣传以生产责任制为核心的改革政策，回答、解决农民对政策的相关疑问。农村基层党组织通过宣传党的政策，做了大量的政策解释工作，使农民明白农村的经济体制改革是坚持社会主义制度的改革，没有改变农村集体经济的公有性质，生产责任制不是权宜之计，将长期坚持下去。这五个一号文件逐渐消除了农民的疑虑，等于给农民吃了顺心丸、开心丸、定心丸。③ 思想的解放极大地提高了农民的生产积极性，农村的生产力不断得到提高，这些为国家进一步实现工业化、现代化奠定了物质基础。

二、以精神文明建设为依托培育爱党、爱国、爱社会主义的农民

随着农村经济体制改革的深入，广大农民对集体组织的依赖减弱，他们更愿意把时间花在生产活动中，而参与政治学习

① 中共中央国务院关于"三农"工作的十个一号文件[M]. 北京：人民出版社，2014：21.

② 邓小平文选(第二卷)[M]. 北京：人民出版社 1994：316.

③ 高岳仑，唐明勇. 中国共产党农民思想政治工作的理论与实践[M]. 北京：中国农业出版社，2009：232.

和政治教育的积极性不高。往往基层组织群众大会时，干部喊破嗓子，群众应者寥寥，有的人宁愿到地里多锄两垅地，也不愿意去参加这种活动，加上全国大环境“一手硬一手软”等现象的影响，不少地方放松了对农民的思想教育，农民生产积极性不断提高的同时，一些农民的家国观念、集体观念淡漠了；一些地方甚至出现“包产到了户，不要村干部”的错误思想；封建迷信、偷盗赌博等情况也严重存在。鉴于此，1983 年中央一号文件明确指出：“党在农村的工作，必须始终坚持两手抓的方针，一手抓物质文明，一手抓精神文明。”①文件还强调：农村的物质文明建设好了，可以促进农村的精神文明建设，但不能代替农村的精神文明建设；农村的精神文明建设搞好了，可以保证农村各项改革的健康发展，二者是相互促进的关系。随后，1983 年 1 月 20 日中共中央发布了《关于加强农村思想政治工作的通知》，该《通知》强调农村思想政治工作的重要性，指出：“要大大加强和改进党在农村的思想政治工作，逐步提高农民的政治、思想觉悟，使人人争做有理想、有道德、有文化、守纪律，爱祖国、爱社会主义、爱党、爱集体的社会主义农民。”②1984 年中央的一号文件将“两个文明一起抓”定为我们党长期坚持的战略方针，并指出：“党在农村的政策越放宽，商品经济越发展，就越需要加强农村思想政治工作和文化教育工作。……在农村不提清除精神污染的口号，但不能因此放松农村的思想政治

① 中共中央国务院关于“三农”工作的十个一号文件[M]. 北京：人民出版社，2014：36.

② 中共中央文献研究室. 十二大以来重要文献选编(上)[M]. 北京：中央文献出版社，2011：234－235.

工作。"①需要补充的是,农村的社会主义核心价值观建设是农村精神文明建设的重要内容。这是因为,精神文明建设是相对于物质文明建设而言的,它的内涵十分丰富,主要包括思想道德建设和教育科学文化建设两个方面,而思想道德建设包括思想建设和道德建设两个方面的内容,其中思想建设主要包括理论建设、理想教育,爱国主义、集体主义、社会主义教育,世界观、人生观、价值观教育,艰苦创业教育和民主法制教育等;道德建设主要包括社会公德、职业道德、家庭美德、个人品德建设等。由此可以看出,改革开放初期我国农村虽然没有提出社会主义核心价值观建设这一命题,但农村的精神文明建设早已内在地包含了社会主义核心价值观建设。

1985 年 9 月 24 日,陈云发表《必须纠正忽视精神文明建设的现象》讲话,强调:"忽视精神文明建设,忽视思想政治工作,就不可能有好的党风;在社会上,忽视精神文明建设,忽视共产主义思想教育,就不可能有好的社会风气。那种人不为己、天诛地灭的资本主义哲学,那种不顾国格人格的奴才思想,就是危害社会主义事业的因素。"②此后,中央出台了两个关于加强社会主义精神文明建设的重要文件,这两个重要文件分别是《中共中央关于社会主义精神文明建设指导方针的决议》和《中央宣传部、农业部关于深入开展农村社会主义精神文明建设活动的若干意见》,其中,后者对如何在农村开展社会主义精神文明建设和加强农民的爱国主义、集体主义和社会主义价值观教育进行了周密部署,对于推进农村的精神文明建设起着纲

① 中共中央国务院关于"三农"工作的十个一号文件[M].北京:人民出版社,2014:53－54.

② 陈云.必须纠正忽视精神文明建设的现象[EO/BL].http://cpc.people.com.cn/GB/69112/83035/83317/83597/5738440.html.

领性的作用。在这两个文件的指导下，各地农村“加强对农民的思想政治教育和科学文化教育，利用《农民实用技术教育读本》、《农民思想政治教育读本》，有针对性地对农民尤其是青年农民进行教育和培训……加强农村的社会公德建设，大力开展文明村、文明家庭等多种形式的群众性精神文明建设活动，移风易俗、树立新风，扫除封建迷信和腐朽落后的东西。加强农村民主法制建设”①。在接下来的十年内，广西百色、山东济南、海南琼海等地纷纷承办了全国农村精神文明建设座谈会，分别介绍了自己的区域性连片创建经验、小康文明建设经验和生态村建设经验②，为全国其他农村精神文明建设提供了可参考借鉴的意见。

这一时期，农村精神文明建设最具代表性的实践形式就是“五讲四美三热爱”③活动的开展和文明村镇创建活动的开展。各地在开展精神文明实践活动的过程中，注重对农民进行兼顾国家、集体、个人三者之间利益的教育；注重将活动的主题同农民的生产生活结合起来；注重结合本地实际情况调动农民群众的积极性；注重循序渐进地引导农民破旧俗、树新风。经过一段时间的努力，资产阶级的腐朽思想在农村得到遏制，农村的环境面貌出现可喜的变化。

---

① 中共中央文献研究室.十四大以来重要文献选编(中)[M].北京：人民出版社，1997：1663.

② 高岳仑，唐明勇.中国共产党农民思想政治工作的理论与实践[M].北京：中国农业出版社，2009：251.

③“五讲四美三热爱”活动以“讲文明、讲礼貌、讲卫生、讲秩序、讲道德，心灵美、语言美、行为美、环境美，热爱党、热爱祖国、热爱社会主义”为主要内容内容。

三、以社会主义思想教育为抓手培育有理想、有道德、有文化、有纪律的农民

改革开放最初几年，随着农村经济体制改革的深入，农民尝到了家户经营的甜头，一门心思都在如何使自己的家庭增收上，又由于党在农村相对地放松了四项基本原则的教育以及党在农村的某些政策不够完善等原因，导致一些农民的国家观念、集体观念逐渐淡薄；一些党员也不再发挥党员的先进性作用，不再积极带领群众走共同富裕的道路；一些基层党组织也日益涣散，不再发挥领导核心作用；还有一些地方的违法犯罪现象屡有发生，资本主义思想和封建迷信思想也有所抬头。这些问题的存在，已不同程度地影响和制约了农村经济的发展，威胁着农村和谐稳定的社会秩序。针对这些问题，中央决定要在农村普遍、深入、系统地开展社会主义思想教育。1990 年和 1991 年，中央前后分别发出了《中共中央、国务院关于一九九一年农业和农村工作的通知》和《关于在农村普遍开展社会主义思想教育的意见》，这两个文件对于农村的社会主义思想教育活动做了详细周密的部署。文件的精神主要包括以下三个方面的内容：第一，农村的社会主义教育运动旨在增强农民的爱国主义情感和集体主义观念，帮助农民坚定共产主义远大理想和社会主义必胜的信念，逐步培养造就一代“有理想、有道德、有文化、有纪律”的社会主义农民。第二，本次社会主义思想教育活动非常注重抓农村基层党组织的思想建设和组织建设，强调对软弱涣散的基层党组织要加强整顿，加强对基层党员的先进性教育，提高党员的政治素养和党性修养，发挥党员的模范带头作用，增强基层党组织的凝聚力和战斗力。第三，

本次社会主义思想教育活动还强调各级政府、各有关部门要全面正确地贯彻落实党在农村的各项方针政策，注重让农民吃透政策，让农民理解政策的内在含义，引导农民在勤劳致富的同时兼顾集体和国家的利益，逐步壮大农村的集体经济，走共同富裕的道路。文件发出以后，一场广泛的社会主义思想教育活动在全国农村轰轰烈烈地开展起来。各地认真落实文件的精神，结合本地实际，把社会主义教育活动搞得有声有色，在整个过程中出现了一些好的经验和做法。比如，黑龙江省农村的社会主义教育在指导思想上牢牢把握四条原则："一个不变，两个不整，三个为主，四个关系。"其中，"一个不变"，指党的农村政策不变；"两个不整"，即明确宣布"不整干部，不整群众"；"三个为主"，即反复强调坚持"思想教育为主，正面教育为主，自我教育为主"；"四个关系"，即正确处理好社会主义教育与农村工作的关系：社教工作队与乡村党组织的关系、社教干部与乡村干部的关系、思想教育与解决实际问题的关系、社教工作队与农村其他工作的关系。山东日照实施"一二三四工程"，使社会主义教育工作制度化。其中，所谓"一"，是指抓好一支队伍，即农民教育讲师团队伍，以市委农民教育讲师团为龙头，以乡镇办事处讲师团为骨干，以村级农民教育宣讲小组为基础，组成农民教育队伍，充分利用其智高、量大、辐射广的特点，发挥其融教育、研讨、培训、宣讲于一体的职能作用；所谓"二"，指利用两个季节，每年夏、冬农闲季节对农民进行集中、系统培训；所谓"三"，指用好三个阵地，即市委党校、乡镇党校、农村政治文化中心；所谓"四"，指完善四项制度，即完善农民教育的培训、宣讲、研讨和总结表彰的制度。

四、以“先富带后富”为口号引导农民树立共同富裕的价值观念

随着农村经济体制改革的深入，政府允许、鼓励个体经济在农村的存在和发展。一部分农民受传统“均贫富”思想的影响，认为这是搞私有制，违背了搞社会主义的初衷，对这一政策心存疑虑，迟迟不敢行动。鉴于此，邓小平率先发表讲话，强调：“农村、城市都要允许一部分人先富裕起来，勤劳致富是正当的。……农业搞承包大户我赞成，现在放得还不够。”①1986年，《中共中央、国务院关于一九八六年农村工作的部署》指出，过去那种绝对的平均主义的办法是不可取的，绝对的平均主义只会抑制生产发展，导致共同贫困，而“社会主义的公有制为全体劳动者提供了劳动条件和发展机会，国家又掌握着调节社会收入的手段，这是实现共同富裕，避免两极分化的根本保证。但是由于劳动者之间和地区之间所处的具体条件不同，出现先富后富和富裕程度的差别则是不可避免的。我们在政策上既要坚持共同富裕的方向，又应承认发展的差别。允许一部分人、一部分地区先富起来，这才有利于推动社会进步”②。文件出来后，广大基层组织充分发挥其战斗堡垒的作用，在农村大力宣传国家的政策，给老百姓解读国家出台这一政策的根部目的，告诉农民勤劳致富是正当的，中央允许一部分人因为勤劳致富先富起来，先富带后富，走向共同富裕。……1992年邓小

① 邓小平文选(第三卷)[M]. 北京：人民出版社 1993:23.

② 中共中央国务院关于“三农”工作的十个一号文件[M]. 北京：人民出版社，2008:74—75.

平发表南方谈话，对社会主义本质进行了高度概括，他指出："社会主义的本质，是解放生产力，发展生产力，消灭剥削，消除两极分化，最终达到共同富裕。"①他还特别强调，广大农村党员干部是带领农民群众脱贫致富的领头羊，广大党员干部要发挥好自身的带头示范作用，要吃苦在前，享受在后，正确处理好个人致富与带领农民群众共同致富的关系，不能只顾自己如何致富，更不能利用手中的权力谋取不正当的利益。共同富裕价值目标的树立为农民求富求强指明了奋斗的方向，广大农民充分发挥其生产积极性和创造力，农村的经济发展得到喜人的变化。

五、以"送法下乡"和村民自治为载体培育农民法制、民主观念

1986 年 6 月 28 日，邓小平发表《在全体人民中树立法制观念》的讲话，指出："我们国家缺少执法和守法的传统，从党的十一届三中全会以后就开始抓法制，没有法制不行。法制观念与人们的文化素养有关。现在这么多青年人犯罪……一个原因是文化素质太低。所以，加强法制重要的是要进行教育，根本问题是教育人。"②1986 年 7 月 10 日，《中共中央关于全党必须坚决维护社会主义法制的通知》指出："党内有人缺乏法制观念，是有其复杂原因的。长期封建生活的影响，历来只有'人治'的习惯，而缺乏'法治'的观念；我们党在长期的革命战争

① 邓小平文选(第三卷)[M]．北京：人民出版社，1993：163.

② 中共中央文献研究室．十二大以来重要文献选编(下)[M]．北京：中央文献出版社，2011：13.

中，又主要是依靠政策办事；新中国成立以后，本来应该充分发挥法制的作用来治理国家，但由于长期受'左'思想和习惯势力的影响，轻视法律的思想没有得到克服，以致在'文化大革命'时期，发展到'无法无天'的地步，把宪法、法律的尊重破坏殆尽。同时，我们党在群众中享有崇高的威望，群众有事习惯于找党委、党委书记解决事情，但是，由于我们有的党员和干部不学法、不懂法，不重视法制，这就很容易产生'以言代法'的现象。因此，提高全党的法制观念，提高全党维护法制的自觉性，是摆在我们面前的一项长期而艰巨的任务。"①1985 年，我国开始在全国范围内进行普法教育，广大农民群众是普法教育的重要对象，普法的内容包括宪法、刑法、民法、刑法、兵役法、婚姻法、经济合同法以及其他与广大农民有密切关系的法律知识。普法的主要做法是，紧密结合农村的实际，广泛开展"送法下乡"活动。这一时期，各地"送法下乡"的形式可谓是多种多样，如一些地方的乡政府设立法律辅导站，配备农村法律工作信息员，每年定期开展"送法下乡"活动；一些地方的村委会在村里建立法律图书角，配备与农民生产生活联系密切的法律书籍，引导农民自觉学法、懂法和用法；一些村建立法律宣传栏，将与农民生产生活联系密切的法律知识和新颁布的法律法规用通俗易懂的语言、漫画或农民身边的案例等形式展现出来；还有一些乡镇通过成立法律宣传队、印发法律宣传资料、开展法律讲座和法律咨询、开展法律文艺会演等形式"送法下乡"。随着广播电视村村通的普及，有的省市电视台专门开通了农村法制节目，使广大农民通过观看法治栏目进一步知法、懂法、用

① 中共中央文献研究室. 十二大以来重要文献选编(下)[M]. 北京：中央文献出版社，2011：23.

法,提高农民遵法、守法意识。

伴随着各地农村开展得轰轰烈烈的普法教育,党的十二届六中全会进一步指出:“民主和法制、纪律不可分。社会主义法制,体现人民意志,保障人民的合法权利和利益,调节人们之间的关系,规范和约束人们的行动,制裁和打击各种危害社会的不法行为。不要社会主义民主的法制,绝不是社会主义法制;不要社会主义法制的民主,绝不是社会主义民主。”①1987年的《政府工作报告》指出:“建设有中国特色的高度的社会主义民主,始终是我们坚定不移的目标。我们反对美化资产阶级的‘自由’、‘民主’,不赞成搞‘大民主’,正是为了更好地发展社会主义民主。我们必须从中国的实际情况出发,采取切实可行的措施,有领导、有步骤地继续推进国家政治生活、经济生活和社会生活的民主建设,特别是要活跃基层单位的民主生活和健全民主管理,最大限度地发挥广大群众的社会主义积极性和创造性。”②1987年全国人大常委通过了《村民委员会组织法》(试行),1988年《村民委员会组织法》正式在全国广泛实施,该项法律的实施极大地提高了农民的民主、法治观念。1998年中国共产党第十五届中央委员会第三次全体会议通过了《中共中央关于农业和农村工作若干重大问题的决定》,该文件总结了农村改革二十年的基本经验、农业和农村跨世纪发展的目标和方针,并指出加强农村基层民主法制建设,实行村民自治,就必须坚持民主选举、民主决策、民主管理、民主监督。“四个民主”的普遍推行,唤醒了亿万农民的民主意识,提高了农民的民

① 中共中央文献研究室.十二大以来重要文献选编(下)[M].北京:中央文献出版社,2011:181.

② 中共中央文献研究室.十二大以来重要文献选编(下)[M].北京:中央文献出版社,2011:271.

主素质，为基层民主政治建设、中国特色社会主义协商民主建设乃至整个中国的民主化进程奠定了牢固的基础。为了保证“四个民主”的顺利实施，尤其是防止农村宗族势力和非法宗教活动干扰农村基层民主发展，党和政府明确强调，在村民自治过程中，要加强法制教育和宣传，使农村干部增强法制观念和依法办事的能力，使广大农民群众在履行应尽义务的同时善于运用法律保护自己的合法权益，对压制和破坏民主、侵犯农民民主权利的行为，更要坚决查处。

改革开放初期，党的全部工作的中心任务是解决农民的温饱问题，这就急需解放和发展农村的生产力。与此同时，中央意识到农民旧的价值观念阻碍了农村的经济体制改革，这就急需变革与农村的经济基础不相适应的上层建筑。中央通过引导、鼓励农民解放思想大搞家户经营、重视农村的精神文明建设、确立共同富裕的价值目标等，培育农民爱党、爱国、爱社会主义，先富带后富，共同富裕的价值观念；通过现代法律宣传、“送法下乡”等途径培育农民现代法制观念；在培育农民法制观念的同时意识到民主与法制是密不可分的，并开始注重活跃基层单位的民主生活，建立基层单位的民主管理。总的来说，这一时期，农村的社会主义核心价值观建设处于萌芽阶段，它为后期农村的社会主义核心价值观建设奠定下坚实的基础。

第二节　农村社会主义核心价值观建设的起步阶段（1992～2005年）

20世纪90年代至21世纪初是农村社会主义核心价值观

建设的起步阶段，这一时期，党中央主要通过以《爱国主义教育实施纲要》为纲领进一步加强农村爱国主义教育、以《公民道德建设实施纲要》为纲领加强农村思想道德建设、以《中国共产党农村基层组织工作条例》为抓手加强基层组织建设来推动农村社会主义核心价值观建设。

一、以《爱国主义教育实施纲要》为纲领进一步加强农村爱国主义教育

1994年8月，中共中央下发了《爱国主义教育实施纲要》（以下简称《纲要》），《纲要》在强调要重视和加强对青少年进行爱国主义教育的同时还强调要对机关的青年干部、企事业单位的职工和农民进行爱国主义教育。此后，全国唱响了爱国主义、集体主义和社会主义教育的主旋律，各村镇也根据《爱国主义教育实施纲要》的要求，注重通过多种形式，对农民进行爱国主义教育。一些村镇通过大力宣传祖国的悠久历史与美好现实、灿烂文化与壮丽山河、民族精神与优良传统、重大历史事件与重要历史人物、巨大成就与基本国情等多方面的内容，引导农民正确处理个人利益与国家利益、眼前利益与长远利益的关系，提高农民自觉维护国家、集体利益的自觉性，引导农民认清只有国家富强、集体发展，老百姓才能安居乐业，农民自身利益才有可靠的保障。这一时期农村的爱国主义教育还注重教育农民自觉履行自己的义务，如按时缴粮纳税、爱护公共财产、积极报名参军等各项义务，引导农民为壮大集体经济、实现国家富强做贡献。《纲要》还强调要把"爱祖国、爱家乡、爱集体、爱岗位"列为创建文明单位、文明村镇活动的重要内容。这一时期，起步于80年代的创建文明村镇活动取得了较大进展，主要表

现在以下三个方面:一是初步形成了全国、省(市、区)、地(市、州)纵横交错、星罗棋布的创建文明村镇示范点网络。截至1998年底,已有全国文明村镇创建示范点200个、省(市、区)级文明村镇示范点2522个、地级示范点11723个。二是表彰先进村级工作的力度不断提高。据统计,截至1999年底,全国表彰的创建文明村镇先进单位500个,省级命名的文明乡镇700个,地级命名的文化乡镇3594个,县级命名的文明村镇7399个;全国参与文明村镇创建活动的有570904个村,省级命名的文明村2244个,地级命名的文明村23970个,县级命名的文明村117115个。2001年,中宣布、中央文明办、建设部、农业部、国家环保总局联合确定了115个全国创建文明小城镇示范点①。三是各地农村在创建文明村镇活动中不断加强文化设施建设,如广播室、阅报栏、文化活动室等。文化基础设施的建设丰富了农民群众的文化生活,满足广大农民群众日益增长的精神文化生活需要,为农民施展才华、交流思想提供了舞台。这一时期,陕西省孙原村利用其广播站每天定时播音四次,转播中央、省、市、县各级新闻,宣传好人好事,倡导文明新风。广播站还坚持天天"八高唱",通过高唱《东方红》、《春天的故事》、《走进新时代》等八首主旋律歌曲,鼓舞和教育干部和广大村民树立社会主义、爱国主义和集体主义思想。② 许多地方的文化基础设施建好以后,村里读书、唱歌的人多了,扯闲话的人少了;扭秧歌、下棋的人多了,打架斗殴、赌博滋事的人少了;信奉勤劳致富、科技发家的人多了,搞封建迷信、卜卦算命

① 中共中央宣传部宣传教育局.农村道德建设常识[M].北京:中共中央党校出版社,山东人民出版社,2006:68.

② 中共中央宣传部宣传教育局.农村道德建设常识[M].北京:中共中央党校出版社,山东人民出版社,2006:95.

的人少了。

二、以《公民道德建设实施纲要》为纲领加强农村思想道德建设

20世纪90年代,党对农民的思想教育更多偏向爱党、爱国、爱社会主义的教育和民主、法制观念的培育。然而,随着农村经济体制改革的深入以及社会主义市场经济体制的确立,一些人不讲诚信、私欲膨胀、集体主义观念淡化;一些基层干部不守职业道德,利用职务便利投机倒把,损害集体和国家利益的现象也屡有发生。针对这种情况,党中央决定要把农村道德建设作为农村精神文明建设的一个重要内容来抓。适时,中共中央印发了《公民道德建设实施纲要》(2001年),要求大力加强基层公民道德教育,深入开展群众性的公民道德实践活动。此后,各地农村深入开展了以"改陋习、树新风"、"'文明村镇'、'十星级文明户'"评选活动为抓手的道德教育和实践活动。这一时期的主要做法有:一是制定各种道德规范。各地农村在广泛征求农民意见的基础上,逐步形成明确具体的家庭美德和社会公德规范,通过组织编写简明扼要的道德教育通俗读本,如《社会公德四字歌》、《农民道德五言歌》、《家庭美德六字歌》等,加强宣传。同时,注重发挥红白理事会、道德评议会等群众自治组织的作用,运用舆论力量,保证道德规范的落实,增强了道德约束力。二是开展形式多样的道德教育活动。一些地方充分发展民间艺术团体的宣传作用,把各村涌现出的好人好事好风尚编写成接地气的文艺节目进行巡演,引导人们在日常生活中讲文明、讲礼貌,自觉遵守基本道德规范,不断提高广大农民群众的道德修养。还有的地方以道德模范人物评选活动为

抓手，从家庭美德抓起，开展评选好儿女、好媳妇、好夫妻等活动；一些地方大力提倡互相帮助，为军烈属和贫困户提供救济，形成邻里互助、团结友爱的风尚。通过种种教育方式和实践活动，引导农民养成科学、健康、文明的生活方式，使农民的道德水平有了进一步的提高，促进了良好村风民风的形成。这一时期，福建省顺昌县谟武村自创“四榜评议会”，为好人好事鸣锣开道。这“四榜”分别是“成才榜”、“功德榜”、“好样榜”和“能人榜”。“成才榜”将村里勤奋好学、考上大中专的村民子女记录在上，以营造好学上进的好风气；“功德榜”树的是对村两个文明建设有突出贡献的人员；“好样榜”则是表彰遵纪守法、家庭和睦、尊老爱幼、文明礼貌的村民；“能人榜”记载靠科技勤劳致富的村民典型。为了做到公平、公正、公开，村里成立了“四榜”评议会，由村里德高望重的老年人、老党员、老村干、村两委和村民代表组成，评议出的名单公示到村宣传栏及宣传文化中心户中，接受群众监督。评选的过程就是村民自我教育、自我完善的过程，谟武村自创的“四榜评议会”在全村营造了一种“以上榜为荣，做时代新人”的道德风尚。三是把道德教育和法制教育结合起来。在道德教育过程中，各地农村还深入地开展了法制宣传教育，根据《中央宣传部、司法部关于在公民中开展法制宣传教育的第四个五年规划》的要求，各地县、乡、村普遍树立了普法领导小组，培训了专门的普法宣传队伍，普及法律知识，宣传典型案例，发挥村规民约作用，化解各种纠纷。农村干部和执法人员带头学法，提高依法办事的自觉性，普遍做好了农村民事调解工作。

这一时期，中宣部等十个部委开展的“文化科技卫生三下乡”活动也是加强农村思想道德建设的重要载体。1996 年以来，许多城市针对当地农村文化科技卫生基础设施薄弱和人才稀少的状况，坚持送建结合，以建为主，实施文化科技卫生“三扎根”工程，致力于建立一支带不走的文化科技卫生队伍，为农民提供良好的服务，从整体上促进了农村的思想道德建设。广大农民也热切盼望“三下乡”，热烈欢迎“三扎根”。因为，文化扎根，为农民送去欢乐；科技扎根，为农民送去富裕；卫生扎根，为农民送去健康。通过“三下乡”和“三扎根”活动，在提高农民致富能力的同时，也潜移默化地提高了农民的思想道德水平和科学精神，提高了农民同封建迷信做斗争的能力。“三下乡”活动在农村道德建设阵地、道德建设内质和道德建设环境三个方面具有积极的推动作用。“文化下乡”进一步完善了农村道德建设阵地，通过财政拨款、部门捐赠和多方筹集相结合的方式，加大投入力度，许多乡镇建起了文化站和新华书店发行网点，建起了农村示范图书室，许多村建立了农民俱乐部、书画社、戏剧社、文学社、棋社等五好社团，建立了广播室、阅报栏、文化活动室等。有了文化阵地，农村的道德建设也就有了载体。“科技下乡”进一步提高了农村道德建设的内质，通过科学知识讲座、展览和科学课堂等形式的活动，使广大农民增强了科学意识，为帮助农民确立科学理念、反对封建迷信奠定了坚实的基础。“卫生下乡”进一步净化了农村道德建设的环境，村村建起了卫生室，做到了“小病不出村，大病不出县”，丰富了农民的防病知识，实现了农民的愿望。

三、以《中国共产党农村基层组织工作条例》为抓手加强基层组织建设

本书第二章分析过，基层党组织是农村社会主义核心价值观建设的核心主体，是农村社会主义核心价值观建设的推动

者、实施者、策划者和示范者。20世纪90年代初期，农村基层组织存在着一些不容忽视的问题：有些农村的基层干部把自己定位为管理者，只管催种催收、收费收粮，对农民疾苦漠不关心，索取多，服务少，干群关系紧张；有些农村的基层党组织和干部的素质与能力同担负的改革和建设的任务不相适应；有些农村的基层党组织处于软弱涣散甚至瘫痪状态，不能发挥核心领导作用。农村基层党组织不仅是农村物质文明建设的主体，更是农村精神文明建设的主体。基层组织存在的这些问题严重阻碍了农村的两个文明建设。针对这些问题，1993年11月，《中共中央、国务院关于当前农业和农村经济发展的若干政策措施》文件中指出，建设有中国特色社会主义农业，必须加强以党支部为核心的基层党组织建设。1999年3月，《中国共产党农村基层组织工作条例》（以下简称《条例》）颁布实施，对于农村基层组织的组织设置、职责任务、经济建设、精神文明建设、干部队伍和领导班子建设都做出了明确的规定，进一步明确了农村基层党组织在农村发展中不可或缺、不可替代的地位和作用。在发展社会主义市场经济的新形势下，如果农村基层党组织建设不好，党在农村的两个文明建设就会缺乏主体保证，农村的精神文明建设和物质文明建设就搞不上去，从而影响整个中国的现代化进程，因此，基层党组织建设的重要性无须多言。该《条例》颁布以后，各地开始了轰轰烈烈的“强班子、建组织”活动，一些地方在全县范围内开展“十佳村支部”评选活动，以此来激励基层组织自抓自建；一些县选派优秀的党员干部下乡主抓软弱涣散村级组织的整顿工作；还有一些乡镇定期对基层党员进行培训，为基层党员互相交流各种经验提供平台。从这一时期各地的实践来看，加强农村基层党组织建设最核心的经验就是做到“三个一”，即：建立一个好的支部领导班子，选出一个有能力、有品行的支部书记，确立一条适合本地实际发展的路子。一些地方还注重在“三个一”的基础上，培养基层干部以下几种精神：一是培养基层干部团结群众、共谋发展的求实精神。基层党组织在开展村级工作时要尊重民意、凝聚民力，把群众所思所盼所想当追求，把发展经济、共同富裕当目标。不论是在调整农业产业结构、发展村办企业，还是在村庄规划、发展公益事业，尤其是在涉及群众切身利益上，都要通过多种方式让党员干部和群众都建言献策，充分发挥民主，在群众中树立“求真务实谋发展”的良好形象。二是培养基层干部艰苦创业、百折不挠的拼搏精神。基层干部要在困难面前不弯腰，在挫折面前不气馁，始终保持昂扬向上的精神状态，带领广大农民群众靠双手创造条件，凭劳动创造财富，在各自岗位上做出新贡献，创造新成绩。三是培养基层干部敢为人先、与时俱进的创新精神。基层党员干部要敢于抛弃一切因循守旧、安于现状、无所作为的思想，紧跟时代发展步伐，适应新形势，迎接新挑战，开创新局面。四是培育基层干部以人为本、为民造福的奉献精神。基层党员干部要牢记党的宗旨是全心全意为人民服务，要吃苦在前，享乐在后，忧群众之所忧，想群众之所想，全心全意为广大农民群众谋利益。① 基层干部只有具备以上几种精神，才能在群众面前树立威信，才能取得农民群众的信任，党组织的执行能力、协调能力和组织能力才会提升。只有支部班子建设好，农村的工作才能顺利开展。

总的来说，这一时期由于家庭联产承包责任制的不断推动，农村的生产力空前发展，部分农民的温饱问题基本解决。

① 农业部调研组.社会主义新农村建设百村调研汇集[M].北京：中国农业出版社，2006：341.

随着社会主义市场经济体制的确立，农民爱国主义、集体主义观念不同程度地淡化、道德滑落现象时有发生。鉴于此，中央政府以《爱国主义教育实施纲要》为纲领加强农村的爱国主义教育，以《公民道德建设实施纲要》为纲领加强农村的思想道德建设，以《中国共产党农村基层组织工作条例》为指导加强基层组织建设，为农村社会主义核心价值观建设提供组织保障。总的来说，这些都为新时代农村社会主义核心价值观建设奠定基础，是农村社会主义核心价值观建设的起步阶段。

第三节 农村社会主义核心价值观建设的发展阶段（2005～2012 年）

2005 年至 2012 年是农村社会主义核心价值观建设的发展阶段，这一阶段农村的社会主义核心价值观建设有了新的载体和契机，党和政府通过出台新的政策、宣传新的指导思想、提出新的战略目标等来增强亿万农民群众对社会主义核心价值观的认知与认同，农村的社会主义核心价值观建设可谓是稳步推进。主要表现在以下几个方面。

一、以新农村建设为契机培育有文化、懂技术、会经营的新型农民

2006 年，中央一号文件提出建设社会主义新农村的战略任务，并指出，“按照发展生产、生活宽裕、乡风文明、村容整洁、管理民主的要求，协调推进农村经济建设、政治建设、文化

建设、社会建设和党的建设"①。此次一号文件还提出要培养造就一批"有文化、懂技术、会经营的新型农民"②。自此,全国各地拉开了建设社会主义新农村、培养社会主义新型农民的帷幕:一些地方积极为农民筹借创业基金,为农民创业就业成才助一臂之力;一些地方突出抓青年农民这一群体,培养出一批青年星火带头人、农业产业化带头人、青年非农创业带头人和新农村青年标兵等优秀青年人才;一些地方大力实施农民就业转移行动,引导农民积极参与"农村劳动力转移培训阳光工程",大力发展劳务经济;还有一些地方鼓励已经致富的农民成立经济合作社,吸纳本村村民就近务工,培育了一批既能带领大家共同致富又善于经营合作社的新型农民。各地在培育新型农民的过程中,还十分注重对农民进行思想政治教育,注重发挥新型农民的示范带头作用。例如,在培育过程中,开展社会主义、爱国主义、集体主义教育,宣传党在农村的路线方针政策,加强社会主义荣辱观教育,加强培育农民群众的法制观念,提高他们学法用法的自觉性,引导农民自觉抵制封建迷信、腐朽思想和其他落后观念的影响。有些农村基层党组织还注重培育农民绿色环保观念,发动农民开展以"三化四清五改"③为主要内容的村庄环境整治工作,大力倡导文明环保的生活方式,创建了一批"文明示范村"、"生态示范村"。④ 通过梳理各

---

① 中共中央文献研究室.十六大以来重要文献选编(下)[M].北京:人民出版社,2011:140.

② 中共中央文献研究室.十六大以来重要文献选编(下)[M].北京:人民出版社,2011:149.

③ "三化"是指道路硬化、村庄美化、院落净化;"四清"是指清垃圾、清淤泥、清路障、清草垛;"五改"是指改厨、改厕、改圈、改水、改院。

④ 杨素稳,李德芳.中国共产党农村思想政治教育史[M].北京:中国社会科学出版社,2007:253-254.

地培育社会主义新型农民的生动实践不难发现，各地在培育过程中注入了我们今天倡导的社会主义核心价值观的部分内容，而且新型农民的培育也为新时期农村社会主义核心价值观建设奠定了人才基础。

二、以形式多样的活动为载体培育农民社会主义荣辱观

荣辱观是人们对荣誉和耻辱的根本看法。树立正确的荣辱观是形成良好社会风气的重要基础。2006 年 3 月 4 日，胡锦涛在看望出席全国政协十届四次会议的委员时强调，要引导广大干部群众特别是青少年树立社会主义荣辱观。① 随后，3 月 17 日，中宣部、中央文明办发出通知，就在全国范围组织开展宣传荣辱观教育做出安排部署，要求社会主义荣辱观的宣传教育要进社区、进农村、进学校、进家庭。同年 5 月，中央精神文明建设指导委员会下发《关于深入学习实践社会主义荣辱观大力加强思想道德建设的意见》，强调要推动社会主义荣辱观在城乡基层深入人心。自此，社会主义荣辱观的宣传教育在农村普遍深入展开。各地农村的社会主义荣辱观教育形式多样，主要有以下一些做法：一是通过收集、宣传在践行社会主义荣辱观和社会主义新农村建设中涌现出的典型人物和典型事例，在人流集中的村口、场坝、车站、广场等处设立“八荣八耻”标语牌、设置公益广告广泛宣传，使“八荣八耻”在广大农村家喻户

① 社会主义荣辱观的基本内容：坚持以热爱祖国为荣、以危害祖国为耻，以服务人民为荣、以背离人民为耻，以团结互助为荣、以损人利己为耻，以诚实守信为荣、以见利忘义为耻，以遵纪守法为荣、以违法乱纪为耻，以艰苦奋斗为荣、以骄奢淫逸为耻。

晓、深入人心，营造良好的新农村建设环境。二是通过县(市)委的宣传部、党校等部门，实行县乡联动，组建社会主义荣辱观宣讲团，设立授课点，选派党员定期进村给农村党员和农民上党课，党课内容既包括党的最新理论成果，也包括党的最新政策解读和时事政治等。各宣讲团在授课时还十分注重结合新农村建设中广大农村党员群众感兴趣关注的话题，进行讲授。各地还印制阐释“八荣八耻”的宣传手册，分发到村民手中。三是利用“文化下乡”这一平台，把“八荣八耻”的内容融入相声、小品、三句半、说唱、戏曲、歌舞剧等文艺节目中，通过丰富多彩的文艺节目弘扬先进、正确的价值理念，使农民自觉地远离“黄赌毒”等丑恶现象，树立正确的荣辱观。四是广泛开展社会主义荣辱观的实践活动。各地农村将社会主义荣辱观作为文明乡镇、文明村、文明家庭等精神文明创建活动的重要内容，开展和睦家庭、和睦村组、和睦村镇的评比活动，培育农民群众热爱祖国、艰苦奋斗、诚实守信、遵纪守法等高尚的道德品质，引导农民树立先进的思想观念，敦促农村形成良好的道德风尚。五是各地农村还对照“八荣八耻”，制定、修改村规民约，使其符合社会主义荣辱观的要求。六是加强农村文化阵地建设。一些地方普遍建立起农村文化活动室、文化大院、文化舞台、道德讲堂等文化阵地，在不断丰富农民群众文化生活的同时，巧妙地将其转化为在农村培育社会主义荣辱观的阵地。可以说，这一时期由于各地农村深入地宣传和教育，广大农民群众纷纷积极践行社会主义荣辱观，农村呈现出一片文明祥和的社会主义新农村景象。

三、将社会主义核心价值体系贯穿于农村精神文明建设全过程

2006年10月11日，党的十六届六中全会通过的《中共中央关于构建社会主义和谐社会若干重大问题的决定》第一次提出建设社会主义核心价值体系①这一命题；2008年10月12日，党的十七届三中全会通过的《中共中央关于推进农村改革发展若干重大问题的决定》强调要扎实开展农村的社会主义核心价值体系建设②；随后，刘云山在发表的《推动农村精神文明建设再上新台阶》的讲话中强调："要针对农村思想道德状况，针对农民群众关心的实际问题，扎实深入地开展宣传教育，切实把社会主义核心价值体系的要求贯穿于农村精神文明建设全过程。"③此后，社会主义核心价值体系建设在农村全面展开。需要指出的是，农村社会主义核心价值体系建设与农村社会主义荣辱观的宣传和教育在时间上大致同步，方式和方法上也大致相同，在此就不再过多介绍。

总的来说，这一时期中央提出建设社会主义新农村的战略目标，并且注重以科学发展观为指导推动社会主义新农村建设。与此同时，中央围绕着社会主义新农村建设，提出培养社会主义新型农民的目标，在培养有文化、懂技术、善经营的新型

① 社会主义核心价值观体系的基本内容：马克思主义指导思想，中国特色社会主义共同理想，以爱国主义为核心的民族精神和以改革创新为核心的时代精神，社会主义荣辱观。

② 中共中央文献研究室．十七大以来重要文献选编（上）[M]．北京：人民出版社，2009：684.

③ 刘云山．推动农村精神文明建设再上新台阶[J]．求是，2009(10).

农民的过程中，对农民进行现代技术和技能培训，并且按照建设社会主义新农村“乡风文明”的要求广泛开展文化活动，大力宣传社会主义荣辱观，引导农民树立正确的荣辱观、价值观。与此同时，中央政府强调将社会主义核心价值体系贯穿于农村精神文明建设的全过程来推动社会主义核心价值观建设。这一时期，国家还通过全面免除农业税（2006 年）实现了国家与农民关系的根本转换，即由国家向农民的“索取”转换为国家对农民的“给予”。对农民来说，取消农业税是一件令人欢喜的大好事，因为他们能从中直接受益。这无形增加了亿万农民群众对国家的认同感，也促进了社会财富的再分配，体现了社会主义社会的公平正义，进一步增强了农民群众对社会主义核心价值观的认知与认同。

第四节　农村社会主义核心价值观建设的全面展开（2012 年至今）

自党的十六届六中全会提出建设社会主义核心价值体系这一战略任务以来，在全社会树立起了团结奋进的精神旗帜，有力地统一了全党思想、凝聚了社会共识。近年来，各方面普遍反映，应当在社会主义核心价值体系的基础上进一步提炼、概括，提出简明扼要、便于传播践行的社会主义核心价值观。2012 年，党的十八大报告提出了以“倡导富强、民主、文明、和谐，倡导自由、平等、公正、法治，倡导爱国、敬业、诚信、友善”①为基本内容的社会主义核心价值观。2013年中共中央办公厅印发了《关于培育和践行社会主义核心价值观的意见》。《意见》特别强调要“把培育和践行社会主义核心价值观的任务落实到基层”②。2015年，中央宣传部、中央文明办印发了《培育和践行社会主义核心价值观行动方案》，自此，各省、市、县纷纷出台了本省、市、县《关于培育和践行社会主义核心价值观的实施方案》，社会主义核心价值观建设不断向基层倾斜。这一时期，中央加大社会主义核心价值观在农村的宣传；倡导将社会主义核心价值观融入基层社会治理中；组织基层领导班子学习社会主义核心价值观的深刻内涵；扎实开展“我们的中国梦——文化进万家”、“舞台艺术送农民”、“情暖农民工”、“道德讲堂”等文化活动，通过“送文化”与“结对子、种文化”并举的方式，引导广大农民群众认知、认同、践行社会主义核心价值观。这一时期，以习近平为核心的党中央非常重视以美丽乡村建设、基层精准扶贫为抓手推动农村社会主义核心价值观建设，使社会主义核心价值观与农村、农民的生产生活相贴近，并且通过开展“两学一做”学习教育活动加强基层党组织建设，为农村社会主义核心价值观建设提供组织保障。

---

① 胡锦涛.坚定不移沿着中国特色社会主义道路前进，为全面建成小康社会而奋斗——在中国共产党第十八次全国代表大会上的报告[M].北京：人民出版社，2012：31.

② 中共中央办公厅.关于培育和践行社会主义核心价值观的意见[EB/OL]. http://www.sz.gov.cn/sswj/ztzl_78021/bmzdgz/dflz/dgdj/201612/t20161205_5605051.htm，2013-12-23.

一、以美丽乡村建设为依托推动农村社会主义核心价值观建设

2013年,中央一号文件第一次提出“建设美丽乡村”的目标,从这一年起中央连续六年的“三农”一号文件都涉及乡村人居环境整治和美丽乡村建设。国家有关部门还陆续还出台了《关于开展“美丽乡村”创建活动的意见》(农业部)、《关于发挥一事一议财政奖补作用推动美丽乡村建设试点的通知》(财政部)等指导性文件和配套措施,农业部还决定于2013年至2015年间在全国选择产生1000个“美丽乡村”创建试点单位,要求美丽乡村建设要“以科学发展观为指导,以促进农业生产发展、人居环境改善、生态文化传承、文明新风培育为目标……要建设一批天蓝、地绿、水净,安居、乐业、增收的美丽乡村”①。习近平总书记也多次强调,“绿水青山也是金山银山”②,“中国要美农村必须美”③。美丽乡村建设不仅强调村庄的环境美,更加强调人物的心灵美、行为美,因此,美丽乡村建设自然而然地成为农村社会主义核心价值观建设的重要载体。2015年,刘云山在发表的《紧紧围绕四个全面战略布局,锲而不舍推进精神文明建设》讲话中强调:“要把农村精神文明建设摆在更加突出的位置,以民风建设和环境整治为重点,深化文明家庭、文

---

① 中共中央宣传部.习近平总书记重要讲话读本[M].北京:学习出版社,人民出版社,2016:230.

② 习近平.之江新语[M].杭州:浙江出版联合集团,浙江人民出版社,2013:153.

③ 习近平在小岗村主持召开农村改革座谈会上的讲话[EB/OL].http://china.cnr.cn/news/20160429/t20160429_522017410.shtml,2016-04-28.

明农户、文明村镇、文明集市等创建活动，努力建设美丽乡村、扮靓美丽中国。”①

目前，美丽乡村建设试点工程正在全国全面铺开，各地纷纷以美丽乡村建设为载体，开展村庄环境卫生整治。这一时期，也有一些先进的经验值得推广。例如，安徽省繁昌县三元村在村庄环境整治中注重以农民利益为重，充分听取民意，从“三化四清五改”入手建设美丽乡村。其中，“三化”是指道路硬化、村庄美化、院落净化；“四清”是指清垃圾、清淤泥、清路障、清草垛；“五改”是指改厕、改圈、改水、改院、改气。在此基础上，三元村对垃圾处理还逐渐形成“户积、村收、镇运、县市处理”的模式。再如，吉林省公主岭市的八家子村从治理农村村容的“六乱”入手建设美丽乡村，“六乱”是指农村的柴草乱垛、禽舍乱建、垃圾乱倒、牲畜乱栓、人畜乱便等现象。该村的主要做法是以自然村为单位，统一规划草垛，达到整齐、规范、好看又方便；在住户集中区设立垃圾点并定期清理；对影响村容村貌的建筑物，如对不规范的禽舍、院墙等逐步拆除和改建，通过整治，力求使村容村貌有较大改观。又如，甘肃省临泽县大鸭乡将文化、环境、语音、行为、经济五个方面的内容紧紧结合起来，开展“美在家庭”系列创建活动，推动美丽乡村建设。“美在家庭”活动可以概括为“五个建设”：一是家庭文化建设，即家庭成员无文盲，接受高等以上文化程度教育，经常听广播，看电视，阅读报刊、书籍，学习科学文化知识，参加文体健身活动；二是家庭环境建设，即：居住小康化，摆设艺术化，家庭整洁干净，院内绿化美化，居民点道路硬化，普及卫生用水知识，养成良好

① 刘云山.紧紧围绕四个全面战略布局，锲而不舍推进精神文明建设[J].党建，2015(4).

的卫生习惯；三是家庭语言建设，即普及文化礼貌用语，杜绝脏话粗话；四是家庭行为建设，即尊老爱幼、互敬互勉、邻里团结，家庭和睦，遵纪守法，履行义务，破除迷信，移风易俗；五是家庭经济建设，即开发支柱产业，发展高效农业，守法经营，勤劳致富。各地在建设美丽乡村的生动实践中巧妙地融入了社会主义核心价值观的内容，有力地推动了农村社会主义核心价值观建设。还有一些村庄将社会主义核心价值观的基本内容采用农民喜闻乐见的方式彩绘在村庄公共领域的墙上，通过打造最美墙体文化宣传社会主义核心价值观，为美丽乡村建设添彩。各地农村还通过开展最美人物（如最美婆婆、最美媳妇、最美妯娌）等道德实践活动，评选出心灵美、行为美的农民代表，培育农民人与自然、人与人之间和谐相处的价值观念，引导农民在日常的生产和生活中认知、认同、践行社会主义核心价值观。

二、以“精准扶贫”为契机推动农村社会主义核心价值观建设

“消除贫困、改善民生、逐步实现共同富裕，是社会主义的本质要求。”①以习近平为核心的党中央非常注重以精准扶贫为契机推动农村社会主义核心价值观建设。这是因为贫困地区的农民容易因为贫困而滋生社会不公的负面情绪，也容易因为贫困走向违法犯罪的歧途，这些都危及农村社会秩序的和谐与稳定，也关系到整个社会秩序的和谐与稳定。从这个意义来讲，帮助贫困地区农民摆脱贫困，对贫困地区农民进行社会主义核心价值观教育，比在非贫困地区做这些工作更重要。引导

① 习近平谈治国理政（第二卷）[M]. 北京：外文出版社，2017：91.

贫困地区的农民形成正确的、先进的价值观念，也关系到中华民族整体文明素质的现代化，关系到全面建成小康社会和中华民族伟大复兴中国梦的实现。

新中国成立以来，中国共产党带领全体中国人民持续向贫困宣战，经过改革开放40年的努力，成功地使7亿多农村贫困人口脱贫，为全面建成小康社会打下了坚实基础。① 2015年《中国妇女发展纲要（2011－2020）中期统计监测报告》的数据显示："全国农村贫困人口为5575万人，比2010年减少1.1亿多人。"②2016年《中华人民共和国2016年国民经济和社会发展统计公报》数据显示："2016全国农村贫困人口为4335万人，比上年减少1240万。"③2017年《中华人民共和国2017年国民经济和社会发展统计报告》数据显示："2017年，年末农村贫困人口3046万，比上年末减少1289万人。"④以上数据表明我国近几年的贫困人口不断减少，之所以取得这样瞩目的成就是因为我们成功地走出了一条中国特色的扶贫开发道路，这条道路就是"精准扶贫"。2013年11月，习近平在湖南湘西考察时第一次提出"精准扶贫"，强调："扶贫要实事求是，因地制

① 习近平谈治国理政（第二卷）[M]. 北京：外文出版社，2017：91.

② 中国妇女发展纲要（2011－2020年）中期统计监测报告[EB/OL]. http://www.stats.gov.cn/tjsj/zxfb/201611/t20161103_1423701.html，2016－11－03.

③ 中华人民共和国2016年国民经济和社会发展统计公报[EB/OL]. http://www.stats.gov.cn/tjsj/zxfb/201702/t20170228_1467424.html，2017－02－28.

④ 中华人民共和国2017年国民经济和社会发展统计报告[EB/OL]. http://news.163.com/18/0228/11/DBNRM7QR00018AOQ.html，2018－02－28.

宜。要精准扶贫，切忌喊口号，也不要定好高骛远的目标。”① 2014年习近平进一步提出精细化管理、精细化配置、精细化扶持等重要思想；2015年11月习近平在中央扶贫开发工作会议上提出“六个精准”、“五个一批”、“四个问题”等重要思想②。自2013年开始，中共中央、国务院等陆续印发《关于创新机制扎实推进农村扶贫开发工作的意见》(中办发〔2013〕25号)、《中共中央国务院关于打赢脱贫攻坚战的决定》(中发〔2015〕34号)、《关于建立精准扶贫工作机制实施方案的通知》、《关于扶贫开发建档立卡工作方案的通知》、《关于省级党委和政府扶贫开发工作成效考核办法》(厅字〔2016〕6号)、《关于进一步有效建立脱贫退出机制的建议》(厅字〔2016〕16号)、《关于印发“十三五”脱贫攻坚规划的通知》(国发〔2016〕64号)、《教育脱贫攻坚“十三五”规划》(教发〔2016〕18号)等文件，这些文件对精准扶贫工作模式的顶层设计、总体布局和工作机制等方面都做了详尽规制。

精准扶贫是农村社会主义核心价值观建设的重要载体。这是因为：首先，精准扶贫的首要工作是精准识别，这就要求村支书、驻村第一书记和扶贫工作人员挨家挨户了解贫困户的家庭情况，对全村范围内的贫困户进行识别和认定。对贫困户的认定工作要按照“村党支部提议——村‘两委’会商议——党员大会审议——村民代表会议决议——村支部进行公告”的程序进行，并做好相关记录，做好建档立卡工作，整个过程公开透

① 习近平的“扶贫观”：因地制宜“真扶贫、扶真贫”[EB/OL]. http://politics.people.com.cn/n/2014/1017/c1001－25854660.html，2014－10－17.

② 黄承伟. 习近平扶贫思想体系及其丰富内涵[J]. 中南民族大学学报(人文生活科学版)，2016(6).

明，公正合法。这种识别方式在农村营造了公正、民主、法治的气氛，引导农民从身边人、身边事切实感受到社会主义核心价值观的吸引力和感召力。这一时期，豫南的DY村在精准扶贫中自创了中医疗法“望闻问切”的识别贫困户的方式，大大提高了扶贫工作的效率，值得推广。所谓“望闻问切”是指，“望出实情”，看房子，看家境，看精气神；“闻”出真情，听取邻居、党员干部、村民代表的意见，做到兼听则明；“问”出详情，聊想法、细算账、刨家底；“切”准户情：四诊合参，“四议两公开”，确定是否贫困户及贫困程度，然后一户一策，合力脱贫致富。① 其次，精准扶贫还要求对已脱贫的对象及时退出，杜绝“富人戴帽、穷人落榜”现象，坚决避免“人情保”、“关系保”，做到了应保尽保，最大限度地保护和实现广大贫困群众的根本利益，切实做到扶真贫、真扶贫。这不仅避免在扶贫过程中国家资源的浪费，而且再次让老百姓深刻体会到社会的公平与公正。再次，精准扶贫的方式包括产业扶贫、电商扶贫、异地搬迁扶贫、教育扶贫、生态扶贫等。其中，产业扶贫和电商扶贫注重培育村民的市场意识，组织农民学习先进的科学技术知识，有目的地引导村民形成创新、合作、诚信、共赢、共享等现代价值观念；生态扶贫培育农民形成绿色发展、人与自然和谐相处的现代价值观；教育扶贫是社会公平正义的根本体现。这些扶贫方式内含的价值观与社会主义核心价值观具有高度的契合性。最后，精准扶贫强调观念扶贫比物质扶贫更重要，认为“扶贫要同扶智、扶志结合起来”，要秉着“输血不如造血”的观念激发农民脱贫的内生动力。当前，在扶贫过程中部分农民存有的“安贫乐

---

① 本书编写组．第一书记脱贫攻坚指导手册[M]．郑州：中原农民出版社，2016：168．

道”、“穷自在”、“坐在门头晒太阳，等着别人送小康”的思想都是观念贫困的体现，这就要求扶贫过程中要调动贫困群众脱贫致富的积极性、主动性和创造性，变农民群众“坐在门头等小康”的思想为农民群众要“积极主动奔小康”。正如习近平总书记所说的那样：“注重提高贫困地区和贫困群众自我发展的能力。”①与此同时，在精准扶贫中还可以培育农民群众勤劳致富、勤俭持家的传统美德。这些都在无形中增强农民对社会主义核心价值观的认知、认同与践行。

三、以“两学一做”为抓手推动农村社会主义核心价值观建设

农村基层党组织的能力直接关系到党的好政策能不能执行好，群众的利益能不能实现好，众多父老乡亲能不能团结好。农村的基层党组织更是社会主义核心价值观建设的核心主体，广大基层党员担有社会主义核心价值观建设的宣传发动、组织实施和监督检查等职责，是农村社会主义核心价值观建设的模范实践者积极营造者，他们的一举一动、一言一行都影响着农民群众对社会主义核心价值观的认知与认同。俗话说的“村看村，户看户，群众看党员，党员看干部”说的就是这个道理。因此，抓好农村党员这一“关键少数”，选准配强村级党支部班子，是新时期以习近平总书记为核心的党中央推进农村社会主义核心价值观建设的重要抓手。“强班子必须贯彻到认识上，(要)抓好正在开展的保持共产党员先进性教育活动，努力提高

① 习近平谈治国理政(第二卷)[M].北京：外文出版社，2017：98.

农村基层干部对上对下高度负责的精神和强烈的责任感。"①新时期，中国共产党主要以"两学一做"教育学习活动来加强基层党组织建设，培育基层共产党员的先进性。2016年2月，中共中央办公厅印发了《关于在全体党员中开展"学党章党规、学系列讲话，做合格党员"学习教育方案》，并发出通知，要求各地区各部门认真贯彻执行。2017年3月，中央办公厅印发了《关于推进"两学一做"学习教育常态化制度化的意见》(中办发[2017]23号)(以下简称《意见》)。《意见》指出："各级党组织要教育引导广大党员……继承发扬党的优良传统和作风，大力弘扬忠诚老实、光明坦荡、公道正派、实事求是、艰苦奋斗、清正廉洁等共产党人价值观，带头践行社会主义核心价值观。"②自此，各省、市、县、乡(镇)纷纷出台了《关于推进"两学一做"学习教育常态化制度化的实施意见》和《关于推进"两学一做"学习教育常态化制度化的实施方案》，目前"两学一做"学习教育活动在农村基层正在如火如荼地展开并日趋制度化，各地通过"两学一做"学习教育活动不断提高基层党员的觉悟和素质，不断加强村级组织建设，为农村社会主义核心价值观建设提供组织保障。

以上是以纵向的时间坐标为线索，对改革开放以来我国农村的社会主义核心价值观建设进行历史梳理，并将其归纳为萌芽、起步、发展和全面展开四个阶段。虽然培育和践行社会主义核心价值观这一命题是在2012年党的十八大中提出来的，

① 习近平.之江新语[M].杭州：浙江出版联合集团，浙江人民出版社，2013：200.

② 关于推进"两学一做"学习教育常态化制度化的意见[EB/OL].http://news.xinhuanet.com/politics/2017－03/28/c_1120710952.htm，2017－03－28.

但通过对改革开放以来党在农村进行的思想政治教育、精神文明建设以及党在农村实行的一些重大路线方针政策的梳理，发现社会主义核心价值观建设早已蕴含在党在不同时期的基层社会治理行动中。不同阶段的价值观建设各有侧重，但都注重围绕特定历史时期党在农村实行的路线方针政策以及解决农村社会突出存在的问题来引导农民认知、认同、践行核心价值观。此外，在社会主义核心价值观建设的方法上，各地都注重探索方法、载体的多样性，在建设原则上注重引导和鼓励相结合的原则来加强建设。当然，农村社会主义核心价观建设也存在一定的不足，比如党的一些最新理论成果的宣传仅仅触及基层党员这一层面，没有完全渗透到普通群众这一层面；社会主义核心价值观建设的过程中采用灌输的方式比较多，农民的主观能动性尚未完全发挥出来；社会主义核心价值观建设的载体单一；社会主义核心价值观建设的行政化、表层化现象不同程度地存在……这些都不同程度地影响着农民群众对社会主义核心价值观的认知、认同与践行。

第四章　农村社会主义核心价值观建设的现实境遇

——以豫南DY村为个案

本书的第三章从历时态梳理了改革开放以来我国农村社会主义核心价值观建设的历史进程，特别是2012年自培育和践行社会主义核心价值观这一命题提出以后，我国政府加大社会主义核心价值观在农村的宣传和普及，注重将社会主义核心价值观建设融入国民教育和基层社会治理之中，注重加强基层组织建设，发挥基层党组织在农村社会主义核心价值观建设中的核心领导作用等等。但是，农村社会主义核心价值观建设的现状到底如何？农民理解、认知、认同、践行社会主义核心价值观的现状又如何？这些需要用现实的实证调查来给予说明。鉴于此，本书选取豫南的DY村为个案研究，通过问卷调查、结构访谈、座谈等形式来把握农村社会主义核心价值观建设现状。之所以选取这个村庄，是因为河南省是中原地区劳务输出大省，河南省的“农村空心化现象”十分严重，在全国普遍出现村庄空心化的大背景下，选择豫南这样的一个空心村为个案研究的对象具有一定的代表性；另一方面，因为它是笔者的故乡，笔者从小就耳濡目染家乡的风土人情，对农民的情感喜好、价值观念乃至禁忌避讳都十分了解，加之因为村落是熟人社会，跟乡亲们沟通起来也比较容易、顺畅，使得笔者更容易掌握较为真实全面的一手资料。当然，在进入本章的具体内容之前，我们需要对个案研究的村庄——DY村的整体概况有一定的了解。

第一节 田野个案概况

村落的生产方式、内部制度与组织及观念习俗更多地受制于它们各自所处的自然生态环境。正是自然生态环境的稳定性制约并决定着村落内部生存方式的现实性。① 本书的第一章第二节分析过（第一章第二节），村落是地缘共同体、生活共同体、意义共同体和利益共同体的集合体。生活在同一共同体的农民，遵守着共同的生活习惯，进而逐渐衍生出共同的民俗文化和价值观念。这些民俗文化和价值观念又反过来规约着人们的行为，维持着村落和谐稳定的社会秩序。因此，要对某一特定区域的社会主义核心价值观建设进行研究，就很有必要对其地理环境、民俗文化和风俗习惯予以浓墨重彩的描绘和渲染。

① 曹锦清，张乐天，陈中亚. 当代浙北乡村的社会文化变迁[M]. 上海：远东出版社，2001：1.

一、DY村的地理环境

地理环境是指社会发展的自然环境，包括地理位置、地貌特征、气候、植物、动物等自然状况。地理环境不仅影响着生产力的结构和布局，影响着生产方式的更替和社会制度的变迁，更影响着人们的行为习惯及价值观念。① DY村隶属信阳市光山县文殊乡，位于河南省东南部，嵌于大别山腹地的西北麓，处于鄂豫皖三省交界地带，北襟淮河水，南连天台山，东接金刚台，西邻京广铁路。全村总面积8.7平方公里，辖24个村民组、41个自然村。该村冬寒夏热、四季分明，冬季雨量较少，夏季雨水集中，伏旱较长，年均降雨量为1027毫米左右，属亚热带向暖温带过渡地区，气温日差在5℃～14℃之间，年平均气温15.4℃。DY村为浅山丘陵区，现有非连片耕地面积2600亩，其中水田1600亩，旱地1000亩，非连片林地9000亩。DY村的地理环境与气候使得地表植被多以农作物、林木、茶作物为主，其中粮食作物以夏季的小麦和秋季的水稻以及红薯、豆类、玉米等杂粮为主；动物主要以畜牧养殖的为主。该村习惯饲养的家畜有食用的猪、耕作用的牛、肉食及皮革用的山羊、看家护院的狗等。

DY村位于黄河下游的河南省的最南端。河南省自古为华夏腹地，《尚书·禹贡》序列九州，豫州处于中央，故名“中州”，因大河纵横、平原广阔，又称“中原”。这片松软肥沃的土地是中华农耕文化的发祥地之一。但是，中原地区自古人口就众

---

① 顾乃忠.地理环境与文化——兼论地理环境决定论研究的方法论[J].浙江社会科学,2000(3).

多,人均可耕地面积少,人均资源占有量不高,这就导致历史上生活在这片土地的中原人必须面朝黄土背朝天地辛勤耕种,否则就要挨饿。正是这样的历史和自然环境形成了DY村人踏实肯干、艰苦朴素、勤俭节约的民族性格;当然,由于深受传统农耕文化的影响,DY村人也具有中国农民典型的安于现状、小富即安的民族心理特征,而这些民族心理特征也会在无形中阻碍农民践行社会主义核心价值观。此外,由于DY村处于鄂豫皖三省交界的地带,这里的饮食、方言及建筑风格与豫北相差很大,反而与湖北、安徽接近,也正是由于DY村处于鄂豫皖三省交界的特殊地带,这里的文化交流自古就很活跃,文化资源相当丰富。

二、DY村的文化资源

DY村有着丰厚的文化底蕴,是国家住建部命名的"中国首批传统村落"和河南省省政府命名的"河南省历史文化名村"、"河南省特色景观旅游名村"。DY村的文化资源非常丰富:其中,佛教资源有山环水绕的文殊寺(建于明朝永乐年间);红色资源有李先念旧居;历史文化资源有杨广坤旧居、古商道、古红石作坊等;传统及民间艺术资源有国家级非物质文化遗产——光山花鼓戏,省级非物质文化遗产——皮影戏,市级非物质文化遗产——狮子舞、旱船舞、竹马舞、闹台锣鼓、大鼓书、地灯戏及民间故事传说等。下面就几个比较有特色的文化资源进行详细介绍。

1. 国家级非物质文化遗产——花鼓戏

DY村的花鼓戏至今已有200余年的历史。它是由豫南民间小调、山歌、歌舞、小戏并融合楚剧、黄梅戏唱腔，吸收汉剧、曲剧的艺术特点，逐渐形成的独具一格的剧种。花鼓戏由光山民歌小调、花会舞蹈逐步孕育而成，由于人口迁徙，同时受江西弋阳腔的影响。它的形成大致经历了花会玩灯、打龙船、二三对、地灯、花鼓戏五个阶段。花鼓戏的艺术形式独特：一是音乐由唱腔和打击乐两部分组成，唱腔丰富，曲牌稳定。伴奏以打击乐为主，不时有演员接腔。唱腔改革时增加唢呐、二胡、竹笛笙等伴奏，但主奏乐器没有定型。二是表演人物行当齐全，讲究唱、念、做功；道白用的是方言。演出时，常常一人多角、一专多能。一个戏班演职员常在七八人左右，便于流动性演出和接待。三是舞美简单，根据不同人物刻画脸谱；对扮相服饰要求简而不乱；没有复杂的布景道具，一块布幕、一桌二椅便能开戏。四是剧目丰富。有连台戏、单本戏和杂曲等剧目二百多个，剧本内容多以师徒口传为主。新中国成立后，移植、改编和创作花鼓戏剧目共三十多个。1953 年，文殊乡 DY 村翁行凡导演的花鼓戏剧目《夫妻观灯》参加中南大区会演并被评为优秀剧目；随后，到北京中南海怀仁堂作汇报演出，并荣膺金质奖章一枚，受到当时在场观看的周恩来、朱德等中央主要领导同志的接见和表扬。

2. 省级非物质文化遗产——皮影戏

皮影戏有近三千年历史，相传是为纪念姜尚斩将封神而唱皮影戏的。通常，以一块规格长 2.6 米、宽(高)1.2 米的透明胶油布制作影戏幕，演员在幕内手持皮影仁，按规定动作，在唢呐、锣鼓伴奏下，在戏幕上借助光线抖动，其影子片在幕内光线照射下，观众在外面看到的如同真人实物的影子，故称为皮影戏。演员以不同人物及个性，如帝王、将相或小姐、丫鬟等人物声腔去发声，表演故事情节，把喜、怒、哀、乐融合一体，曲折离奇，叫人常看不厌。其道具为一块幕布、各类形状的皮影子、唢呐、锣、鼓、钗、小铃锣，有 5～7 位演员。表演形式突出以影皮为主，特制透明帐幕作影幔，经幕内演员持影片抖动，演员有道白和唱腔，在锣、鼓、笛、笙等伴奏下，使幕外观众感觉如同实人真物在行动。

3．市级非物质文化遗产——狮子舞

民间狮舞已有千年的历史，最早起源于唐朝，流传至今。从南北流派来划分，属北狮舞流派。舞狮需两人配合兴舞，一人作狮头，一人作狮尾，配合得体，以暗号变幻动作，可在垒起三米高桌上耍舞，上树绕攀，名曰金龙缠柱，下来时双双腾空齐下，名曰大鹏落地。在地上可做耍猴捉虱、舞蛤蟆捕蚊虫等动作，另有 5 人敲锣鼓伴奏。狮头道具的制作方法很有讲究，一般用牛皮制作狮头、着色，彩布做狮皮，麻线做综毛和狮尾巴。演出时，在紧锣密鼓的伴奏下，两人钻进以牛皮、彩布制作的狮衣内，狮子昂首四方探视，继而四腿奔跑，外观上像真狮子起舞一样，煞是壮观。近年来，新制有现代狮舞衣，提高了形象感，表演手法也增多。狮子舞在豫南农村广为流传，文殊乡 DY 村狮舞传承久远，表演形式独特，除表演基本的方桌、板凳道具外，最擅长表演的是狮子滚绣球。

三、DY 村的风俗习惯

“风俗习惯是地域文化特征的体现，是不同地区在社会发展过程中由于地理环境、生产方式的特殊性，形成的特定行为

模式和心理依赖。”①风俗习惯是一种习得性的行为模式，具有可复制性，对人的影响具有长久性。各地的风俗习惯各有不同，所谓“十里不同俗，八里不同音”说的就是这个道理，也正是由于各地风俗习惯的不同构成了民间文化的丰富与多彩。譬如，DY村过年有打糍粑、捕年鱼、杀年猪的习俗；元宵节有赏灯、“送灯”的习俗；婚丧嫁娶的习俗也非常有讲究。通常，婚礼大致包括以下十四个环节：说媒、相亲、定亲、开年庚、送日子、过嫁妆、塞床、上梳、迎亲、贴红双喜、拜堂、团圆酒、闹新房、听新房；丧礼要经过送终、报丧、停床、戴孝、进材、烧望乡台、堂祭、打井、出殡、下肂、安灵、送烟火、覆土、烧包袱、上供饭、祭七、新月半、拜新年、满周年、满三年、丘葬二十一个环节。由于篇幅的限制，此处着重介绍DY村，也是光山县最具特色的元宵节习俗，即“送灯”。

“送灯”其实就是利用元宵节举行的祭祖仪式。光山人给正月十五元宵节称为“灯节”。在光山，过年的习俗可以简单一些，不会被人责怪；但对正月十五“送灯”必须重视，礼节不到会被族人辱骂。尤其是男性公民在正月十五是否去祖坟送灯（祖坟一般都在乡下，所以“送灯”这一仪式通常都是在农村举行），是老人们检验子女敬不敬祖、守不守孝道的重要标志。光山的灯节比很多地方都要隆重。送灯隆重，说明后人日子过得好、后人很孝顺。如果哪一座坟正月十五没人送灯，会被看作绝户；不去送灯，会被人认为忘祖、忘根、忘本。因此，送灯被大家看得非常重要，外出务工的光山人可能过年不急着赶回家，但过十五是一定要赶回家的。

① 杨菊平．非正式制度与乡村治理研究[M]．上海交通大学出版社，2016：53．

送灯也讲究规矩。通常情况下，节日前人们要买回送灯的香蜡炮纸。十五的中午，各家都要像过年一样在香堂前烧香烧纸祭祀祖先，在户外放炮，吃团圆饭。下午，各家都要准备送灯的用品：花炮、香蜡、烧纸、裤脚灯、竹签子、火柴、灯笼、车辆。天黑之前，几乎所有人都会出动，到祖坟去送灯，灯节的重头戏才算开始。送灯的规矩是祖坟上每一座坟前都要送灯，分别由直系后裔完成。每盏灯用白纸、红纸或塑料薄膜制成"裤脚灯"，用三四个竹签子支撑，点亮一支蜡烛，烧完为止。送灯时，天将黑时点亮蜡烛、烧纸祷告、跪拜磕头、燃放鞭炮花炮，族人打招呼叙谈。回家路上，带去的灯笼要点亮。从祖坟送灯归来，每家每户要在房前屋后、池塘边、河边为孤魂野鬼送"孤灯"，让他们也感受到人间的温暖。送灯用品和祭祀用品一样，绝对不能拿到别人家里。①

每年送灯的场面都十分壮观，可以简单地用一个字来形容，那就是"多"。首先是人多。每年这天几乎是万人空巷、倾家出动，只要是能走动的，都会去送灯。就像朝圣一般，集中向各个坟山奔去。不管是天阴下雨，还是风雪交加，雷打不动，泥泞难阻，尤其是平日人烟稀少的坟山附近，正月十五傍晚熙熙攘攘、人声鼎沸。其次是车多。只要是能开动的车辆，全部用上，哪怕是平日不用接近报废的车，早就修理好备用。出城的路上，川流不息，鱼贯而行。座位上，人头攒动；后备厢里，纸炮塞满。小汽车、卡车、三轮车甚至人力车、架子车都作为运输花炮的工具派上用场。有的家庭车辆实在不够用，干脆跑上两三趟。每到正月十五，全国各地牌照的车辆停在各家各户的门前，受到村里人的检阅，成为衡量一个外出务工者经济实力、社

① 陈猛．民俗光山[M]．郑州：中州古籍出版社，2016：111－119．

会地位的主要依据。因此，即便是上千里的路程，村里人也会开着自己的车子回家过十五，以免被邻居或小时候的玩伴看低。最后是爆竹多。送灯时在祖坟前燃放的烟花爆竹与车辆一样是显示外出务工者实力的标志。近些年，元宵节送灯每家花炮的花费少则是几百元、上千元，多则上万元甚至几万元。"灯节前期，乡村和集镇到处都是做卖爆竹生意的，平时做其他生意的店铺，也临时改为卖爆竹，抢分一杯羹。有的商家为了挣钱，负责将爆竹直接送到买家指定的坟山上，借此扩大营业额。送灯这天平时寂静的老坟山上热闹非凡，人影交织，爆竹声不断，烟雾缭绕，火药味非常浓。"①

其实，类似过年的打糍粑、杀年猪、捕年鱼这类传统习俗发挥着维护村庄秩序、增进邻里情感、促进乡风文明的作用。因为过年打糍粑、杀年猪、捕年鱼这类传统习俗是村落的集体活动，正是在这种集体活动中居住在同一村落的父老乡亲们聚在一起，年轻人该出力的出力，小孩子到处跑着耍闹嬉戏，老年人在一边心怀喜悦地观看……无论谁家打糍粑、杀年猪或者捕年鱼，同村的父老乡亲都会分得一杯美羹，整个村庄都呈现出敦厚单纯、友爱互助、魅力无穷的乡土风情。但是，随着社会的发展，这类习俗活动越来越少，现在人们越来越倾向于在市场上买糍粑、年猪和年鱼。传统习俗以上的作用正在慢慢消解。类似元宵节"送灯"和婚丧嫁娶这类仪式性活动也是以集体过程来表达村落共同体共同的价值追求，这类仪式性活动"重在群众的仪式参与，在这一过程中使意识形态和信仰得到共鸣，村

① 访谈记录．20180130－YXT．

民的有机联系获得加强”①。从这个意义来讲，农村的民俗活动和仪式活动都是社会主义核心价值观建设的重要载体，但如今农村的民俗活动日渐式微，村庄在城镇化的进程中日益凋敝。农村的仪式性活动也不同程度地出现“异化”现象，其教化功能也在不断弱化，仪式活动反而成为村里有钱人社会性竞争的项目，关于这一点本书后面再详细论述。

第二节 DY村建设社会主义核心价值观的生动实践

自培育和践行社会主义核心价值观这一命题提出以来，DY村村两委积极响应党的号召，在村里开展了一系列涵养社会主义核心价值观的实践活动，有力地引导了村民认知、认同、践行社会主义核心价值观。DY村主要以美丽乡村建设为载体、以移风易俗活动为抓手、以村晚联欢会活动为平台推动社会主义核心价值观建设。

一、以打造“最美DY”为载体建设社会主义核心价值观

自党中央提出建设美丽乡村战略以来，DY村村两委积极响应党的号召，以打造“最美DY”为抓手投身于美丽乡村建设

① 庄孔韶等.时空穿行：中国乡村人类学世纪回访[M]北京：中国人民大学出版社，2004：13－14.

之中，并将培育和践行社会主义核心价值寓于美丽乡村建设中，主要表现在三个方面。第一，主抓人居环境整治。近年来，DY 村通过硬化村舍道路、量化房屋、建立树苗花卉基地、清理村内脏乱卫生死角、修整文殊寺（建立于明永乐年间）以及绿化庭院等一系列改造，村容村貌发生翻天覆地的变化。DY 村通过“优化村民的居住环境，改善村容村貌，抑制了人们的‘加脏’行为，促使村民良好道德文明行为的形成”①。第二，打造最美“墙体风景”。在打造美丽乡村的文化景观时，DY 村运用汉字、诗词、典故等形式将尊老爱幼、诚信友善、勤俭节约、爱岗敬业、公正廉洁等中华优秀传统文化融入文化墙的景观建设之中，手绘出一幅幅美丽的“墙体风景”，成为该村的一道亮丽风景线。第三，评选“最美人物”。DY 村连续三年在全村范围内开展道德模范人物评选活动，对当年度涌现出来的“十星级文明农户”、“最美创业之星”、“最美脱贫之星”、“最美保洁之星”、“最美 DY 人”、“善行义举之星”、“好婆婆”、“好媳妇”、“好妯娌”等九个类别的模范人物进行评选和表彰。DY 村的道德模范评选活动，由群众广泛推荐、党员和村民代表现场投票进行，充分体现了人民的模范人民选，构筑了道德高地。“最美人物”的评选活动使全村人际关系进一步得到提升，村中现在人人奋进，都想争做标杆。

二、以移风易俗活动为抓手建设社会主义核心价值观

光山县的乡镇有正月十五夜晚给祖坟送灯的习俗。光山

① 王淑芹.首都农村社会公德研究[J].北京社会科学，2010(3).

县灯节(元宵节)的隆重体现在送灯上,更体现在放炮上。“不管是晴天还是雨雪天,那叫一个“疯狂”! 祖坟山上,四面八方的鞭炮花炮,从下午四五点一直放到夜晚十一二点。”①据统计,光山县有21万户人家,平均每户每年元宵节花炮开销在500元左右,21万户就是1.05亿元。更有花炮经营商反馈:“湖南江西花炮公司开会直接对光山营销代表说,宁丢一个省,不丢一个县,这个县就是光山县!”②在整个光山县,元宵节放花炮已经异化为部分农民因为面子竞争、炫耀的项目之一。送灯放炮不再是传统的单纯的祭祀祖先、缅怀祖先、慎终追远的仪式活动,传统习俗已经异化为“炮成了放给活人看的”③,这严重败坏了乡土社会原有的淳朴民风、乡风。鉴于此,DY村村两委率先在全村大力倡导元宵节文明燃放烟花爆竹,提倡尽量少放或不放,并要求村民对元宵节当晚放爆竹遗留下的爆竹灰自行做好垃圾回收和处理。在这一过程中,DY村还制定相关的奖惩制度来鼓励和约束村民的行为,即对不放(爆竹)者考虑给予一些物质奖励,对多放(爆竹)者取消来年的“最美之星”评比资格。DY村移风易俗的活动,解救了很多不想在放花炮上花费太多但又不得不这样做的村民(按照旧时农村的规矩,这是对先祖的不孝敬),同时也抑制了很多盲目攀比的现象。DY村的移风易俗活动在“推动乡村荡涤陋习、创设新规,培育公俗良序”④的同时美化了村庄人居环境,在县、乡(镇)得到了一致好评,其他乡镇后期纷纷效仿。

---

① 访谈记录.20170214—XHP.

② 访谈记录.20170214—CP.

③ 访谈记录.20170214—YJF.

④ 郭云.中国共产党推动革命根据地移风易俗的历史经验与启示[J].毛泽东邓小平理论研究,2015(1).

三、以自办“村晚”活动为平台建设社会主义核心价值观

DY村有着深厚的历史文化底蕴，这里有著名的民间花鼓戏、地灯戏、皮影戏、狮子舞、龙舞、旱船舞、竹马舞等多种民间艺术表演形式。尤其是花鼓戏，已有二百多年的历史，艺术形式独特，价值极高。DY村的驻村第一书记和村支书充分利用本土的文化资源优势，带领村两委成员，号召全体村民积极筹备“村晚”联欢会活动。2016年12月30日，DY村首届“村晚”活动在村文化大广场隆重上演，一个个由村民自编自导自演、乡土味十足的节目轮番上演，村里的草根艺人更是创造性地编排出以“爱国、爱家、爱DY”为主题的文艺节目，充分展现了DY村民昂扬向上的精神风貌，表达了他们对现在美好生活的热爱之情，展现出他们对村庄未来发展的热切期盼，DY村父老乡亲们饱尝了一道丰盛的精神文化盛宴。此次活动以后，村民对村庄未来的发展预期不断提高，村庄的内在凝聚力也不断增强，这些都有利于凝集村民的价值共识。此外，此次晚会还设置了颁奖环节，现场为2016年评选的“最美之星”等道德模范人物颁发证书和奖品。借助“村晚”，DY村驻村工作队和村“两委”向全体村民发出《共建美丽家园，树立文明乡风》倡议书，将“村晚”转化为培育和践行社会主义核心价值观的重要阵地。

DY村通过开展一系列实践活动，实现了社会主义核心价值观这一抽象的理论在农村社会的具象化、生动化、现实化和乡土化，有力地促进了文明乡风、良好民风、和谐家风的形成。但是，DY村的村民对社会主义核心价值观的认知、认同、践行的现状到底如何？这需要我们进一步进行调查研究。

第三节 DY村农民认知社会主义核心价值观的现状

社会主义核心价值观建设是相关主体有组织、有目的地采取一定的方式、施加一定的影响，引导人们认知、认同、践行社会主义核心价值观的过程。因此，农村社会主义核心价值观建设的现状还需要从农民对社会主义核心价值观的认知情况、认同情况以及践行情况三个方面来考察。

为了掌握真实的第一手材料，清晰地展现当前农村社会主义核心价值观建设的现状，笔者对本书的个案选择地点DY村进行了断断续续将近半年时间的实地调研，调研方式采用调查问卷和半结构式访谈相结合的方式。调查问卷对于敏感性、尖锐性或有关个人隐私性的问题效度较高，通过调查问卷可以把握调查对象对调查内容的真实反映情况，但调查问卷的结果广而不深，容易使研究流于表面。因此，在田野调查过程中，笔者还通过半结构式访谈的方式弥补调查问卷的不足。半结构式访谈是通过访谈者与访谈对象面对面的直接交谈方式实现的，具有较好的灵活性和适应性。

本书发放问卷的样本是偶遇样本，发出问卷200份，实际收回190份，回收率为95%，而其中有效的问卷是180份，有效问卷百分比为90%。有效问卷受访者中，男性91人，约占50.6%；女性89人，约占49.4%。年龄在50岁及以上者68人，年龄在50岁以下40岁以上者58人，年龄在40岁以下30岁以上者32人，30岁以下18岁以上者22人。受教育程度：

小学文化程度56人，初中文化程度77人，高中文化程度32人，大专文凭9人，本科及以上文凭6人。在问卷设计方面，使用的是自行编制的《农村社会主义核心价值观建设状况调查表》，问卷除了个人基本情况外主要包括三个方面的内容：第一是农民认知社会主义核心价值观的现状调查，第二是农民认同社会主义核心价值观的现状调查，第三是农民践行社会主义核心价值观的现状调查。

认知是对认识对象的基本内涵的深刻把握，农民对社会主义核心价值观的科学认知是农民践行社会主义核心价值观的首要前提。农民认知社会主义核心价值观的现状可以从三个变量来考察，即农民是否知道社会主义核心价值观这一命题、是否知道社会主义核心价值观的基本内容以及如何理解社会主义核心价值观的基本内容三个方面来加以考察。通过问卷和访谈，发现农民认知社会主义核心价值观的现状如下：农民总体上对社会主义核心价值观有良好的认知。但是，也存在一些不容忽视的问题，主要表现在农民对社会主义核心价值观的部分内容的理解存在偏差、对社会主义核心价值观与传统文化的渊源说不明白、对社会主义核心价值观三个层面的内在联系道不透彻。

一、农民对社会主义核心价值观的总体认知良好

通过问卷调查，约80%的农民都知道社会主义核心价值观这一命题，并能正确选出社会主义核心价值观的基本内容。在随机访谈中，笔者问“您是否知道社会主义核心价值观”这一命题时，回答“听说过”或“知道”的占有一定的比例，这在一定

程度上反映出农民对社会主义核心价值观的总体认知良好。但是，不容忽视的是，在随机访谈中也有相当一部分农民回答"没听说过"或"不知道"。对于回答"知道"和"听说过"的受访者，笔者继续追问他(她)能否说出社会主义核心价值观的基本内容，大部分受访者不能全面、正确地回答。这一方面的原因可能在于社会主义核心价值观的内容有些长，不太好记；另一方面也从某种程度反映出问卷显示的农民对社会主义核心价值观的高认知率所含水分较高，农民所谓的"知道"只停留在"听说过"的层面，其实质并不知道社会主义核心价值观为何物。

以上是将社会主义核心价值观作为一个整体的概念来考察农民对社会主义核心价值观的认知情况。除此之外，笔者还通过将社会主义核心价值观的基本内容和深刻内涵操作化、具体化来把握农民对社会主义核心价值观的认知现状，得出农民对社会主义核心价值观的理解认知存在不到位现象，主要表现在对社会主义核心价值观的部分内容理解存在偏差、对社会主义核心价值观与传统文化的渊源说不明白、对社会主义核心价值观三个层面的内在联系道不透彻。(调查数据见表1)

表1 农民认知社会主义核心价值观的现状

问题	是(%)	否(%)	不清楚(%)
Q1.您是否听说过社会主义核心价值观?	80.5	19.5	
Q2.您认为社会主义核心价值观与中华优秀传统文化是否有联系？为什么？(请写出您的答案)	90	5.6	4.4
Q3.您认为国家层面、社会层面、个人层面的价值要求是相辅相成、互为统一的吗?	82.2	10	7.8

二、农民对社会主义核心价值观的部分内容理解存有偏差

根据调查结果，农民对社会主义核心价值观的大部分内容理解正确，但对部分社会主义核心价值观的基本内容理解不到位，主要表现在农民对“民主”的理解存有偏差，农民混淆“平等”与“公正”价值观的内涵。

（一）农民对“民主”的理解存有偏差

民主是“公民依据宪法和法律直接或间接地参与管理国家事务和社会事务，经济与文化事业的愿望、意识和要求”①。在我国广大农村，基层群众自治制度为广大农民群众行使民主权利提供制度保障。自村民自治制度实行以来，农民的民主意识逐步提升，对民主一词有了一些自己的理解和看法。在访谈中，当问及农民“您如何理解民主”时，大家的回答很多样化，主要有以下几种看法：“民主就是人民当家做主”，“民主就是大家的事大家说了算”，“民主就是让老百姓参政议政”，“民主就是一人投一张票选举”，“不知道”。在这些回答中，“人民当家做主”是民主的原则和本质；“民主就是大家的事情大家办”的回答过于笼统，“大家的事情大家办”容易陷入一种多数人暴政的困境；“民主就是一人投一张票选举”的回答将民主停留在“一人一票选举”这个层面，我们不否认选举是民主的一种实际操作方式，但这种看法对中国特色社会主义协商民主的独特形式和特有优势缺乏清晰的、理性的认识。这些回答都折射出农民

① 孙可敬．我国农民公民意识培育研究[D]．郑州大学，2016(11)．

对民主的理解不准确。而“民主就是老百姓参政议政”的看法比较符合以上对民主的定义,也符合基层群众自治的实践,但农民的这种民主权利只能通过村庄内每三年一次的村委会换届选举才能行使,有的村庄八九年都没举行过换届选举。随着村庄社会流动的加剧,多数男性农民外出务工,他们成为村庄选举的真空群体,又因为户籍制度的限制,他们没有权利参加城市的政治生活,而留守的妇女大多不关注村庄政治,老一代农民受传统文化的影响习惯“当官的”(村干部)做决定,农民的民主参政意识非常薄弱。民主更多地停留在知识分子的“应该”之中,还没有真正“流入”农民群众的心中。

(二)农民混淆“平等”与“公正”的内涵

在访谈中,大多农民认为“平等”与“公正”是一回事,都是公平、平等的意思。也有农民说:“平等就是男女平等,公正就是指一个人为人处事办事要公正、公道。”①这当然没有错,但农民对“平等”与“公正”内涵的理解只停留在表面,缺乏对其内涵深刻地理解。事实上,平等并不是现代社会所特有的观念,因为在古代也有很多人追求平等。但是,作为现代意义上的平等理念是基于反传统的先赋性特权和等级制而产生的,是伴随着现代化进程和市场经济的发展而逐步形成和完善的。现代意义上的平等理念是每个人享有法律意义上的应有的权力和应履行的义务的平等,是对个体人的独立人格与主体性的确认。但是,社会上没有绝对的平等,因为每个人的自身身体素质、家庭条件、受教育程度以及后天努力程度的不同,每个人会享有的人生就不同。因此,我们在追求平等的同时追求公正。

① 访谈记录.20171112－YCH.

公正与平等既有联系又有区别。平等是一种“应然”的追求，而公正是一种“实然”的状态。公正是一种合理的差别，这种差别是老百姓能接受的、都认可的差别。公正强调社会资源与社会机会配置的公平性和平等性，而社会资源与社会机会配置的公平性与平等性又是通过规则和制度建设来加以保障的。

三、农民对社会主义核心价值观深层意蕴理解不到位

在问卷中（调查数据见表1），当问及“您认为社会主义核心价值观与中华优秀传统文化是否有联系？为什么”时，百分之90%的受访者都选择“有联系”，但其中只有一人写出“社会主义核心价值观与中华优秀传统文化是一脉相承的”。此外，还有5.6%的受访者选择“否”，4.4%的受访者选择“说不清楚”。这说明农民对社会主义核心价值观的深层底蕴说不清楚、理解模糊。当问及“您认为国家层面、社会层面、个人层面的价值要求是相辅相成、互为统一的吗”时，回答“是”的百分比为82.2%，回答“说不清楚”的百分比是7.8%，还有10%的人选择了“否”。这说明部分农民对社会主义核心价值观的内在逻辑存在理解认知不到位的现象。

第四节 DY村农民认同社会主义核心价值观的现状

如果说农民对社会主义核心价值观的认知解决的是知与

不知的问题，那么农民对社会主义核心价值观的认同解决的就是信与不信的问题，农民对社会主义核心价值观的认同是社会主义核心价值观建设的关键一环。“价值认同是在价值认知的基础上对社会主义核心价值观所形成的肯定、赞同、喜爱和持续追求的情感体验。”①因此，农民对社会主义核心价值观的认同又可以分为浅层次认同和表层次认同两个层面。其中，对社会主义核心价值观持肯定、赞同的态度仅仅是表层次认同，而对会主义核心价值观持有持续关注和主动追求的动力和情感才是深层次认同。本书在问卷设计方面分别将国家层面、社会层面和个人层面的社会主义核心价值观操作化，并通过数据统计发现农民对社会主义核心价值观的表层次认同度高，对社会主义核心价值观的深层次认同度低。

一、农民对社会主义核心价值观的表层次认同度高

农民对社会主义核心价值观的认同现状可以从国家层面、社会层面和个人层面的社会主义核心价值观分别加以考察。

（一）农民对国家层面价值观的认同现状

农民对国家层面的富强、文明、和谐这三个维度的价值观认同度非常高，对民主这一维度的价值观认同度相对较低（见表2）。其中，93.3％的被访者赞同“国家富强，人民才能幸福”，91.7％的被访者赞同“摆脱贫困，首先得靠自己”，95.6％

① 胡春阳.转型时期社会主义核心价值观认同建构[J].中国特色社会主义研究，2015(1).

的受访者赞同“乡风文明很重要”，94.4%的受访者赞同“人与人、人与自然之间都应该和谐相处”。但是，不容忽视的是，与富强、文明、和谐三个维度的核心价值观相比，民主这一维度的认同度相对较低，只有62.2%的受访者赞同“中国是一个民主的国家”，88.3%的受访者认为“民主就是一人一票选村主任”。这说明农民对民主的理解深受西方民主投票选举的影响，对中国特色社会主义协商民主的独特形式和特有优势缺乏清晰的、理性的认识。

（二）农民对社会层面价值观的认同现状

从调查数据来看，农民对社会层面的自由、平等和法治三个维度的价值观认同度较高，对公正这一维度的价值观认同度相对较低（见表3）。具体看来，93.3%的受访者赞同“公民人身自由不可侵犯”，88.9%的受访者赞同“法律面前人人平等”，70.5%的受访者赞同“生儿生女一样好”，88.3%的受访者赞同“做人做事法律是底线”。但是，只有40%的受访者赞同“城市和农村、富人和穷人享有同等的获得教育和福利的机会”，60%的受访者不赞同这一观点，这与农民对自由、平等、法治价值观的高认同度形成鲜明对比。与此同时，调查发现，尽管有70.5%的受访者赞同“生儿生女一样好”，但仍有29.5%的受访者不赞同这一观点，说明仍然有一部分人心存重男轻女思想。

（三）农民对个人层面价值观的认同现状

农民对个人层面的社会主义核心价值观整体认同度都非常高（见表4）。具体来说，农民高度赞同“没有共产党就没有新中国”，也十分认可“党在农村实行的惠民政策”，这两项的百分比分别达到97.2%和93.8%。此外,农民对敬业、诚信、友善三个维度的价值观认同度也非常高:87.8%的受访者赞同“干一行就要爱一行”,95.6%的受访者赞同“做人应该守诚信”,86.1%的农民赞同“对待熟悉的人和陌生人都应该友善”。

表2　农民对社会主义核心价值观认同的国家层面的统计结果

问　　题	是(%)	否(%)
Q1.您是否赞同“国家富强,人民才能幸福”?	93.3	6.7
Q2.您是否赞同“摆脱贫困,首先得靠自己”?	91.7	8.3
Q3.您是否赞同中国是一个民主的国家?	62.2	37.8
Q4.您是否赞同民主就是一人一票选村主任?	88.3	11.7
Q5.您是否赞同乡风文明很重要?	95.6	4.4
Q6.您是否赞同人与人、人与自然都要和谐相处?	94.4	5.6

表3　农民对社会主义核心价值观认同的社会层面的统计结果

问　　题	是(%)	否(%)
Q1.您是否赞同公民人身自由不可侵犯?	93.3	6.7
Q2.您是否赞同法律面前人人平等?	88.9	11.1
Q3.您是否赞同生儿生女一样好?	70.5	29.5
Q4.您是否赞同城市和农村、富人和穷人享有同等的获得教育和福利的机会?	40	60
Q5.您是否赞同做人做事法律是底线?	88.3	11.7

表4　农民对社会主义核心价值观认同的个人层面的统计结果

问　　题	是(%)	否(%)
Q1.您是否赞同没有共产党就没有新中国?	97.2	2.8
Q2.您是否认可党在农村实行的惠民政策?	93.8	6.2
Q3.您是否赞同干一行就要爱一行?	87.8	2.2
Q4.你是否赞同做人应该守诚信?	95.6	4.4
Q5.你是否赞同对待熟悉的人和陌生人都应该友善?	86.1	13.9
Q6.您是否赞同“当集体利益与个人利益发生冲突时,应该以集体利益为重”?	80.5	19.5

总的来说，农民对社会主义核心价值观三个层面的基本内容的认同度都较高，但也呈现出“差序格局”的特点，即农民对个人层面的社会主义核心价值观认同度最高，国家层面次之，社会层面最后。而且，调研显示农民对民主这一维度的价值观认同度较低，对公正这一维度的价值观认同度最低，究其原因，这可能跟这些年农民外出务工受到的不公正待遇有关，这些原因我们后面再详细分析。

二、农民对社会主义核心价值观的深层次认同度低

农民对社会主义核心价值观的认同不仅仅表现在赞同、认可这 12 个词，还表现在其对社会主义核心价值观持有持续关注和主动追求的动力和情感。但是，通过调查发现，农民并不关注社会主义核心价值观，也缺乏持续追求社会主义核心价值观的内在动力。主要表现在：当问及“您认为在农村培育和践行社会主义核心价值观是否有意义”时（见表 5），19.4％的农民认为“很有积极意义”，40％的农民认为“有意义，但很难把握”，26.7％的农民认为“是一种理想主义追求，很遥远”，还有 13.9％的农民认为“没有实际价值”。虽然农民认同社会主义核心价值观建设有意义，但仍有部分农民认为社会主义核心价值观建设的意义很难把握，甚至有少数人认为没有实际价值。

问及“您是否参加过社会主义核心价值观的宣讲或学习活动”时（见表 6），选择“经常参加”的百分比为 31.1％，选择“偶尔参加”的百分比为 26.7％，而 42.2％的被访者选择“没参加过”，这其中也不乏一部分人不能将村庄开展的文化活动与社会主义核心价值观联系在一起，归根结底原因在于农民对社会

主义核心价值观的理解认知不到位。

当问及“您是否会主动学习社会主义核心价值观”时(见表7),回答“会”和“可能会”的累积百分比为25.5%,而选择“不会”的百分比高达74.5%。这一方面说明农民学习社会主义核心价值观的主动性、积极性不高;另一方面也说明当前农村的社会主义核心价值观建设没有做到贴近农民的生产、生活和实际,没有从农民关心的事物入手,没有引起农民的兴趣和注意力。调查中,甚至有少数农民认为笔者的研究没意义,都是虚头巴脑的东西。

表5 您认为在农村培育和践行社会主义核心价值观是否有意义

选　项	占比(%)
A.很有积极意义	19.4
B.有意义,但很难把握	40
C.是一种理想主义追求,很遥远	26.7
D.没有实际价值	13.9

表6 您是否参加过社会主义核心价值观的宣讲或学习活动

选　项	占比(%)
A.经常参加	31.1
B.偶尔参加	26.7
C.没参加过	42.2

表7 您是否会主动学习社会主义核心价值观

选　项	占比(%)
A.会	4.4
B.可能会	21.1
C.不会	74.5

第五节　DY村农民践行社会主义核心价值观的现状

价值践行是社会主义核心价值观建设的最终归宿，价值认知和价值认同的最终目的都是价值践行。通过实地调查，发现农民践行社会主义核心价值观的积极性很高，主要表现在农民参与村庄的“最美人物”评选活动、移风易俗活动和自办“村晚”活动的积极性都很高。但是，在调查问卷中，将农民践行社会主义核心价值观这一问题操作化为农民“对待虐待老人和儿童的态度”、“对待潜规则的态度”、“对待八两秤的态度”、“对待解决纠纷的态度”、“对待社会负面现象的态度”、“对待村庄政治参与的态度”、“对待集体利益的态度”几个方面来加以考察，发现农民践行社会主义核心价值观也存在不同程度的问题，主要表现在农民在践行社会主义核心价值观时主观随意性较大，在践行社会主义核心价值观的过程中存在功利性倾向，而且农民在践行社会主义核心价值观过程中也存在知行不一的现象，具体数据见表8、表9、表10、表11、表12、表13、表14。

一、农民践行社会主义核心价值观的积极性高

DY村农民践行社会主义核心价值观的积极性高主要表现在村民对村庄开展的“最美人物”评选活动、移风易俗活动和自办的村晚活动都非常认可，而且参与的积极性都非常高。笔者

专门访谈了其中几个“最美之星”，其中一个“最美媳妇”谈起村庄的最美人物评选活动时说道：“村里一开始推选我为最美媳妇时，我阔（可）不好意思，觉得自己也没做啥，对待公公婆婆像对待父母一样，这都是应该的。后来村里搞那个文明农户信用评级①，‘最美人物’竟然可以加分，这真是我没有想到的！有了这个加分项，我离国家免息贷款越来越近，要是拿到那5万块钱我就可以赶在秋收前再进一批小树苗，明年增收就又有望了。这个‘最美媳妇’的称号来年我还要争取！”②

村里还有一个刘老汉，他捐款5000元给村委会买格桑花种植在进村的道路两旁。夏天格桑花一开，配上DY村芳草碧莲天的自然田园风光，景色格外美丽。问及刘老汉为何买格桑花，他说道：“正好有个亲戚在县城做花木苗卉生意，村里开会说要搞美丽乡村建设，鼓励我们积极参与。我寻思着村里刚修完进村的路，买点花苗树苗回来搞绿化。当时，也没想到买格桑花，我那做生意的亲戚推荐买的，他告诉我他家后院种了格桑花特别好看。听说这花一般长在西藏、青海那遥远的大草原上，咱们这边很少见，没想到果然是稀罕，乡亲们看见了都夸好看！打工的回来一看也觉得家乡越来越美，亲切感、归属感倍增。他们还专门拍照传到村集体的（微信）群里，因为这事我一下子成了村里的名人，这不，还给我评了个‘最美DY人’的荣誉称号！”③

① 农村的信用评级是国家在精准扶贫中出台的一个金融惠农政策，该政策允许符合条件的农民可以无息贷款五万元用于创业或者其他致富路径。在各项条件要求中，“文明农户”是其中一个加分项。国家出台的这个惠农政策晚于DY村“最美之星”的评选活动。

② 访谈记录.20170814－HCH.

③ 访谈记录.20170814－LBX.

笔者还专访了一个评选为“最美致富人”的农民 YCT，他很热心地介绍了他的致富经历：“2010 年，我开始在村里搞花木苗卉种植，一开始不懂技术，投资了 30 亩，结果全赔了，赔的差不多有 20 多万元。后来，有一次村里请来信阳农林学院的范教授来给我们做指导，他教我们如何防虫、整治、培肥、治虫等技术，还建议我种小树苗，不要种大树苗，因为小树苗生长周期快，投资见效快、回本快，大树苗投资长、回本慢。慢慢懂得了这些技术和窍门之后，2013 年我就在村里的资金互助社贷款十几万元，重新买树苗，当年就挣了 30 万元，把之前赔的本挣回来了还有盈利。有了这个经历坚定了我致富的信心，2015 年省派第一书记来到我们村，鼓励搞家庭农场，我就承包了 680 亩土地种树苗，这 680 亩地的树苗一年可以挣 20 万元左右，我还承包了 300 亩土地种白茶，白茶生长周期慢，5 年以后才能见效。我自己富了以后也没忘了带领乡亲们致富，他们在家里闲着没事的都可以来我的农场干活儿，一天 50 块钱，干一天算一天，他们学到技术也可以自己去种植，或者帮忙销售(树苗长大以后要卖个木材厂)。今年一年我盈利 150 万元，去掉一年的人工开销 50 万元，去掉树苗成本等，自己纯利有三四十万元。”①

通过调查发现，农民在意的不是“最美人物”这一荣誉称号，而是乡亲们对他们行为的认同和赞扬，他们因此也得到乡亲们的尊重，这种认同和尊重提升了他们的获得感和存在感，他们在参与村庄的活动中实现了自我价值，这些会进一步加强他们践行社会主义核心价值观的积极性。

① 访谈记录.20170815－YCT.

二、农民践行社会主义核心价值观具有随意化和功利化倾向

农民在践行社会主义核心价值观的过程中也存在问题，如存在随意化和功利化倾向，主要表现在：当问及“看到别人家有虐待老人或者虐待儿童现象时，您会怎么做”时（见表8），12.2%的受访者选择“这样做违反人伦纲常，我会上前制止”，26.7%的受访者选择“向村干部反应，让村干部出面解决”，48.9%的受访者选择“看亲疏远近关系再决定是否插手”。调查数据在一定程度上说明农民在践行社会主义核心价值观的过程仍然受传统小农思想的影响，以亲疏远近作为为人处事的原则来支配自己行为，而不是笃定虐待老人和儿童是错误的、违法的，应该坚决去反对。还有12.2%的受访者选择“别人家的事跟我没有关系”，这种观点形式上看是一种尊重别人隐私、尊重他人个人权利的表现，但实际上反映出村庄公共道德力量的式微、村庄公共舆论的消解、农村“无公德的个人”的普遍存在。

当问及“人们一般用‘潜规则’来形容社会的不公正，您如何看待潜规则”时（见表9），选择“坚决反对潜规则，促进社会公平正义”的百分比为40%，选择“顺应潜规则要求，满足自身利益需要”的百分比为36.1%，而选择“视情况而定”的百分比为23.9%。问及“现在市场上有很多做生意的人用八两秤、九两秤，如果您做生意，您会用八两秤或者九两秤吗”时（见表10），有49.4%的受访者选择“坚决反对八两秤、九两秤，这种坑蒙老百姓的行为要坚决抵制”；但是，也有33.9%的受访者选择“别人都在用，我不用就亏了，还是随大流吧”；另外，还有

16.7% 的受访者选择“视情况而定”，处于摇摆不定的状态。通过这两个问题我们可以发现，大多数农民在心理上、甚至情感上认同公正、诚信这两个维度的价值观，但当涉及个人利益时，一部分农民会为了个人利益放弃原有的价值选择。这一方面说明农民在践行社会主义核心价值观时存在知行不一的现象；另一方面也说明当前农民在践行社会主义核心价值观时带有功利倾向，事实上，他们看重的不是“公正”、“诚信”等价值观念的本身，而是隐藏在公正、诚信行为背后的利益或资本。

表 8　当看到别人家有虐待老人或者虐待儿童现象时，您会怎么做

选　　项	百分比%
A. 这样做违反人伦纲常，我会上前制止	12.2
B. 向村干部反应，让村干部出面解决	26.7
C. 看亲疏远近关系再决定是否插手	48.9
D. 别人家的事跟我没有关系	12.2

表 9　人们一般用“潜规则”来形容社会的不公正，您如何看待潜规则

选　　项	百分比%
A. 坚决反对潜规则，促进社会公平正义	40
B. 顺应潜规则要求，满足自身利益需要	36.1
C. 视情况而定	23.9

表 10　如果您做生意，您会用八两秤、九两秤吗

选　　项	百分比%
A. 坚决反对八两秤、九两秤，这种坑蒙老百姓的行为要坚决抵制	49.4
B. 别人都在用，我不用就亏了，还是随大流吧	33.9
C. 视情况而定	16.7

三、农民践行社会主义核心价值观存在知行脱节现象

农民践行社会主义核心价值观也存在知行脱节现象，主要表现在：当问及“你是否会积极参加村庄选举”时（见表 11），只有 17.2％的受访者选择“会积极行使自己的权利，投上神圣的一票”，而 26.1％的受访者认为“选举只是走个形式，都是上面安排好的，投不投都一样”，47.8％的受访者认为“选举都是村干部和党员的事，与老百姓没关系”，还有 8.9％的受访者选择了“看情况再决定”。笔者在走访中也发现，大多数农民从来没参加过村庄的选举，农民对民主的深刻内涵理解很模糊，虽然他们认同民主、渴望民主，但他们的民主参与意识普遍较低，他们普遍说不清楚自己的民主权利是什么，也不能很好地行使自己的民主权利，这也从侧面反映出基层民主政治建设需要进一步加强。

当问及“与邻里发生纠纷时，您会如何解决”时（见表 12），16.1％的受访者选择了“本着互谅互让的原则自己协商解决”，68.9％的受访者选择“找村委会或村干部调解”，6.1％的受访者选择“先忍着，找机会跟他过不去”，只有 8.9％的受访者选择“以法律形式解决”。当问及“如果损害自己利益的是当官的或者上级政府部门，您会怎么办”时（见表 13），14.4％的受访者选择“去法院告他（她）”，48.9％的受访者选择“发动全家或全村人上访”，31.7％的受访者认为“当官的和政府部门得罪不起，还是忍一忍算了吧”。这反映出尽管改革开放以来农民的法律意识有所提高，但农民的用法意识和用法能力并不高，很多农民遇到纠纷以后还是只习惯于找“人”而不是找法，

对“上访”情有独钟。农民不明白上访只是法治社会的一个补充，而不是法治社会的主导，农民的法律素质仍然不高。除此之外，还有一部分农民认为“当官的和政府的惹不起”而放弃维护自己的权利，这从另一个侧面反映出农民胆小、害怕权威的小农心理特征仍然在或多或少地影响着他们的行为。

大多数农民赞同当集体利益与个人利益发生冲突时，应该以集体利益为重，但当问及“当村里为村集体修路需要占用你的农田时，你会如何处理这件事”（见表 14）时，77.2％的受访者选择“通过协商，希望村里给予一定的经济补偿”，15％的受访者选择“要求村里一定给予补偿，不然不愿意妥协”，只有1.6％的受访者选择“愿意为了集体利益牺牲自己的利益”，另外还有 6.2％的受访者选择“乘机敲诈，要尽量多的补偿”。调查数据显示，当农民真遇到集体利益与个人利益发生冲突时，大部分农民还是以个人利益为重。这充分反映出农民认同核心价值观是一回事，但践行却是另外一件事，农民在践行社会主义核心价值观的过程中存在知行不一的现象。

表 11　您是否会积极参加村庄选举

选　　项	百分比％
A. 会积极行使自己的权利，投上神圣的一票	17.2
B. 选举只是走个形式，都是上面安排好的，投不投都一样	26.1
C. 选举都是村干部和党员的事，与老百姓没关系	47.8
D. 看情况再决定	8.9

表 12　与邻里发生纠纷时，您会如何解决

选　　项	百分比％
A. 本着互谅互让、和睦相处的原则自己协商解决	16.1
B. 以法律形式解决	8.9

续表

选　　项	百分比%
C. 找村委会或村干部调解	68.9
D. 先忍着，找机会跟他过不去	6.1

表 13　如果损害自己利益的是当官的或者上级政府部门，您会怎么办

选　　项	百分比%
A. 去法院告他（她）	14.4
B. 发动全家或全村人上访	48.9
C. 当官的和政府部门得罪不起，还是忍一忍算了吧	31.7
D. 找机会报复他	5

表 14　当村里为村集体修路需要占用你的农田时，你会如何处理这件事

选　　项	百分比%
A. 愿意为了集体利益牺牲自己的利益	1.6
B. 通过协商，希望村里给予一定的经济补偿	77.2
C. 要求村里一定给予补偿，不然不愿意	15
D. 乘机敲诈，要尽量多的补偿	6.2

农民赞同“生男孩生女孩一样好”，可农民骨子的重男轻女思想仍然存在。村民告诉笔者，村里前两年就发生过这样一件事：“贫困户 YXP 家有三个儿子，大儿子 YP 生有一儿一女，小日子过得开心知足；小儿子几年前在外地打工突发脑溢血，成了偏瘫，行动多有不便，生活不能完全自理，后来跟父母住一起，至今未婚，估计这辈子也不好找（对象）了。令人议论的事发生在二儿子 YH 家。YH 早些年结了婚，小日子也过得不错，但生孩子连续三胎都是闺女，怀孕第四胎检查，还是个女孩，只好去医院做掉（做人流）了。大媳妇仗着面前有子（儿子）在二弟媳面前经常说话趾高气扬的。农民还是老观念，觉得有

儿子才有人继承香火,想要儿子的欲望非常强烈。后来,YH在外面打工,跟工厂的一个未婚的年轻小姑娘好上了,还让人家有了身孕,怀孕五个月检查,是个儿子。直到孩子生下来,那年轻姑娘的娘家人闹到YH家里,这个事才瞒不住。YH媳妇虽气急败坏,但更心灰意冷,他俩有三个孩子也不可能离婚,最终也只能忍气吞声,接受了现实。这件事最后由Y家一个混得不错的长辈出面帮忙协商,YH一次性给那姑娘10万块钱,孩子她抱走,签了协议以后双方不再联系。YH也因为这件事丢了工作,在村里有一阵子抬不起头来。家庭夫妻关系也不如从前和睦,两口子现在经常吵架。"①

令人不解的是,笔者在听说这件事后问及村里的几个老乡如何看待这件事时,竟然有人说,"男人在外面花花草草正常"②,"生个儿子那说明人家有本事哩"③!当前,少数农民的道德世界真是令人汗颜。当然,这件事只是一个个例,并不是所有农民都会做出这种伤风败俗的事,也不是所有农民对这件事都持这种看法,但这件事情一方面反映出农民重男轻女思想在某种程度上仍然存在,也在更深层次上折射出农民的道德观念和价值观念在某种程度上的极度扭曲。

农民赞同要想"摆脱贫困,首先得靠自己",但仍有农民在脱贫过程中等、靠、要思想严重。笔者在访谈中,有两个贫困户都说道:"WCY家的扶贫人帮他家盖了新房子,很是羡慕人,而我的扶贫人就帮我买了点鱼秧子(鱼苗),也没解决其他啥问题。"④"HCH家的扶贫人经常给他带(送)东西,不是带烟就是

① 访谈记录.20171112－YDC.
② 访谈记录.20171112－YJ.
③ 访谈记录.20171112－YK.
④ 访谈记录.20171112－YP.

带酒，但我的扶贫人啥都没给我拿过，就第一次来时带了一箱饮料。"①

在此，有必要科普一下与基层精准扶贫的相关信息。精准扶贫要求在精准识别的基础上找准贫困户的"穷根"，然后实行因人施策、因户施策的精准帮扶。在帮扶过程中，每个扶贫人负责三至五家贫困户，根据贫困户的实际情况，采用扶贫政策帮助他们脱贫。扶贫政策包括产业扶贫、教育扶贫、光纤扶贫、技能培训、电商扶贫、金融扶贫、异地搬迁、危房改造等。由于扶贫人来自省、市、县不同的单位，每个扶贫人的个人能力和社会资源不一样，每个贫困户的"穷根"也不一样，所以每个扶贫人对每个贫困户实施的扶贫政策也不同。笔者不否认，在扶贫过程中可能会有帮扶人不尽职尽责，通过给钱给物这种偷懒的方式帮助贫困户"脱贫"，但这并不妨碍笔者作为研究者洞察农民那种"坐在门头晒太阳，等着别人送小康"的思想观念，这种思想观念无疑与我们倡导的主流价值观相背离，同时也严重制约农民利用精准扶贫这一契机摆脱贫困，走向自富自强。

本章节通过调查发现，自培育和践行社会主义核心价值观建设这一命题提出以来，DY村村两委积极响应党的号召，通过开展"最美人物"评选活动、移风易俗活动和自办村晚活动引导农民认知、认同、践行社会主义核心价值观。DY村开展的涵养社会主义核心价值观的实践活动取得了一定的成效，该村村民对社会主义核心价值观的认知度、认同度和践行的积极性都较高，但也存在不同程度的问题，主要表现在：在认知方面，农民对社会主义核心价值观的部分内容理解存有偏差，对社会主义核心价值观的深层内涵和内在逻辑理解不到位；在认同方面，

① 访谈记录.20171112－YK.

农民对社会主义核心价值观的浅层次认同度高，深层次认同度低；在践行方面，农民在践行社会主义核心价值观过程中存在践行随意化、践行功利化、认知与践行相错位等问题。当然，影响农民认知、认同、践行社会主义核心价值观的原因很多，本书在下一章节会进行详细分析。需要说明的是，所选取的个案调查的村庄为中原地区的劳务输出村，是个典型的空心村。随着城镇化率的上升，我国中西部地区农村的空心化现象十分普遍，作为空心村，该村庄具有一定的代表性，但不可否认的是一个村庄不能代表全国所有的农村。另外，由于个人时间、精力和能力的有限，调研样本和方法也存有一定的局限性，导致调研的结果和相关结论也存在一定的“片面性”，但以上的结果仍然能在一定程度上反映出当前农村社会主义核心价值观建设存在的问题，调研的结果是本书继续研究和分析的重要依据。

第五章　农村社会主义核心价值观建设存在问题的原因分析

社会主义核心价值观建设是一项系统性工程。所谓系统性工程首先强调社会主义核心价值观建设是一个由多要素相互作用的、复杂的、动态的过程。这个过程涉及农村的人、财、物等各种要素(也称因素)之间的相互影响与作用,而一定的要素只有在一定的结构中才能使各要素的相互作用得到充分发挥①。从这个角度来看,系统性工程的运行以一定的结构为前提,而结构与要素又相互作用、相互影响,再加上建设社会主义核心价值观本身就是一个持续的动态过程,因此,对农村社会主义核心价值观建设中存在问题的原因考察,离不开对农村的社会结构、农村社会主义核心价值观建设的过程、农村社会主义核心价值观建设的影响因素三个方面的整体把握。鉴于此,本章主要从农村社会主义核心价值观建设的结构、过程和因素三个层面来系统地分析农村社会主义核心价值观建设存在问题的深层原因。这种分析视角深入农村却又不局限于农村,体

① 王家芳.落实科学发展观系统工程的要素、结构和功能分析[J].求实,2006(5).

现了动态与静态、宏观与微观的统一。

第一节 农村经济政治文化结构转变的影响

一般而言，结构是指一个复杂整体中各个部分的相互关系。在英文中，“structure”与汉语的“结构”是相对应的词，它有两层意思：一指事物各组成部分搭配的形式，二指构成事物“骨骼”的部分。而“社会结构是指社会系统的各个组成部分及要素之间持久的、稳定的相互联系模式”①。“每一种社会结构都有一定的观念体系，它制定行为规范并支持这个社会结构。”②从宏观来看，社会结构是整个社会关系的构成状况，它包括经济结构、政治结构和文化结构。而村落作为传统意义上的社区（共同体），是社会的微观组织单元，从某种意义上来讲，社会结构的划分同样适用于农村社区的结构划分。从纵向的历史长波进程来看，我国农村社区经历了经济结构、政治经济和文化结构的转变，而这些转变都不同程度地影响着农民认知、认同、践行社会主义核心价值观。

一、农村经济结构转变的影响

农村经济结构的转变主要表现在生产方式的转变这一层

① 郑杭生.社会学概论新修(精编版)[M].北京:中国人民大学出版社,2009:74.

② 费孝通.中国绅士[M].北京:中国社会科学出版社,2006:14.

面。农村生产方式的转变肇始于改革开放之初的农村经济体制改革，即农业生产从集体生产转为家户经营，家户经营是以家庭联产承包经营为基础、统分结合双层经营的体制。这种制度通过权、责、利的挂钩，极大地提高了农民的生产积极性，农户可以自己决定生产什么、生产多少，农村的生产力得到空前发展，农民的物质生活水平和生活质量也不断得到提高和改善。但是与此同时，家户经营使得农民的心思都在如何使自己增收上，农民的集体主义观念逐渐淡薄，个人主义观念日益占据上风。分散式的家户经营还大大降低农村社区的关联性，使得农户与农户之间的关系越来越“原子化”，农民分散为一个个个体，难以形成一起应对共同困难的观念，也难以产生一起应对共同困难的行动，使农村的社会主义核心价值观建设面临着难以将农民组织起来的困境。

农村生产方式的转变还表现在市场经济在农村的发展。随着农村经济体制改革的不断深入，1992 年党的十四大确立了建立社会主义市场经济体制的目标，广大农民群众在“缺乏思想准备”的情况下，开启了农村的市场化进程。市场经济在农村的发展不仅促进农村的人口、资本、技术等要素的自由流动和资源配置，也使农民的思想观念产生了深刻性的变革，农民的主体意识、契约意识、诚信意识、竞争意识不断得到强化。与此同时，市场经济给农民带来的现实利益也不断强化农民群众利益至上的价值观念，正如黑格尔在其《法哲学》中曾说过的那样，市场经济具有一种惊人的力量，把个人从他们各自所属的集体或群体中揪出来，使原集体成员相互之间变得生疏，并承认他们都是独立自主的人。市场经济把人扯到自身一边来，要求替它工作，要求他的一切都通过它，并依赖它而活动。在市场经济中，每个人都以自身为目的，所谓他人与组织，只是实现个人利益的一种工具。① 市场经济本身的逐利性以及一些广告、偶像剧以爆炸式的方式向农民传递着外界的信息，享乐主义、拜金主义和消费主义在农村开始蔓延并日益泛滥。

随着市场经济的发展以及村庄边界的打开，农民的就业领域被大大拓宽。在传统社会时期和计划经济时期，广大农民的从业方式非常单一，大都被固定在土地上从事农业生产。而随着20世纪80年代乡镇企业的异军突起和国家允许农民在城乡之间自由流动，大多数农民利用农闲时间进城从事加工业、建筑建材业、交通运输业、服务业等工作，开启了农民半耕半工、离土不离乡的新时代。而随着社会流动的不断加剧，越来越多的农民选择外出就业，这些外出就业的农民成为城市里的边缘群体，其意识形态教育无法得到保障，是农村意识形态教育的新盲点，给社会主义核心价值观建设带来新的难题。与此同时，成人的流失导致村庄选举和村庄公共事务无人问津，对于他们来说，挣钱的动力远远大于他们参加村庄公共生活的动力，而留守的老弱病残更不关心村庄政治，村民自治“沦为”村委会自治，这些都阻碍了基层民主政治建设的进程。

随着农业生产方式以及农民就业结构的转变，农民的收入方式越来越多样化，收入差距也不断拉大。有学者指出目前我国农民的收入主要由家庭经营收入、工资性收入、转移性收入（大部分是政策性转移收入）与财产性收入四个部分组成。② 收入差距的扩大以及收入结构的分化导致农村社会内部农民

① 曹锦清. 黄河边的中国[M]. 上海：上海文艺出版，2013：133－134.

② 姜涛. 中国要富，农民必须富——学习习近平总书记关于农民问题的重要论述[J]. 探索，2014(6).

阶层的分化。有学者将当前我国农民分为八个阶层①,而不同的阶层有不同的利益诉求,这就导致不同阶层具有不同的价值取向和价值选择。多元的价值取向和碰撞隐含着对农村和谐秩序的解构力量,给村落共同体凝聚价值共识、培育和践行社会主义核心价值观带来对象性和层次性的难题。

二、农村政治结构转变的影响

任何一个国家、民族、个人的思想观念,除了受其社会生产关系、生产方式的决定和制约外,还受到该国家和民族的社会政治结构、政治制度的影响和制约。正如普列汉诺夫所指出的:“人的心理一部分是由经济基础决定的,一部分是由生长在经济上的全部政治制度所决定的。”②我们这里探讨的农村政治结构的转变主要是指国家政权作用于农村基层社会形式的转变,也可以理解为国家进行基层社会治理方式的转变。中国农村的社会变迁在很大程度上依赖国家政权力量的推动,而国家政权作用于农村社会的方式在传统社会时期、人民公社时期及改革开放时期都不相同,概括起来我国基层社会治理模式大致经历了“县下皆自治”、“全能型政府”和“乡政村治”的三个治理模式。

在传统社会时期,“皇权不下县”,农村基本能够无须国家

① 陆学艺认为当前我国农民可以分为八个阶层:农业劳动者阶层、农民工阶层、雇工阶层、农民知识分子阶层、个体工商户阶层、私营企业主阶层、乡镇企业管理者阶层、农村管理者阶层。参见陆学艺:《中国农村现代化基本问题》[M],第47页,中共中央党校出版社,2004年版。

② 汉普列诺夫哲学著作选集(第三卷)[M].北京:生活·读书·新知三联书店,1962:195.

公权力的介入而实现自治，自治依靠的是乡绅和儒家思想强调的那一套伦理道德规范。有学者将传统社会的基层社会治理方式概括为“皇权不下县，县下皆自治，自治靠伦理，伦理造乡绅”①。这个概括可以说是比较准确的，我们这里就不再泼墨太多介绍，将论述的重点放在新中国成立以后的基层社会治理。新中国成立以后，中国共产党通过土地革命、合作化和人民公社体制将国家政权的触角深入到农村社会的各个角落。这一时期，不管是通过党支部书记还是生产队队长，每个农民都直接感受到了国家的权力。传统以血缘和地缘为纽带的、自发形成的生活共同体逐渐转变为由国家深度干预和控制的政治共同体和经济共同体。这一时期的中央政府俨然是一个“全能型政府”，公社除了统一规定生产什么、生产多少，还运用其强制性的行政力量在农村开展意识形态教育工作，致使爱国主义、集体主义、社会主义观念等价值观深入人心。

改革开放以后，家庭联产承包责任制的实行促使了人民公社体制退出了历史的舞台。伴随着家庭联产责任承包制的推行以及人民公社的解体，我国将基层群众自治制度确立为国家的基本政治制度之一，国家政权逐渐从乡村社会“退出”，在乡镇一级建立基层政权，乡镇行使管理乡村社会事务的权力，但不直接参与乡村社会事务的管理；在乡以下的行政村建立村民委员会这一群众性自治组织，由村民委员会领导广大农民群众进行自我服务、自我教育和自我管理。学界普遍将这一基层社会治理方式称为“乡政村治”。与集体化时期相比，“乡政村治”的治理方式呈现出国家政权“悬浮化”的特点，基层社会在某种

① 秦晖.传统十论——本土社会的制度文化与其变革[M].上海：复旦大学出版社，2003：3.

程度上恢复到“自治”状态，当然这种“自治”不同于传统社会的“自治”。从人民公社时期的“全能型政府”到“乡政村治”的建立是基层社会治理方式的重大转变。实行“乡政村治”以后，国家政权对农村经济和农民生活的干预与控制相较于集体化时期明显减少。政治力量的这种“上移”（由村一级上移到乡镇一级），使得之前被强制性的行政力量“捆绑”在一起的“马铃薯”（农民）松散开，农民自由权利不断扩大的同时，集体主义观念也日益淡化。①

此后，2006 年国家在农村实行了全面取消农业税的税费改革制度。农村的税费改革是观察乡村政治和权力结构变迁的一个重要视角。农村税费改革实际涉及乡村财政和税收体制两个方面，这两个方面既密切相关又有一定区别。财政和税收是公共管理和政治生活的基础，因此，乡村社会财税体制的改革既能集中体现乡村政治改革，又能推动乡村政治和权力结构的变迁。在人民公社时代，农村财税由县政府统一收支、统一管理，公社没有财政自主权。推行家庭联产承包责任制改革以后，20 世纪 80 年代中期我国农村开始撤社建乡，伴随着乡镇政府的建立，乡镇一级的财政也逐渐形成，于是出现了县乡财政的“分灶吃饭、分级管理”的格局。到 1994 年实行分税制以后，县乡财政的“划分税种，核定收支，增收分成，少收自补”的两级财政体制正式形成。② 这一体制实际上就是乡镇财政包干体制。这一体制在不同地区产生了不同的效应和影响。在经济较为发达地区，由于乡镇政府拥有相对独立的财政支配

① 徐勇，徐增阳.论村民自治与加强农村基层组织执政能力[J].当代世界与社会主义，2005(4).

② 参见国务院农村税费改革工作小组办公室.农村税费改革回顾与总结[M].北京：中国财政经济出版社，2006：1—4.

权，而且受多收留存原则的激励，一些乡镇企业异军突起，成为推动乡镇经济增长的主力，这在较大程度上促进了乡村经济与社会的快速发展。与此同时，在一些经济落后的地区，由于财政收入来源有限，乡镇政府为了平衡收支，不得不将财政负担转嫁给农民，增加在农业税费方面的征收力度，除了向农民征收农业税和特产税外，还增加"三提五统"费，也就是农民说的农民人口的"人头费"①。这些乱收费大大地加重了农民的负担，也导致基层干群关系的紧张。一些地方的农民群众认为村干部借口多收费是贪污，就拒交，而基层党组织就采用断水断电等简单粗暴的方式处理，再加20世纪八九十年代一些基层干部抓计划生育、处理房屋拆迁、处理农村土地征收等事件时方式欠妥，群众心理憋着的怨气一起爆发，群众殴打干部的现象时不时上演，干群矛盾日益尖锐化。基层干部的以上行为不仅损害了国家政权的公信力，而且影响了基层社会秩序的和谐，为农村社会主义核心价值观建设带来负面影响。直到现在还有农民认为："上面的（党和国家的）政策都是好的，只是被下面的和尚念歪了经。"②

税费改革以后，随着工业反哺农业时代的来临，国家不再向农村汲取资源，而是通过大量政策性的财政转移支持农村的发展，政府的治理理念也由"管理"向"服务"转变。对农民来说，取消农业税是 个天大的好事，因为他们获得了实实在在的利益，但对于乡镇政府来说，取消农业税后它们进入一个没有财政收入却有公共管理责任的困境。在这在情况下，乡镇政

① 陆益龙．农民中国——后乡土生活与新农村建设研究[M]．北京：中国人民大学出版社，2010：272－278．

② 访谈资料．20180130－YJH．

府对省市县政府的财政转移支付有了更大的依赖性，这也意味着乡镇政府的独立性被大大“削弱”。对于村级组织来说，由于乡镇政府不再需要村级再来收取农业税费，村级组织的行政功能实际已经大大“弱化”。村级组织的主要职能已从公共领域退出，成为各级政府与农民之间的联络员。基层党组织不再担有向村民收取农业税的职责，干群之间紧张的关系在某种程度上得到了缓解，但税费改革导致基层政府和村级组织财权的“空壳化”，带来的直接后果就是基层政府和村级组织没有多余的钱用在乡村文化建设和思想政治教育上，农民由于缺乏及时的教育和引导，对消极腐朽思想和错误价值观念的抵抗能力和识别能力弱等原因，一些笑贫不笑娼、恶性竞争、村霸治村等现象在不同地方上演。另一方面，税费改革以后国家向农村转移大量的资源，都是通过部办委局的“条条”以项目形式向下转移。这就导致乡村基层干部整天忙于向上级政府“争资跑项”，而乡村能否跑到项目很大程度上取决于乡村一级与上级关系的好坏。因此，基层干部的心思都花在如何与上级政府搞好关系，对农村的实际需求和农民的实际意愿并不关心。热衷于争资跑项的基层干部在工作中唯上不唯下，干群关系虽然不紧张了，但却日益疏离。干群关系疏离进而导致村级组织能力越来越弱，村庄事务难以开展，村民表现出极大的政治冷漠，村庄的民主选举也形同虚设，村民自治沦为“村干部自治”。再加上有的地方“混混治村”的干扰，乡村的基本秩序得不到有效维系，乡村的公平正义得不到保障，这些都极大地阻碍农民对社会主义核心价值观的认同，给农村社会主义核心价值观建设带来阻碍。

三、农村文化结构转变的影响

农村的文化结构也可以理解为农村的文化环境、文化土壤。先进、高尚的价值观的形成需要健康向上的文化土壤，而现代农村的文化土壤与传统时期农村的文化土壤相比发生了巨大转变，主要表现在外来文化的入侵导致农村文化的多元化、负面文化在农村有一定的市场以及传统文化的式微这三个方面。农村文化土壤的这些变化都不同程度地阻碍着农民认知、认同、践行社会主义核心价值观。

（一）外来文化的入侵导致农村文化的多元化

随着村庄边界的打开，现代村庄早已不同于传统时期的村庄，而日趋走向开放。在国家政权“退出”（“悬浮化”）乡村以后，农村的宗教活动有了存在和发展的空间，特别是基督教文化在农村地区的发展迅速蔓延。根据相关权威部门统计，我国的基督教徒已从改革开放初的300万猛增至现在的1亿左右，其中的80%都在农村。① 虽然我国宪法规定中国公民享有宗教信仰自由的权利，但西方势力借助其宗教文化的外衣在农村传播其虚伪的自由、平等、博爱等价值观，农民由于分辨能力不足、精神信仰空虚或者有灾有难临时抱佛脚等原因纷纷投奔到耶稣的“怀抱”。笔者访谈过程中听闻甚至有农民将耶稣像挂在自家堂屋里，而忘记了帮助他们“打土豪分田地”的是中国共产党人，犯了严重的历史虚无主义错误。宗教文化在农村的盛

① 吴理财，张良.农民的精神信仰：缺失抑或转化？——对农村基督教文化盛行的反思[J].人文杂志，2010(2).

行在一定程度上混淆了农民的视线，影响农民认同中国共产党倡导的主流价值观。

（二）负面文化在农村有一定的市场

随着农村经济体制的改革和市场经济的发展，农民的生活水平不断得到提高，大部分农民的温饱问题已经基本解决。除了农忙时节，农民有大量闲暇的时间，但农民的大量闲暇时间并没有被用来进行生产或者从事其他有意义的活动，而是被低俗、无聊、无意义甚至不健康的活动充塞。① 例如，有些农村充斥着赌博、地下六合彩、吸毒、算命、看风水、修庙、结阴亲等封建迷信活动，一些地方还存有非法宗教活动等等，这些负面的文化活动严重阻碍农村社会主义核心价值观建设的进程。比如说赌博，赌博一开始只是农民闲暇时的消遣。在农闲期间，村民们聚集到一起打扑克或者打麻将，小打小闹消磨时间，旁边观看的人也一起有说有笑，彼此之间毫不生分。然而，随着桌面的赌资由原来的几毛钱、几块钱上升到几十块钱、上百块甚至上千块，打扑克、打麻将的娱乐性质就不复存在了。正如学者夏国峰在他的博士论文里分析到的那样，一旦(打牌)涉及输赢的问题，人与人之间的关系就变得微妙了，人的行为似乎变得更加谨慎，活动的意义也不再仅仅是消遣。② 观看者也失去了指手画脚的权利，整个屋子不再是原来那种轻松、愉快的氛围，而是一片紧张、凝重的气氛，只有时不时发出输钱的声音。个别农民素质不高，因为输钱而骂人的事情时有发生；农

① 贺雪峰. 乡村建设的重点是文化建设[J]. 广西大学学报，2017(4).

② 夏国锋. 乡村社会公共生活的变迁——基于鲁西南夏村的考察[D]. 华中师范大学，2007(5).

民原本彼此之间和睦的邻里关系因为输赢而变得斤斤计较；因为赌博输钱闹得家庭妻离子散的现象也有，这些无疑都不利于形成培育社会主义核心价值观的良好氛围。

笔者在村庄访谈时就碰到一个喜欢打麻将的程奶奶，她跟我说道："你瞧吧大姐（当地对女孩子的尊称），我给你说，去年我过生日，我大儿子给我买个麻将机，村里几个老嬷嬷（太太）下午没事都喜欢来我家打麻将。几个老玩伴老了没事干一起打麻将就图个乐呵嘛，我们玩得（赌资）小，输赢也无所谓。就这（即使这样）前两天隔壁的老方（方奶奶）在我家输了 4 块钱，她老伴输了 8 块钱，他俩一共输 12 块钱，她就说歇两天，不玩了，你说气人不气人？人老了钱为贵，也可以理解，我输了钱也心疼啊，但该玩继续玩啊，他们来我家打麻将，我好歹得给他们泡个茶喝吧？这大夏天的我还得开空调，又贴水又贴电费的，他们走了我还得收拾，我还心疼我的电费呢，人家那县城麻将馆打麻将的一天还得给人家老板两块钱（牌底费）呢。"①打麻将本来是老年人娱乐的项目，结果因为参与者输钱而导致彼此之间斤斤计较，这无疑不利于邻里之间的和谐相处，不利于文明乡风的形成。

（三）传统文化的式微

我国自古就是一个农业大国，从某种意义来说，传统文化的根就在农村。中华优秀传统文化是社会主义核心价值观的母体和源泉，是村落共同体凝聚价值共识的纽带。但是，进入近代中国，随着"西学东渐"步伐的加快，传统文化就被贴上"愚昧"、"落后"的标签。许多激进的知识分子主张学习西方的民

① 访谈记录.20170825－CZZ.

主与科学,对传统文化持极端的批判态度,传统文化在破"中学"之旧、立"西学"之新中遭受到严重的打击。新中国成立后,传统文化又在"文化大革命"时期受到颠覆性的围剿和冲击。这一时期,政府通过高度集权的管理体制对农村社会实行直接控制,消除了家族组织的权威体系,并直接对一切旧习俗和旧信仰进行扫荡,剥夺了旧习俗文化的精神意涵。"千百年传承而来的个人性、社区性、地方性的村落文化基本上销声匿迹",传统文化逐渐退出乡村文化的主角位置,"取而代之的是政治化、主流意识形态化的文化体系"①。尽管改革开放以后,国家治理方式的转变和政府的工作重心的转移为农村传统文化的复兴提供了一定的条件和空间,但改革开放以前的国家治理行动对传统文化造成的破坏是不可修复的。我们当然不否认传统文化中既有精华又有糟粕,但特定历史时期的全面反传统、否传统也就不可避免地抛弃了其中优秀的文化因素。传统文化的式微导致农村社会主义核心价值观建设失去最原始、最本土的凝聚村民价值共识的纽带和力量。当前,村落传统文化的式微突出表现在孝文化的衰落和仪式文化的异化两个方面。

1. 孝文化的衰落

近代哲学教授谢幼伟先生曾在他的《孝与中国文化》一书中强调:"中国文化在某一意义上,可谓为'孝的文化'。孝在中国文化上作用至大,地位至高;谈中国文化而忽视孝,即非于中国文化真有所知。"②孝道虽然不在社会主义核心价值观基本

---

① 刘晓春.一个人的民间视野[M].武汉:湖北人民出版社,2006:110.

② 载梁漱溟.中国文化要义[M].上海:上海世纪出版集团,2005:23.

内容之列，但却属于社会主义核心价值观外延的范畴。孝道在中国具有深厚的历史根源和浓厚的社会基础，中国人不同于西方人，个人生产的价值不是在宗教上得到升华，而是在家庭中获得最大程度的实现。以孝为核心内容的祖先崇拜对中国人而言具有类似宗教的终极关怀意义。对于中国人而言，家庭即现世生活的载体，祠堂便是“教堂”，正如梁漱溟先生所说的那样，“中国以道德代宗教”，在中国人的家庭里，上一代以“不孝有三，无后为大”为训，下一代则以“光宗耀祖”作为毕生的奋斗目标。① 正因为如此，传宗接代成为国人安身立命和实现终极价值的根深蒂固的观念。除了崇拜祖先和血脉延续（传宗接代）之外，孝道的内涵还包括以下四个方面的内容：第一是养亲与敬亲，即父母含辛茹苦将子女养大，子女长大成人后理应反哺父母，对父母提供衣、食、住、行等方面的保障；敬亲要求子女对待父母不仅要有充分的物质供养，还应当心怀感恩和爱心，尊敬他（她）、爱戴他（她）；第二是顺亲与谏亲，即子女侍奉父母时应当顺其心意，让其心情愉悦，生活丰富、充实，即使父母有过错，也要用委婉的方式进行劝解，不能与父母顶撞，更不能陷父母于不义；第三方面就是孔子说的，对待父母，要“生，事之以礼；死，葬之以礼；祭之以礼”②。即父母去世以后应有悲痛之情，厚礼葬之。葬之、祭之的关键不在铺张浪费，而在虔诚与恭敬。孝道第四方面的含义则是孝以立身，即做子女的应当自身成就一番事业，让父母感到荣光和骄傲。以上四个方面的内容体现了从低到高、层层递进的特点，其中第一个方面的养亲

① 刘芳．社会转型期的孝道与乡村秩序[D]．上海大学，2013(6)．
② 杨伯俊．论语译注．[M]．北京：中华书局，1980．

与敬亲是最低的要求和起点。①

但是,新时期城乡二元经济结构的形成加剧了农业劳动力向非农业劳动力流动,“离乡离土”时代的来临导致农村大部分年轻力壮者外出务工,过着一种与亲人分离的“两栖生活”。他们不仅不能履行孝顺父母的义务,反过来还会加重父母的负担。这是因为,部分留守在家的老人不但要耕种自己的那份责任田,还要耕种子女的那一部分责任田,而且他们还要种植蔬菜或者从事手工业来获取自己日常基本的生活资料。笔者在调研中就遇到一个留守老人,他说:“地不种扔掉可惜,(我)又没到不能动的地步(意思是身体状况还允许他种地)。”②有相关学者的研究显示,在我国有“59.9%的留守老人耕种着外出子女的土地,92.4%的留守妇女家庭仍从事农业生产”③。除此之外,不少留守老人还担有“反养”孙辈的责任,他们要照料孙辈的生活起居、衣食住行学。在“反养”孙辈的过程中,如果孙辈受到伤害或者发生意外,他们难免会受到子辈的谴责和辱骂,从此便生活在自责中,部分老人因受不了内心的自责、煎熬最终选择自行了断。更有老人得了重病,受不了病痛的折磨,又觉得看病花钱、拉了子女的后腿,最终选择自行了断。现如今的农村,部分子女对父母的孝顺仅仅停留在“养亲”这一最低要求的层面,他们每月或者定期给家里老人提供一些赡养费,对老人的衣食住行、情感交流等方面很少关心,更有少数子辈对步入年老体衰、丧失谋生手段的父母不闻不问,让他们在孤

① 王向清,杨真真.我国农村地区孝道状况分析及振兴对策[J].北京大学学报(哲学社会科学),2017(1).

② 访谈资料.20171003－YXP.

③ 叶敬忠.发展的故事——幻象的形成与破灭[M].北京:社会科学文献出版社,2015:59.

独、疾病中度过余生。“在中国文化系统内,孝道被视为一切道德规范的核心和母体,忠君、敬长、尊上等等,都是孝道的延伸。”①但是,农村孝文化的式微体现了传统道德的滑落,不利于形成健康、文明、和谐的文化氛围,阻碍着农村社会主义核心价值观建设的进程。

2. 仪式文化的异化

仪式文化是民俗文化的重要表现形式。我国是一个历史悠久的农业大国,而民俗文化从一开始就根植于广大农民群众中,民俗文化在后来的发展中,其主要阵地亦在农村。民俗的民间性、历史性和继承性决定了它与农民、农村有着天然的联系。民俗总是带有一定的象征意义,正如学者杨敏教授所说的那样:“象征和意义构成了民俗中重要的质素和机制”,而“仪式则是达成象征、意义转换的一种重要方式”。②

仪式有很多种,如升旗仪式、祭祀仪式、开幕仪式等。这里的仪式特指农村的传统仪式,是“由传统习俗发展而来、被人们普遍接受并按某种既定程序所进行的活动与行为”③。它是文化传承的内容,也是社会基本价值观建立与持续的方式。作为一种特定的文化现象,它是乡村生活中主导性价值观和规范的集中体现,同时又不断再生产和再强化主导价值观和规范。仪式总是“以集体活动来表达价值追求,并使之体现为人格陶冶、

---

① 张岱年,方克立. 中国文化概论[M]. 北京:北京师范大学出版社,2004:267.

② 杨敏.“活着的过去”与“未来的过去”——民俗制度变迁与新农村建设的社会学视野[J]. 学习与实践,2007(11).

③ 吴晓群. 古希腊仪式文化研究[M]. 上海:上海社会科学出版社,2000:9.

诚信养育、善恶评判、理想憧憬等多种诉求”①。然而，随着现代性的入侵，农村的传统仪式日渐简化或者式微，仪式的“异化”现象也特别严重，主要表现在婚丧嫁娶仪式、祭祀祖先仪式、小孩上学、过满月酒、老人过寿等仪式活动异化为农民攀比的游戏，甚至成为举办者敛财的工具。下面我们以农村的丧礼仪式和婚礼仪式为例来透视农村仪式的异化及其对农村文化氛围的影响。

我们这里以DY村的葬礼为例。人生走到终点，最后的仪式一定要庄重。DY村的人非常看重丧葬仪式。丧葬的程序非常烦琐，丧家如果哪一个环节不到位，会被认为不孝，遭人辱骂、耻笑。一般认为，“死者为大”，其他的礼节和事情都要让路。丧礼的仪式习惯由道家的阴阳先生主持，一般视丧家经济情况和主人意愿安排。DY村的丧礼要经过送终、报丧、停床、戴孝、进材、烧望乡台、堂祭、打井、出殡、下肂、安灵、送烟火、覆土、烧包袱、上供饭、祭七、新月半、拜新年、满周年、满三年、丘葬整整二十一个环节。由于当前人们经过革命运动和无神论教育，成为彻底的唯物论者，知道人之生死是一种自然现象，并不存在阴阳对话；因此，这种本来阴阳对话的仪式也就没有了禁忌和恐惧。因此，以前一直如此办丧事的特殊程序和仪式本身不重要了，因为那些特殊程序和仪式只是迷信。没有禁忌和恐惧的丧事仪式，就不关心阴阳两界的交流，也就是不相信与神和鬼的世界的交流，但这种一直是办大事的仪式却保留了下来。这个时候，如果村庄村民之间有竞争的话，就自然而然地在办丧事上表现出来，办丧事成为生者与生者之间的竞争。

① 杨敏．“活着的过去”与“未来的过去”——民俗制度变迁与新农村建设的社会学视野[J]．学习与实践，2007(11)．

这种竞争的方式很多，比如办丧事需要放炮，放的炮越多就代表逝者的后人越有钱，就越长脸面；再比如办丧事需要请乐队唱歌，你请乐队唱一天，我就请乐队唱两天唱三天，你请乐队来表演，我就乐队、舞蹈队都请；就连入土棺材的材质和大小都可以竞争一把。本来办丧事是为了缅怀逝者，表达生者的悲伤之情，帮助生者度过情绪危机，教化生者慎终追远、及时行孝、珍爱亲人，结果变成了大操大办、不伦不类的"喜事"，变成了外人无法理解的一曲"闹剧"。

婚礼则是另一件容易大操大办的仪式。过去通过婚礼仪式，人们对新人表达新婚祝福，亲属对新人表达祝贺，新婚夫妇向众人宣誓，新的家庭组成了，这是一个可以对众人负责任的家庭，也是一个可以有稳定预期的家庭。神圣的婚礼仪式教化新人在以后的生活中珍惜彼此、相互关爱和包容，遇到困难互相扶持。而现在传统婚礼仪式所表达的向社会宣誓组成"白头偕老"的对社会负责任的家庭的意义消失了或者正在消失。婚礼举办者盲目扩大邀请和知悉范围，一味追求讲排场、比阔气，迷恋过度消费，铺张浪费，相互攀比，炫富斗富。婚礼变成收取钱财、权钱交易的重要载体，完全失去了传统民俗应有的文化精神，彰显的是享乐主义、拜金主义等低俗精神。① 类似孩子的满月酒、升学酒、老人的寿宴等活动也同样沦为收钱送钱的游戏，甚至有家庭为了敛财，没事找事也要办酒席。笔者在调研中就有一个受访者抱怨："姓代的家里媳妇流产也过个客（办酒席），你有啥办法？"②

---

① 张尚宇．以社会主义核心价值观引领民俗文化繁荣发展[J]．河南理工大学学报，2016(3)．

② 访谈资料．20171210－YYH．

仪式的象征意义与参与者投入仪式活动所获得的主体感受有关。但是，当前农村大部分的仪式活动都丧失了精神价值意义，徒具形式，变成农民进行社会性竞争的手段，仪式的衰落和异化使仪式丧失了本身的精神价值，庸俗而浪费，而且助长了拜金主义、享乐主义的社会风气。拜金主义和享乐主义助长了大家争相奢侈、互相攀比的行为，特别是享乐主义使大家失掉了与他人同甘共苦和自我牺牲的能力，也使个体缺乏刚毅的意志和品质。① 长期这样下去，农村的社会风气就败坏了，农民陷入面子竞争、彩礼竞争、蓄意敛财的恶性循环中。这些无疑不利于形成文明的乡风，不利于培育和践行社会主义核心价值观。

总的来说，外来文化的入侵、负面文化的存在以及传统文化的式微在一定程度上混淆了农民的视线，带来农民荣辱观、是非观、价值观的混乱，导致农村出现道德滑坡等现象，这些都在制约着农民形成现代的、正确的、先进的价值观。事实上，以上列举的中国农村的巨变，可以看作包括经济发展、自上而下的制度安排、现代观念在内的各种现代性因素持续作用于农村，首先改变村庄的基础性结构，并最终改变了村庄中人们的内在行为目标的过程。这种巨变，是人际关系的巨变，是生存意义的巨变，是传统道德的巨变，是生活预期的巨变，是关于生命价值定义的巨变。② 这种巨变给农村社会主义核心价值观建设既带来机遇，又带来挑战。如何抓住机遇、迎接挑战是当前农村的意识形态建设、农村的经济发展、农村的民主政治建

① [美]丹尼尔·贝儿.资本主义文化矛盾[M].赵一凡等译.北京：生活·读书·新知三联书店，1989：131.

② 贺雪峰.新乡土中国[M].北京：北京大学出版社，2013：73.

设、美丽乡村建设等共同面对的问题。

第二节　农村社会主义核心价值观建设的过程分析

农村社会主义核心价值观建设的实质是国家的主导意识形态在农村宣传和普及的一个动态的过程，但在这一过程中，存在不同程度的问题，主要表现在社会主义核心价值观在农村的宣传不到位、农村社会主义核心价值观建设的主体缺位、农村社会主义核心价值观建设的机制不完善、农村社会主义核心价值观建设的内容片面几个方面，这些问题都是阻碍农民群众认知、认同、践行社会主义核心价值观的重要原因。

一、社会主义核心价值观在农村的宣传不到位

调研显示，大众传媒是农民接触、了解社会主义核心价值观的主渠道，而作为农村社会主义核心价值观建设的核心主体——基层党组织和村民委员会，并没有深入地对社会主义核心价值观进行宣传。主要表现在：DY 村的村两委并没有针对社会主义核心价值观建设开展过专门的理论学习，他们顶多在开党员大会时象征性地提一下，顺带式地喊一嗓子，出新闻稿的时候写上类似“全体党员学习社会主义核心价值观”这样十几个字。而且，他们对社会主义核心价值观的宣传大多时候仅仅局限在“圈子内”，也就是只对党员群体和村委会成员宣传，

而没有深入到农民群众中去宣传。此外，他们在宣传社会主义核心价值观的过程中，不同程度地存在着行政化倾向和功利性倾向。说其存在行政化倾向是指村级党组织和村委会把社会主义核心价值观建设仅仅当作上级政府交代下来的一项任务，没有认识到政府这一行为背后的用心与用意。他们在宣传社会主义核心价值观的过程中只是照本宣科地开会议、念文件，传达精神，不注重内容创新和形式创新，不注重用农民群众通俗易懂的话语进行宣传，更不在意农民是否理解、接受与认同社会主义核心价值观，总之就是不走心。事实上，笔者在走访中了解到大部分农村的村两委都不会单独就社会主义核心价值观建设组织理论学习或者开展实践活动，他们将社会主义核心价值观建设当作上级政府交代下来的行政任务，而且是在所有的行政任务中最不重要的一个任务，等有了新的行政任务，社会主义核心价值观建设就自动让位于其他村级事务，成为“前年和大前年的事”了。也有的村两委在宣传社会主义核心价值观的过程中带有功利性倾向，说其带有功利性倾向是指在当前农村工作以扶贫和发展经济为导向的大背景下，有的基层党组织和村民委员会稍微花点心思搞文化活动以获得明显的政绩，便利于职位晋升。有的基层党组织在开展涵养社会主义核心价值观的实践活动时，还掺杂着类似招商引资这种功利性的目的，而不是单纯地为了丰富农民的文化生活，引导农民认知、认同社会主义核心价值观。当然，我们不否认也许这类文化活动给农民带来实实在在的经济利益的同时也给农民带来文化利益。但是，当经济利益的目的明显高于文化利益时，该活动教化村民的作用也就相对弱化很多，到头来就只是热闹一场，没有起到实质作用。

二、农村社会主义核心价值观建设的主体缺位

本书的第二章分析过农村社会主义核心价值观建设的主体可以分为三个层面，即国家层面、社会层面和个人层面，不同层面的主体在社会主义核心价值观建设过程中发挥着不同的作用，社会主义核心价值观建设需要三个层面的主体之间的良性运作和通力配合。但是，就目前情况来看，这三个层面的主体并没有完全发挥应有的作用，农村社会主义核心价值观建设过程中主体缺位的现象十分突出，主要表现在代表着国家层面主体的村两委的作用尚未完全发挥、社会层面的主体发挥作用有限、农民自身的主体性参与不足三个方面。

（一）村两委的主体作用尚未完全发挥

本书前面分析过，乡镇权力在乡村社会的运行所依靠的主要执行力量是村级组织，村级组织虽然不属于正式编制的党政机关，但实际发挥的职能仍属于党政机关的功能。村级组织分为基层党组织和村民委员会两块。乡镇政府作为国家政权组织体系中自上而下的行政压力的最后承担者，往往在实际工作中把这些任务传递给村级党组织和村民委员会。上级党委下达的政策、文件，乡镇政府安排的工作、任务以及国家提供的公共服务等基层工作都由村级党组织和村民村委会来贯彻和执行。从这个意义来看，村两委在农村代表着国家的公权力，在普通老百姓眼里村两委成员就是官。村两委是离农民群众距离最近的组织，是农村社会主义核心价值观建设的组织者、策划者、执行者、示范者。但是，调查发现，DY 村村两委对社会

主义核心价值观建设并不重视，甚至无暇顾及社会主义核心价值观建设。

1. 村两委对社会主义核心价值观建设不够重视

笔者走访几个村干部，发现他们中大多数都认为在农村推动社会主义核心价值观建设很有意义，也很有必要。但是，他们更赞同村庄的经济建设搞好了，乡风自然就文明了。“老百姓都有钱了，就不会有偷鸡摸狗的事发生，也不会计较那些鸡毛蒜皮的小事。越是穷越爱斤斤计较。”①还有村干部反应：“发展农村经济能给老百姓带来实实在在的利益，老百姓都盼望脱贫致富，上面来人检查也注重看这个，而精神文明建设(培育社会主义核心价值观)这种虚事，想实做不好做，而且短期也见不到成效。”②村干部主观上认为党在农村的工作重心是发展经济，就有意无意地放弃了农村的意识形态教育工作，他们赞同经济基础决定上层建筑，但却忽略了上层建筑对经济基础具有巨大的反作用。他们没有意识到正是由于缺乏共同的价值追求导致农村经济建设过程中齐心协力精神的丧失，因而磨洋工、搭便车的现象频频出现，农村经济建设出现涣散、混乱的局面。事实上，社会主义核心价值观对个体的行为具有价值引领功能，农民形成共同的价值观念可以增强村庄的凝聚力，可以促使“原子化”的村民劲往一处使、力往一处出，从而助力村级事务的开展，助力村庄的经济建设。村干部认为在农村搞社会核心价值观建设与发展农村经济相比更费时间而且见效慢，社会主义核心价值观建设就这样从“虚事难以实做”沦为“虚事

① 访谈资料.20171005－YCJ.

② 访谈资料.20171005－YF.

干脆不做"的境地。

2. 村两委无暇顾及社会主义核心价值观建设

笔者在调研中了解到，村两委大部分时间用于完成上级政府安排下来的行政工作，而且还要经常应对上级政府的各种检查、走访和调研，这些工作几乎占据了他们所有的时间，他们没有时间也没有精力顾及社会主义核心价值观建设。一个村干部在访谈时说道："农村工作千头万绪，我们基层干部权小责任大，上面千条线，下面一根针，上面交代下来的所有的行政工作最终都由我们基层党组织和村委会来贯彻执行，有些工作要求必须在规定时间内完成，比如说前段时间搞扶贫工作要求我们在两周之内把所有贫困户的资料都整理出来建档立卡，这个建档立卡工作要求把贫困户的所有信息全部输入国家扶贫开发信息系统里，支部会电脑的人本来就不多，各种表格内容又非常烦琐，要求对贫困户年平均收入的统计精确到小数点后两位，正常人都不会记那么清楚，何况普通老百姓？我们也只能硬着头皮、加班加点熬夜往前赶。说句不中听的话，最忙的时候，一天三顿方便面，'早上酸菜、中午香辣、夜晚红烧'。再比如收缴农村合作医疗、医保费这个事，上面交代下来要求在一定时间内收齐，这两年政策在变，新出了一个大病医疗保险，医保的金额在涨，你得一点点跟老百姓解释是怎么回事，不然他们以为是我们干部贪污故意多收钱。而且村里很多人出去打工不在家，你得一个个跟他们联系吧？遇到觉悟高的你跟他说一次，他就很配合了，遇到觉悟不高的得你得耐心跟他讲解说服他。上了年纪的老农民也不会用手机转账，他们还得赶集时去镇上的信用社取钱，很多不能按时交的我们村干部先垫上，不然这项工作不能按时完成，年终考核拉后腿。上面还经常来人检查和调研,我们最多的时候一周五个工作日要迎检四次,每次都搞得我们这些基层干部精神高度紧张。上面来检查一次可能也就一两小时走马观花看看,我们得准备一周甚至更长的时间。现在脱贫攻坚工作跟基层维稳和发展经济一样,实行一票否决制,在这个关键时期,可不敢出差错。去年过年后的第一个工作日,市委书记就下基层来我们村慰问贫困户,当然这是我们村的荣耀,但作为村干部荣耀有多大压力就有多大。上次隔壁村的村支书去县里办事,上面不知道哪儿突然来一波人去他们村里走访,也没提前打招呼就跑去了,结果村里也没提前准备,听说去的人有满满一班车,结果怠慢了前来调研的领导,村干部懊恼不已。"①

事实上,基层调研形式主义的倾向不同程度地存在。2017年12月,《半月谈》杂志刊登了一篇名为《调研套路化 基层新负担》的文章,该文章披露某个明星村一年有500多批次领导前来调研,这意味着村里一年365天,平均每天至少有一波领导前来调研。该文章还将基层调研的形式主义总结出以下几个特点:一是求教变指导,仿若"钦差大臣"式调研,即原本应是调研掌握情况,却在汇报没听完、尚未实地走访就已经开始做起指示来;二是人到心不到,"蜻蜓点水"式调研,即原本是需要深入了解基层需求的,却行程紧锣密鼓,一上午动辄数个调研点,路上就要花几个小时;三是不愿雪中送炭,只愿锦上添花,"嫌贫爱富"式调研,即原本应前往相对偏远、发展不够充分的地区,却热衷于选择发展势头较好、享受政策充分的明星乡

① 访谈资料.20171005－YCJ.

镇。① 这些形式主义的调研失去了调研应有的作用和意义，徒增基层的负担，一些地方甚至不把主要精力放在村庄的发展上，放在如何搞好对上级领导的接待上。更为重要的是，这些走马观花式的调研还直接或间接地影响调研后的科学决策，存在危害群众的利益的可能性。当前，基层工作任务繁重，又要应对上级领导的各种走访和调研，基层干部无分身之术，无暇顾及社会主义核心价值观建设，社会主义核心价值观成为"忙起来不要"的工作。

（二）社会层面的主体发挥作用有限

社会层面的主体主要包括企业（包括城市企业和乡镇企业）和民间组织两个方面，但调查发现，企业和民间组织在农村社会主义核心价值观建设中发挥的作用有限。其主要表现在：第一，企业发挥的作用有待进一步加强。通常情况下，企业通过其承担的经济责任、社会责任和文化责任来推动社会主义核心价值观建设。但事实上，企业建设社会主义核心价值观多体现在它的经济责任上，即吸纳广大农民群众就业这一方面。受地域条件的限制或者其他原因，企业的社会责任和文化责任很少深入触及农村地区。尽管现在很多地方探索了"企业＋合作社＋农户"、"生产基地＋中央厨房＋餐饮门店"、"生产基地＋加工企业＋商超销售"等模式帮助农民脱贫致富，但这一过程中仍然存在着合作的持续性问题和农户的权益保障问题，企业归根结底还是以盈利为目的，其承担的社会责任和文化责任还

① 基层干部诉苦：一年 365 天，天天有领导来调研[EB/OL]. https://view. inews. qq. com/a/20171205A0AC3Q00? from = timeline&isappinstalled=1,2017－12－05.

需要进一步加强。第二,社会(民间)组织发挥作用有限。社会组织是连接群众与政府的桥梁。由于计划经济体制下国家政权对农村社区的全权控制,导致我国社会组织先天发展不足。改革开放以后,我国社会组织发展缓慢,尽管进入21世纪,社会组织发展迅猛,但社会组织不同程度地存在着规模小、覆盖面小、结构不合理、资金匮乏、运作能力差、专业化程度弱等问题,再加上农村有些民间组织具有半官方性质,在参与社会治理和社区文化建设等过程中仍以政府为主导,民间组织的活力受到限制,民间组织自身存在的这些问题制约着其在农村社会主义核心价值观建设中发挥应有的作用。①

(三)农民主体性参与不足

一个社会的主流价值观不是单单依靠自上而下硬灌输形成的,也不是盲目地自下而上自然而然形成的,而是自上而下和自下而上地反反复复和相互作用的结果。事实上,社会主义核心价值观建设"是外在结构性力量与内在个体行动者的能动反映这一微观机制共同作用的结果"②。但是,就目前的情况来看,由于政府掌握着农村意识形态工作的领导权和主导权,社会主义核心价值观建设在全国范围内,都是通过顶层规划和设计,依靠国家政权的强制性力量,通过中央、省、市、县、乡(镇)党委逐级自上而下"单轨制"地向农村宣传、培育和灌输。这种自上而下地推动社会主义核心价值观建设的方式并没有错,但单向的强调外在力量而忽视个体内在的能动反映及二者

① 郭凤英.社会组织参与社会治理的责任与困境[J].云南行政学院学报,2015(4).

② 颜玉凡,叶南客.我国现阶段农村公共文化服务困境解析[J].文化研究,2015(4).

的互动机制，其功效必然是事倍功半。特别是一些基层政府在社会主义核心价值观建设过程中存在以政府的主导性代替农民的主体性的现象，忽略农民的主动性、创造性和参与性，其结果导致大多数农民群众并不关心社会主义核心价值观这一“外来”概念，他们对社会主义核心价值观的认知停留电视上看到过或广播里听过，他们并不理解国家这一行为的深刻内涵，大多是被动地接受社会主义核心价值观。大多数农民没有意识到自己是社会主义核心价值建设的主体，没有认识到文化价值观建设对农村生产生活的重要意义与作用，认为社会主义核心价值观建设是村党组织和村民委员会的工作和任务，认为这种抽象的理论与他们没有关系。当然，这也跟社会主义核心价值观的文本表述与农民的理解认知能力存在张力有关。从某种意义来说，社会主义核心价值观是一种精英文化，精英文化面向未来，它以未来审视现在，具有超越性和理想性，而广大农民群众掌握的是大众文化，大众文化面向的是现实需求，具有当下性和实用性，“以实用性为准则的基础价值理念，容易将社会主义核心价值观理解为政府的价值准求，用他者的思维将其与自身隔离开来，使得社会主义核心价值观在基层推进过程中经常悬浮于表面，没有深入人心，更没有转化为实际行动”①。社会主义核心价值观作为一种精英文化的外化表达，不可避免地带有一定的抽象性，而广大农民群众由于自身政治素养与文化素养不够的原因，对抽象的核心价值观的理解存在困难。对于农民群众来说，社会主义核心价值观 24 个字是“阳春白雪”式的表述，他们需要的是“下里巴人”式的文本表达。由于理解认

① 孙力杰.宣导与认同——社会主义核心价值观在基层实效性分析[J].陕西社会主义学院学报 2016(4).

知障碍，他们认为社会主义核心价值观离他们的生活很远，他们看不懂、听不懂也不爱看，即使记住其中几个词，也容易造成对核心价值观理解的浅显化、碎片化和庸俗化。事实上，政府在进行意识形态教育时，“其推崇的文化理念、行为规范和道德标准，应该是知识分子认同、老百姓熟知，并能与唤起集体清晰记忆的某种具象相衔接的”①。但是，社会主义核心价值观在农村的宣传和培育并没有完全引起农民群众的价值共鸣，没有唤起农民群众的情感认同，社会主义核心价值观在某种程度上仍然停留在知识分子认为的“应该”这一层面，还没有真正“流入”农民群众心间。

三、农村社会主义核心价值观建设机制不完善

社会主义核心价值观建设的机制是社会主义核心价值观建设系统内部各要素之间相互作用、相互影响的过程或原理，是社会主义核心价值观建设运行规律的具体表现形式，它包括社会主义核心价值观建设的主体责任机制、考核评价机制、奖惩激励机制和制度保障机制几个方面。调查发现，农村社会主义核心价值观建设过程中存在机制不完善这一问题，这是阻碍农民认知、认同、践行社会主义核心价值观的一个重要原因。主要表现在：第一，社会主义核心价值观建设的主体责任机制不明确，各部门没有形成合力。笔者在调研中发现，基层政府的工作人员和村两委人员普遍认为社会主义核心价值观建设

① 陶东风. 寻找核心价值体系与大众文化的契合点[N]. 光明日报，2012－01－21.

等同于村庄文化建设，因此就理所当然地认为社会主义核心价值观建设是县委宣传部、县文广新局、乡镇文化站这些职能部门的职责，其他部门不用管，而且上面要求怎么做，他们就怎么做，他们是被动地建设社会主义核心价值观。我们当然不否认社会主义核心价值观建设是农村文化建设的重要内容，但社会主义核心价值观引领着农村的经济建设、政治建设、生态建设等各个领域，渗透于美丽乡村建设、脱贫攻坚工程、基层群众自治、发展现代农业等与农业、农村、农民生产和生活息息相关的方方面面。各级宣传、教育、文化、组织、人事、纪检监察等党政部门，共青团、妇联、科协等群众团体以及社会各界在社会主义核心价值观建设中都承担着不同的责任，发挥着不同的作用，基层某些领导和村干部"自动"地将社会主义核心价值观建设归类为文化部门的工作，就导致农村社会主义核心价值观建设的合力没有形成，缺乏各部门的合作机制。第二，农村社会主义核心价值观建设的考核评价机制和奖惩机制尚未建立。当前，农村社会主义核心价值观建设在各级党委政府的政绩考核体系中严重缺位，由于缺乏强制性的考核以及完整的培育机制导致基层政府这块工作的效果不明显。本来意识形态教育相较于村庄的经济发展存在投资长、回报慢的问题，基层干部愿意花费更多的时间和心思在发展农村经济上。政府对农村的经济发展和维稳工作有严格的考评机制，对培育和践行社会主义核心价值观这类意识形态教育工作却没有考核机制，也没有奖惩制度，社会主义核心价值观建设成了"说起来重要，忙起来不要"的工作。

四、农村社会主义核心价值观建设的内容片面

农村社会主义核心价值观建设的内容片面主要表现在两个方面:一方面是强调培育农民认知、认同、践行个人层面的内容,相对忽略了对农民进行国家层面和社会层面内容的培育。事实上,社会主义核心价值观作为社会主义意识形态的本质体现,包括国家层面、社会层面和个人层面三个层面的内容,是国家层面的价值追求、社会层面的价值要求、个人层面的价值观准则的有机统一。调研发现,DY村虽然开展了一系列涵养社会主义核心价值观的实践活动,但这些活动的内容多偏向于个人品德、职业道德和家庭美德的形成,偏向于文明乡风、良好民风、和谐家风的形成。例如,该村将道德模范人物评选活动作为社会主义核心价值观建设的主要载体,已经连续三年在村庄开展"最美DY人"的道德人物评选活动,并借助"村晚"向全体村民发出《共建美丽家园,树立文明乡风》的倡议书,将"村晚"转化为培育和践行社会主义核心价值观的重要阵地。这些活动对于引导农民认知、认同、践行个人层面的社会主义核心价值观,对于形成文明乡风、良好家风、淳朴民风无疑都起了推动作用,但农村的思想道德建设不能完全等同于社会主义核心价值观建设,农村的道德建设也不是推动社会主义核心价值观建设的唯一载体,农村的经济建设、基层民主政治建设、美丽乡村建设等都是社会主义核心价值观建设的抓手,社会主义核心价值观的培育可以渗透在与农民生产生活相关的方方面面。这也从侧面反映出村两委自身对社会主义核心价值观建设的认知存在不足。另一方面,强调内容的理论性宣传而忽略农民对

抽象理论的接受性。DY村在开展涵养社会主义核心价值观的实践活动中，虽然经常提到“社会主义核心价值观”这几个字，但并没有对社会主义核心价值观的基本内容进行深入解释，农民对社会主义核心价值观停留在“村干部口头提到过、电视上偶尔看到过、广播里有时听到过”的层面。对于普通老百姓，他们并不理解社会主义核心价值观的深层内涵，他们觉得这种抽象的理论离他们很远，他们更不会刻意花心思去主动了解社会主义核心价值观的深层内涵和内在逻辑。虽然农村社会主义核心价值观建设的理想状态是让农民“日用而不觉”，但农民的“不知”与“不觉”完全是两回事，不能混淆。

通过以上的分析发现，DY村在建设社会主义核心价值观的过程中，村两委在某种程度上是被动地建设社会主义核心价值观，而农民又由于种种原因被动地接受社会主义核心价值观，社会主义核心价值观在农村是“被”建设的状态，而不是真正意义上的发挥人的主观能动性的“建设”，此外，社会主义核心价值观在“被”建设的过程中又存在宣传不到位、机制不健全、建设的内容片面等问题，农村出现农民对社会主义核心价值观的认知率低、深层次认同度低、知行不一的现象也就可以理解了。当然，影响农村社会主义核心建设的原因还有其他因素，本章下节会详细分析。

第三节　农村社会主义核心价值观建设的因素分析

本章的导语分析过，考察农村社会主义核心价值观建设中存在问题的原因，需要从农村社会结构的巨变、农村社会主义核心价值观建设的过程、农村社会主义核心价值观建设的影响因素三个方面来整体把握。而农村社会主义核心价值观建设的影响因素是多方面的，本书将这些因素总结为组织因素、人才因素、公共因素和综合因素，不同的因素在农村社会主义核心价值观建设中存在不同的问题，这些问题都是阻碍农民认知、认同、践行社会主义核心价值观的重要原因。

一、组织因素分析

影响农村社会主义核心价值观建设的组织因素颇多，既有正式组织，也有非正式组织，其中对农村社会主义核心价值观建设影响最多的莫过于村级组织，因为村级组织是离农民群众最近的组织，主要包括村级党组织、村民委员会、村经济合作社、村民小组等。其中，村级党组织的领导能力弱化、村级组织职责交叉严重、村民小组的功能瓦解是阻碍着农民认知、认同、践行社会主义核心价值观的重要原因。

（一）基层党组织的领导能力弱化

在社会主义核心价值观建设的过程中，“基层组织扮演着信息中转站、政策解释者、活动策划者、平台搭建者、任务转化者等角色”①。它是在农村社会主义核心价值观建设的重要的推动主体、执行主体、策划主体，“是党全部工作和战斗力的基

① 刘建军.社区中国：通过社区巩固国家治理之基[J].上海大学学报(社会科学版)，2016(6).

础，是落实党的路线方针政策和各项工作任务的战斗堡垒”①。通常来讲，农民群众对基层党组织的认同度越高，村级事务越容易开展，就越有利于培育和践行社会主义核心价值观；反之，农民群众对基层党组织的认同度越低，村级事务就越难开展，就越不利于社会主义核心价值观建设。需要指出的是，集体化时期，农民群众对基层党组织的认同是建立在经济的依赖以及权力的服从基础之上的，而随着新时期国家政权的“悬浮化”以及农村税费改革制度的实行，基层党组织失去了对农民群众的经济控制，进而弱化了农民群众对基层党组织的依赖，再加上市场化、信息化、现代化的“入侵”，个别基层党员干部的思想从服务集体向为个人谋利转变，基层干部贪污腐败现象频繁出现，部分基层干部没有起到良好的带头示范作用，农民群众失去了对基层干部的信任，进而瓦解了其对基层党组织的认同。基层党员没有带头践行社会主义核心价值观，也在一定程度上弱化了党在农村的群众基础，破坏政党在基层群众中的良好形象和崇高威望，影响党在基层的执政能力。随着社会流动的加剧，村庄日益“空心化”、村民日益“原子化”，村民普遍不关心政治，村级活动和村级事务难以开展和推进，“村民自治”“沦为”“村干部自治”，农民的民主意识和追求民主的能力依然薄弱。有的村支部长期不发展党员，选拔基层干部是在“矮子中选高个”，基层干部没有号召力、影响力，说话群众不听，做事群众不信，村党组织领导能力弱化严重阻碍了农村社会主义核心价值观建设。

---

① 项继权，李增元. 经社分开、城乡一体与社区融合——温州的社区重建与社会管理创新[J]. 华中师范大学学报(人文社会科学版)，2012(6).

(二)村级组织权责交叉严重

改革开放以来,我国在废除人民公社体制的改革中,要求在原有的生产大队或生产队的基础上组建村民委员会,实行村民自治,并明确提出村民委员会是一个基层群众自治性组织,与乡镇基层政府、村级党组织是指导与被指导的关系。与此同时,在建立村委会的同时要求设立农村经济合作组织,实行“政社分开”、“政经分开”。但是,在实践中,大部分村委会与村级经济合作组织挂着两块牌子,实则一班人马,导致权力和职责交叉、模糊不清,有时还出现遇到事情时互相推诿扯皮的现象。事实上,村委会作为一种自治组织,其基本职责是提供公共服务,运行目的是为了实现村民自治,引导农民进行自我教育、自我管理和自我服务;而村级经济合作组织是一种经济组织,其运行目的是实现村集体经济利益、利润、效率的最大化。村集体经济合作组织是带领广大农民群众实现共同富裕的重要平台,而二者的“重叠”导致二者在职责和功能两方面分别“异化”,损害了村级经济合作组织的独立性和自主权,阻碍村级经济合作组织的发展,进而削弱了农村社会主义核心价值观建设的物质基础。村委会与村党支部同样存在职责交叉、权责不明的问题。村委会“沦为”党支部的派出机构,行政化特别严重,职责交叉、权责不明导致村委会的自治功能形同虚设,基层民主有名无实。

(三)村民小组功能的瓦解

村民小组是真正的熟人社会,是农民生产生活和人情往来的基本单元,正是通过村民小组,村庄生活的每一个人都联系到村庄这个网络上面。村民小组还是生产村庄价值的场所,是凝聚共识的场所。这是因为村民小组是村民互动的场所，而有互动就有协商，协商的核心精神是平等、公正、民主、和谐，农民即使在互动中有争吵，也有产生共同价值的可能。此外，村民小组是连接村民与村两委的平台，村民小组通过上下连接、互动反馈的形式为村民与村两委提供连接平台。村两委通过村民小组将村级事务安排下去，村民通过村民小组参与村庄公共事务，感受到村庄公共事务是与自己的生产生活息息相关的，感受到自己参与村庄公共事务对村庄发展的重要意义，从而提升自己的责任感与使命感，而在这一过程中也深化了村民对民主、法治、和谐、文明、友善等价值观的理解和认同。然而，税费改革以后，很多地方合村并组，取消了村民小组长，村民小组形同虚设。没有了连接村民与村两委的纽带，农户趋于彻底的"原子化"，村庄关联度不断降低，村庄内部资源难以整合，村级活动难以开展，培育和践行社会主义核心价值观失去了最基层的组织保障。

二、人才因素分析

我们这里所指的人才特指农村的实用人才。国务院办公厅对农村实用人才概念的界定是："农村实用人才是指在农村具有一定的知识或技能，为农村经济和科技、教育、卫生、文化等各项社会事业发展提供服务、做出贡献，起到示范或带动作用的农村劳动者。"①农村的实用人才既包括村庄内的人才，也

① 农业部关于统筹开展新型职业农民和农村实用人才认定工作的通知[EB/OL]. http://jiuban.moa.gov.cn/zwllm/rsxx/201506/t20150617_4709164.htm,2015－06－16.

包括常年在外务工的人才。农村实用人才按其工作领域来划分,可以分为生产经营型人才(生产大户、企业经营者、合作社带头人等)、技能带动型人才(种植、养殖、加工、捕捞等技术的专业户、示范户、致富户)、村庄管理型人才(村干部)和社会服务型人才(村庄教师、医生、文化工作者等)。不同的人才在农村社会主义核心价值观建设中担任不同的角色,发挥不同的作用。而如今,我国农村实用人才面临着不同程度的困境,这些困境是制约农村社会主义核心价值观建设不容忽视的因素。

第一,农村实用人才队伍面临数量不足、质量不高、结构不合理、储备不足的困境。首先,农村人才数量严重不足。据不完全统计,全国农村实用人才总量已由2010年的1048.5万人发展到2015年的近1500万人。① 尽管农村实用人才的数量在上升,但与全国近6亿农民这个基数相比,农村实用人才只约占农村总人口的2.5%,实在是凤毛麟角。其次,农村实用人才结构不合理,主要表现在专业结构不合理、年龄不合理、性别不合理几个方面。再次,农村实用人才的质量不高。大多数农村实用人才绝大多数没有受过正规的专业技能培训,都是经过自身不断探索、不断积累经验,而自然成长起来的"土专家";高中及大专以上学历的农村实用人才更是凤毛麟角;部分实用人才小农意识严重,不愿把自己的"绝活"外传,在参加"结对帮扶致富"等活动中不积极、不主动,在带领群众共同致富方面积极性不高,没有有效发挥示范作用。最后,有专长和才干的人才大都不愿意留在农村,普遍想外出打工挣钱,而留在农村从事农业生产的基本上是妇女及老弱病残者,导致农村实用人才

① 农业部党组.培养壮大农村实用人才队伍[N].光明日报,2016—05—07.

后备力量严重不足。

第二,农村人才困境的原因。一方面,农村人口不断外流是农村人才匮乏的一个重要原因。有调查显示,近年来,农民进城务工的数量持续增加。有数据显示,我国"2016年农民工总量达到28171万人,比上年增加424万人,增长1.5%,增速比上年加快0.2个百分点。从年龄结构看,21岁至50岁的农民工占比达到77.6%"①。农民外出务工比率不断增加,其中有一大批年轻力壮、有一定知识和技能的农村人才不断外流,农民的外流加剧了农村人才的短缺,也造成农村人才后备不足的后果。另一方面,政府对农民的培训领域覆盖面不全。目前,政府对农民的培训多集中在农业技术培训,包括粮食、经济作物的种植技术,畜禽、水产的养殖技术,病虫害防治以及田间管理技术、大棚管理技术、土壤测定技术、灌溉技术、应对天灾、植保技术、苗木修剪、播种技术、化肥农药使用方法、农机使用技术等多方面,而没有形成对农村基层党员、农村文化工作者定期的、系统的培训。此外,基层管理者和村庄社会服务人才的待遇低也是导致农村这类人才匮乏的一个重要原因。尽管国家通过大学生村官、"三支一扶"、特岗教师等制度不断往农村输入人才,但年轻人由于农村基层工作的条件有限、待遇差、前景渺茫等原因,都不愿意留在农村。他们中有的通过考试或者选拔的方式离开基层,有的通过其他途径另寻门路,基层的管理型人才和社会服务型人才严重匮乏。

第三,农村人才困境对社会主义核心价值观建设的影响。

① 国家统计局官网:2016年农民工监测调查报告[EB/OL]. http://www.stats.gov.cn/tjsj/zxfb/201704/t20170428_1489334.html,2017-04-28.

人才匮乏导致农村社会主义核心价值观建设的带头者和示范者缺失。例如，村庄治理人才的缺失导致村级组织工作能力下降，尽管近年来国家在实施精准扶贫攻坚战中，各地党委开始实行由党政机关选派第一书记到贫困村或者软弱涣散村抓扶贫、抓村庄经济发展、抓基层党组织建设等各方面的工作，但第一书记很难完全丢掉原来工作单位的工作任务，并在短时间内也难以真正扎根下来，而且有的乡镇还给他们委派一些乡镇政府的行政事务，因此，选派第一书记加强农村干部队伍建设的作用也十分有限。① 村庄治理人才缺失导致基层组织的战斗堡垒作用弱化，进而影响社会主义核心价值观在农村的有力推动。农村生产经营型人才的缺乏导致村庄缺乏带领大家共同致富的人；技术人才匮乏使得政府的公共文化服务不能及时有效地发挥作用，如农村普遍存在村务工作人员不擅长电脑办公的现象；村庄社会服务性人才的缺失导致农民之间的纠纷不能及时调解，村庄存在不和谐的风险；农村文化人才匮乏导致传统文化的演绎和继承面临断层困境，而民间优秀传统文化是社会主义核心价值观的源泉和母体，民间文化活动更是社会主义核心价值观建设的重要载体。总之，农村人才的匮乏导致社会主义核心价值观建设的主体不断缺位。

三、公共因素分析

公共因素分析主要侧重于分析政府这一外源性力量在农村提供的公共服务对社会主义核心价值观建设的影响。政府

---

① 任中平.村民自治遭遇的现实困境及化解路径[J].河南社会科学,2017(3).

提供的公共服务涉及教育、医疗、卫生、养老、文化等方方面面，其中公共文化服务与社会主义核心价值观建设联系最密切。政府提供的公共文化服务主要包括农村的文化基础设施建设和实施的文化惠民工程，其中文化惠民工程包括广播电视村村通、文化资源信息共享、农村电影放映工程、农家书屋和体育健身工程等（详情见表15）。公共文化服务对农村社会主义核心价值观建设具有推动作用：一方面，政府通过公共文化服务加强基层文化设施建设，如农村的图书室、健身器材、文化广场等硬件设施，这些都为在农村开展涵养社会主义核心价值观的实践活动提供阵地。另一方面，政府为农村文化建设提供的财政支持也是农村社会主义核心价值观建设的重要资金保障，政府出台的农村公共文化服务的相关制度为农村社会主义核心价值观建设提供制度保障等等。政府的公共文化服务具有强烈的意识形态倾向，《中华人民共和国国民经济和社会发展第十三个五年规划纲要》明确提出："政府公共文化服务要以社会主义核心价值观为引领。"①公共文化服务以服务人民群众为理念，以促进社会公平、正义、民主等价值为运行基础，这些理念与社会主义核心价值观的基本内容在很大程度上是相契合的。总之，公共文化服务为农村社会主义核心价值观建设提供很好的平台和阵地，但政府在为农村提供公共文化服务的过程中存在一些问题，这些问题严重影响了其对农村社会主义核心价值观建设的推动作用的发挥，主要表现在以下几个方面。

---

①《中华人民共和国国民经济和社会发展第十三个五年规划纲要》[EB/OL]. http://www.sh.xinhuanet.com/2016－03/18/c_135200400_2.htm，2016－3－18.

（一）公共文化设施建设供需矛盾突出，存在“一刀切”现象

政府提供的公共文化服务与农民的文化需求相错位，主要表现在农村的公共文化设施利用率低。农村的公共文化设施利用率低主要体现在农村的电影放映、图书室、体育设施和健身器材以及文化信息资源共享工程几个方面。第一，农村的电影放映工程于2007年开始实施，电影放映工程得以顺利实施的同时，存在的问题是农民没有选择权，农村电影放映基本上是演什么看什么，一场电影常常是观众寥寥无几。其中原因在于，目前农村家家户户都有电视，可选择的影视节目也多。另外，在广大农村地区，大部分青壮年劳动力外出务工，居民以老人、妇女和小孩为主，夜晚放映电影存在安全隐患。第二，农村图书室的书籍通过行政方式配送，有时候脱离了农民的需求，农民想看的图书没有，村里文化室只有在外面来人参观时才派上用场。第三，尽管文化信息资源共享工程基本实现乡镇和行政村全覆盖，但其服务内容和质量离目标仍存在较大差距，其中的主要问题是设施利用效率不高。第四，农村体育健身工程的覆盖率较高，很多地方都建有活动广场，用于跳舞、健身等活动。但是，由于体育设施和健身器材设施较为单一，也存在不同程度的闲置。其中的原因在于，对于人口密集、年轻人多的社区以及流动人口多的乡镇，体育设施和健身器材的多样化是必要的，如篮球场、乒乓球台、健身器材等，而对于劳动力大部分外出务工的农村地区来说，提供用处不大的体育设施和健身器材则显得有些多余。此外，农村信息服务点的设施成为摆设是一个普遍的现象。总之，政府的公共文化服务供给是一种自上而下的“标准化”模式，这种“一刀切”的文化设施建设缺乏农

民群众的参与权和表达权，这就造成政府提供的公共文化服务与农民的需求不匹配，服务的效果自然不如人意，在有些地方甚至造成公共资源的浪费。

学者贺雪峰曾指出政府对农村提供的其他公共服务也存在供需错位的问题。他在《新乡土中国》一书中分析到："取消农业税以后，国家越来越多向农村转移支付，但是效果并不好。其中一个原因是转移支付重在物质方面，忽视了通过转移支付来组织农民。具体地说，国家通过转移支付，替农民出钱搞合作医疗、办义务教育、建养老保险、修各种公共设施，等等，都是国家在办，而农民则消极地等待根本没有参与。结果，国家办得越多，农民就越是被动，越是消极，越是与己无关。农民成了'国家帮助农民'的旁观者。不同农村地区差异较大，农民的公共品需求完全不同，离开农民主体性及其需求偏好的有效表达，国家为农民提供的公共品就可能无效。国家向下转移资源应该通过村社组织，经过村民讨论，在转移资源建设公共品的过程中激发农民的参与积极性，形成农民的主体性和提高农民的组织化程度，从而使农民有能力主动回应他们生活中的各种公共性问题。"①农民不仅没有感受到国家提供公共服务的良苦用心，反而成为"国家帮助农民"的旁观者。可见公共服务错位不仅没有激起农民的自强意识、公平意识，反而加强了农民的等、靠、要思想。这背离了政府提供公共服务的初衷，也不利于在农村培育和践行社会主义核心价值观。

（二）公共文化服务的资金投入不够

当前，农村的公共文化服务的投入资金来自不同的政府部

① 贺雪峰. 新乡土中国[M]. 北京：北京大学出版社，2013：231.

门，也有不同层级的政府，一些公共文化项目建设需要基层政府给予一定的配套资金。但是，很多基层政府的配套资金不能及时到位，导致相当一部分乡镇文化站和行政村难以支撑其正常开展文化活动的费用，各地农村也不同程度地存在公共文化服务设施建好后，后续的维修和经营管理费用缺口，后续的必要的人工开支成本也匮乏。① 以光山县为例，2013 年 8 月 16 日，光山县财政局和文广局印发了《光山县关于中央补助地方农村文化建设专项资金管理暂行办法》的通知，该通知对中央补助地方农村文化建设专项资金的支出范围与标准、管理与使用以及专项资金的监督检查做出详细的规定。其中明确提出："专项资金主要用于补助行政村文化设施维护和开展文化体育活动等支出，每个行政村每年的支出标准为 10000 元，包括：全国文化信息资源共享工程村级基层服务点每村每年 2000 元；农家书屋出版物补充及更新每村每年 2000 元；农村电影公益放映活动按照每村每年 12 场，每场平均 200 元的补助标准，每年 2400 元；农村文化活动每村每年 2400 元；农村体育活动每村每年 1200 元。"并且，文件明确指出："专项资金的使用必须严格按照规范执行，不得平衡预算、截留或挪用。"②政府对专项资金的运用规范过死、过细，这样一方面能规避资金滥用，但另一方面又使想开展文化活动而资金不够的村受到限制。

"农村的文化活动经费本来就很少，上级的规定是死的，我们开展一次村级大型文化活动，少的得花 1 万元钱，像样的需要 1.5 万元至 2 万元的经费，而每个村一年的文化经费也就 1

① 周悦，崔炜．社会参与理论下的农村社区建设现状分析与机制构建[J]．前沿，2012(17)．

② 关于印发《光山县关于中央补助地方农村文化建设专项资金管理暂行方法》的通知，该资料由文殊乡文化站站长提供．

万多元。比如 DY 村，因为地势偏丘陵状，村民居住比较分散，村辖区范围大，自然村与行政村距离较远，再加上年轻力壮者都外出打工，集中在一个地方放电影几乎没人看。我们想把放电影的钱用来举办村里一年一度的春节联欢会活动，因为过年孩子们放假，外出打工的也返乡，开展活动群众参与度高。但是，政策上是不允许经费挪用的，这就造成政府提供的公共文化资源的浪费，而我们想开展的活动经费又远远不够。我们这些基层干部有心做实事却也无力改变。"①

除此之外，公共文化服务投入资金不足导致农村文化活动开展的平均次数少。文化活动是农村社会主义核心价值观建设的重要载体。笔者在调研中发现，农民最喜欢的文化活动是广场舞和观看戏曲演出，而对读书和电影放映不感兴趣。农村老人一般喜欢看戏听戏，妇女则将广场舞作为健身和精神愉悦的活动。然而，农民最喜欢的戏曲演出活动平均每年开展的次数是少之又少。这里仍以光山县为例，光山县"舞台艺术送农民"的活动每年一共 42 场，其中省里"送戏"10 场，市里"送戏"15 场，县里"送戏"17 场。光山县一共有 350 个行政村，平均将近 10 个行政村共享一次"送戏"下乡的活动，农民的公共文化活动实在匮乏。基层文化站的工作人员普遍反映公共文化活动开展次数多的村庄，农民的精神风貌好一些，生活热情高一些，而文化活动开展次数少的村庄，农民的精神风貌就相对差一些。对于那些文化资源丰富、文化人才多的村庄，它们平均每年开展的文化活动次数会相对多一些，而那些文化资源匮乏、文化人才紧缺、基层组织又乏力的村庄，只能跟别的村合办文化活动，或者干脆不办。

① 访谈资料.20170110－CP.

（三）农村公共文化服务的评价机制有待完善

上级政府对农村公共文化服务的考核评价多重硬件设施，轻实际效果。例如，考核评价多停留在看村里是不是建有文化广场，是不是设有农家书屋，是不是有健身器材，是不是实现了广播电视“村村通”，是不是每个月都放电影，而不关注农家书屋是否有人去看、图书借阅量怎么样、放电影有没有人看或有多少人看等实际效果和内容（见表15）。这种考核评价体制使政府的公共文化服务流于形式，即使存在供需不匹配的问题也不能及时发现，政府提供的公共文化服务效果不明显，也弱化了公共文化服务对农村社会主义核心价值观建设的推动作用。

表15　政府文化惠民工程实施情况①

文化惠民工程的内容	文化惠民工程的实施情况及进展
1. 广播电视村村通工程	启动于1998年的广播电视村村通工程，是为了解决农村地区听广播、看电视难的问题，2005年第一轮工程结束，2006年该工程继续实施，其目标是到2010年年底，全面实现20户以上通电自然村全部通广播电视。2013年，农村广播节目综合覆盖率达97%，农村电视节目综合覆盖率达97.86%。

① (表格内容参考)魏后凯，潘晨光. 中国农村发展报告[M]. 北京：中国社会科学出版社，2016：280－290.

续表

文化惠民工程的内容	文化惠民工程的实施情况及进展
2. 文化信息资源共享工程	文化信息资共享工程于 2002 年开始实施，其目的是依托各级公共图书馆、文化馆（站）等公共文化设施，通过互联网、广播电视网、无线通信网等新型传播媒体，在全国范围内实现中国优秀传统文化资源的共建共享。截至 2014 年年底，全国文化信息资源工程已建成 3.55 万个乡镇基层服务点、70 万个行政村和社区服务点，基本实现了覆盖所有乡镇和行政村。
3. 电影放映工程	电影放映工程于 2007 年开始实施，其目标是一村一月放映一场公益电影。电影放映工程设有专项财政补贴，标准为每场公益电影不低于 100 元。中西部第五补贴专项资金 100 元由中央和地方财政共同负担，其中西部地区由中央负担 80%，中部地区由中央负担 50%，东部地区由地方财政自行负担。由于补贴资金到位，农村电影放映工程实施较为顺利。
4. 农家书屋工程	农家书屋工程于 2005 年开始试点，2007 年全面推开，其目的是解决广大农民买书难、借书难、看书难的问题。该工程的基本要求是，农家书屋设在行政村（社区），每个农家书屋按照 2 万元的标准建设和配置，配备图书不少于 1500 册，品种不少于 1200 种，报刊不少于 20 种，电子音响制品不少于 100 种（张）。按照《“农家书屋”工程实施意见》，“十一五”期间，全国建成 20 万家农家书屋。到 2015 年，农家书屋基本实现覆盖全国行政村。

续表

文化惠民工程的内容	文化惠民工程的实施情况及进展
5. 体育健身工程	根据2011年国务院印发的《全民健身计划(2011—2015年)》,体育健身工程稳步推进。到2015年,50%以上的街道(乡镇)、乡镇村(社区)建立了便捷、实用的体育健身设施。
6. 送戏进村工程	送戏进村工程是一些地方政府发起的一项文化惠民工程。这个工程具有深厚的群众基础,贴近现实生活,了解农民需求,深受广大农民群众的欢迎,吸引了不少观众。

四、综合因素分析

农村社会主义核心价值观建设除了受村庄的组织因素、人才因素和公共因素的影响和制约外,还受其他因素的影响和制约。笔者在这里将其他因素归结为综合因素,主要包括村庄集体经济的薄弱、农民的传统小农意识的制约、村庄教育资源的凋敝、村民获取信息手段的多样化以及城乡户籍制度的壁垒几个方面。

(一)村庄集体经济的薄弱

村庄集体经济的发展不仅能带动村民集体致富,而且发展集体经济的过程也是有效整合村庄社会资源,促进农民互相合作、民主协商、互帮互助的过程。回顾中国的明星村,如河南省漯河市的南街村、江苏省江阴市的华西村以及新涌现的贵州省安顺市的唐约村等,都是集体经济发展好的村。有了集体经济的发展，农民才能在物质需求满足的基础上追求精神境界的提高。然而，中国大部分农村的集体经济都很薄弱，有的村庄甚至没有集体经济。当然，我国中西部地区的农村与东南沿海地区农村的经济发展差距很大，这不仅与村庄的地理位置有关，也与村庄的“原始积累”有关。相较于东南部沿海地区的村庄，中西部村庄的原始积累不足。沿海地区从纯农业经济向工商经济的转移，虽然表现于改革开放后蓬勃发展的乡镇企业，但其实可以一直追溯到“人民 公社时代”的社队企业，甚至还可以追溯到明清以来的乡村商品经济的持续发展。这种时间的积累以及城市社会关系的积累是一种更为重要的“原始积累”。在内地传统农业县，这种“原始积累”只是刚刚启动，缺乏此类“原始积累”的长期储备，单靠行政力量的推动，或可办起一个企业，但很难使这一企业有效地驶入竞争性的商海。① 经济基础决定上层建筑，村庄集体经济的薄弱成为阻碍农村社会主义核心价值观建设的重要因素。

（二）传统小农意识的影响

“小农意识是小农在以自然经济为基础、家族血缘为本位的环境中形成的并内化于小农头脑中的认知心理、价值观念、思维方式、宗教意识的总和。”②虽然两千多年的传统社会已经一去不复返，但由传统社会发展、积淀而形成的小农意识至今仍然自发地支配着人们日常的生活方式和行为方式。更为要命的是，这种小农意识以一种“集体无意识”，即没有被意识到

① 曹锦清. 黄河边的中国[M]. 上海：上海文艺出版，2013：246.

② 袁银传. 小农意识与中国现代化[M]. 武汉：武汉出版社，2008：37.

的存在，影响着现代人的生活和行为。这种无意识的文化心理结构在农村的社会生活中更是根深蒂固。通常情况下小农意识在农村是通过各种民俗文化、传统习惯、民间宗教迷信等方式表现出来，这些"活着的因素"直到今天仍然在持续地影响和制约着人们的行为。尽管农民的许多传统价值观正在不同程度地改变，比如农民的重男轻女思想、男尊女卑思想、保守思想等都日益转变，但仍然有一些小农意识，比如农民的小富即安观念、农民的宗族观念、人情观念、农民的等靠要思想、封建迷信思想等都不同程度地存在，而这些无疑都不利于农民认同和践行社会主义核心价值观。这里由于篇幅的关系，我们只介绍对农民行为影响最深、也是最普遍存在的宗族观念和人情观念。

1. 宗族观念

宗族是一种以地缘为支撑的血缘关系共同体。传统村落是一个以血缘、亲缘、姻亲为纽带形成的地域共同体，在这个共同体内，每个人的社会关系都以自己为中心，随着血缘、亲缘和姻缘的延伸，逐渐形成一个大的家族，这个家族就是宗族。宗族观念表现为宗族内的个体对宗族强烈的认同感、依附感、和责任感。这种宗族观念在传统儒家思想强调伦理道德的影响下不断得到深化，演变为人们以血缘的亲疏远近作为为人处世的原则。曹锦清在其《黄河边的中国》这一著作中就曾指出："亲疏内外之分，是中国人的一般行为特点，或以河南为甚，因为中原是中国传统文化积淀最深厚的地区。"①一个典型的例子就是农民遇到困难首先向自家屋（同一宗族）的亲戚或朋友

① 曹锦清．黄河边的中国[M]．上海：上海文艺出版，2013：457．

寻求帮助;农民选举村干部时首先考虑的不是这个村干部的能力和人品,而是跟这个村干部有没有关系,遇到困难时能不能找他帮忙。宗族成为农民开展生产协作和获得救助的首要途径和重要途径。但是,这种宗族观念显然与我们今天倡导的平等、公正、民主等主流价值观相背离。我们不否认,传统宗族观念在维护乡村社会秩序、增强村庄凝聚力方面会起一定的促进作用,但宗族观念强调对内互帮互助,对外缺乏信任,说到底它奉行的是一种特殊主义价值取向,这张价值取向不利于实现整个社会的民主、平等的氛围,也不利于社会资源按效率原则来配置和市场化地发展。①

2. 人情观念

农村社会是一个熟人社会,也是一个人情社会。处在乡土社会中的人无不以人情往来作为其为人处世的原则。讲人情就要求人在处理人际互动关系、社会关系时要顾及人情和面子,而铁面无私、秉公执法倒会被认为是不讲人情、六亲不认、不通人情味。这种人情观念严重地阻碍农民形成现代公共意识和法治观念。一方面,人情观念使农民在遇到困难时首先想到的是向与其有人情往来的亲戚朋友求助,这种人情互惠机制阻碍着农户从相似的处境、利益与困难中产生出或者说上升为共同的利益与困难。缺乏这种公共利益与共同意识,当然也不可能产生解决这种共同利益与困难的有效方法和组织,农民也就始终善分不善和,不能形成现代公共意识、合作意识。另一方面,"讲人情"往往容易导致"徇私情",人情观念使人在社会

① 杨菊平.非正式制度与乡村治理研究[M].上海:上海交通大学出版社,2016:50－51.

交往中以关系远近、身份亲疏为处理事情的原则,“不是以理性的、逻辑的、符合制度规范的原则来行事,而是从具体的、情境的和个别性来考虑问题”①。这与现代法治观念是相背离的。当然,人情观念在维护乡村社会秩序、促进邻里和谐方面也有促进作用,但它不利于形成现代法治社会所需要的“公正、平等”等价值观念,它也是现代社会中有法不依、执法不严的一个重大文化根源。② 从这个意义来看,宗族观念也好,人情观念也罢,农民的这种“圈子”意识是阻碍着其形成现代民主、法治、平等、公正价值观的一大根源。

(三)村庄教育资源的凋敝

20 世纪初,为了优化基层教育资源,我国在农村实行乡镇学校撤点并校的教育体制改革。农村的小学、初中撤并或升级以后,村落原有的教育资源不断凋敝。农村儿童不得不到乡镇甚至更远的学校寄宿学习,这些儿童里大部分都是留守儿童。留守儿童的寄宿学习不仅在空间和时间上割裂了他们与父母、家庭的联系,更在空间和时间上割裂了他们与村庄文化、传统习俗的联系,进而割裂了他们对村庄的情感认同。村落珍贵的民俗文化,如皮影戏、狮子舞、戏曲民谣、绝活技艺等,都面临着后继无人的危险境地,而这些民间艺术都是培育和践行社会主义核心价值观的重要载体。另一方面,现代的学校教育多以城市文化为参考标准,学生接受这种教育以后多认为农村文化是落后的、过时的,都想着以后要摆脱“土气”,远离乡土,拥抱五

① 翟学伟.人情、面子与权力的再生产[M].北京:北京大学出版社,2005:164—166.

② 曹锦清.黄河边的中国[M].上海:上海文艺出版,2013:31.

光十色的城市，这进一步弱化了他们对乡土文化的情感认同。此外，撤点并校以后，农村的留守儿童由于上学路途遥远、学校寄宿条件不够、无人照顾等原因而辍学的现象也时有发生。辍学儿童由于心智不成熟，又没能及时得到父母的监护，容易沉迷于游戏，容易染上不良的社会风气，这潜在地威胁着农村社会秩序的和谐与稳定，也阻碍整个国民素质的提高。农村的学校是社会主义核心价值观建设的重要场域，不仅仅是因为社会主义核心价值观已经融入国民教育，教师会教授学生社会主义核心价值观的基本内容，更多的是因为学校是乡村文化和乡村伦理道德传承的重要场所，而农村教育资源的凋敝使农村面临乡村文化后继无人和乡村伦理失去重要培育场所的困境。①

（四）农民获取信息手段的多样化

社会主义核心价值观建设本质上属于农村的意识形态教育。随着市场经济和现代科技的发展，农民获取各种信息的途径逐渐多样化，这使得农村的意识形态教育工作的方式日趋多元化。过去，由于大众传媒在农村的覆盖面非常小，农村干部的口头传达就成了农民获取外界信息的主要渠道，而20世纪90年代，随着广播、电视的逐步普及，大众传媒在农村的覆盖面越来越大。进入21世纪，手机、互联网等新兴传播媒介在农村日益普及，再加上农民社会交往的增多、社会流动的加剧，农民越来越多的是通过大众传媒而不是农村干部获取外界信息。这丰富了农民获得信息的途径，农民可以及时地获取更多的外界信息。但是，也有不利于农村意识形态教育的情况。一方

① 徐畅.伦理危机中乡村学校价值的失守与复归[J].教育观察，2017(6).

面，过去农村的意识形态教育工作者拥有很高的权威，而现在农民获取信息方式的多元化使得村落传统意识形态工作者的权威受到了打击；另一方面，农民通过多渠道获得的信息往往是良莠不齐、泥沙俱下，而农民又缺乏必要的信息过滤能力，容易轻传轻信，给农村意识形态工作造成被动的局面；农民通过多渠道获得的信息往往具有快速性、即时性，而通过基层党组织对农民进行意识形态教育的信息传达往往比较滞后，再加上部分村干部在进行意识形态教育时只停留在念文件、口头宣传层面，而大众传媒的意识形态教育更具有直观性、生动性，这使得农民对于正规的意识形态教育失去了新鲜感，进一步失去了兴趣。①

（五）城乡户籍制度的壁垒

我国现在实行的户籍制度是 1958 年全国人大通过的《中华人民共和国户口登记条例》。该《条例》把我国全部居民分为农业户口和非农业户口，并对这种划分登记入册，一般不能变更，并且 20 世纪六七十年代，国家严格限制农业户籍的人口向城市流动。随着农村经济体制改革的深入发展，农村的剩余劳动力日益增长以及城市工商业发展的需要，国家松动了对农业户籍人口社会流动的限制。广大农民开启了由“离土不离乡”到“离土又离乡”的现代化进程。事实上，我国的户籍制度最初只是作为一种居民身份的划分，便于户籍制度的管理。但是，随着社会的发展，附加在这种制度上的各种资源和利益成为阻碍农民认同社会主义核心价值观的重要因素。因为，国家在城

① 高岳仑，唐明勇．中国共产党农民思想政治教育工作的理论与实践[M]．北京：中国农业出版社，2009：248－249．

市实行的是一套政策，在农村实行的是另一套政策。农民现在即使可以自由向城市流动，前往城市择业、就业，但农民并不享有其就业地市民所享有的教育、医疗、养老、住房制度、社会保险制度、社会福利制度等权利和待遇。特别是农民工的子女在城市上学得交借读费，而且即使交了借读费也依然不能享有与城市市民子女一样的受教育机会。随着现代农民对子女接受教育重视程度的提高，教育不公的观念在农民心中日益加深。此外，还有一些农民工在城市务工不同程度地受到过类似拖欠工资、无故被解雇、被辱骂、被要求无薪加班等不公正的待遇，这些都不断瓦解着他们对社会主义核心价值观的认同。

农村社会主义核心价值观件建设是一个系统性工程，在这个系统性工程里，影响农民认知、认同、践行社会主义核心价值观的因素是多方面的，从宏观层面来看，改革开放以后国家在农村实行的经济体制改革和基层社会治理行动的改变带来的农村社会经济、政治、文化各子系统的结构性巨变是影响农民认知、认同、践行社会主义核心价值观的根本原因；从中观层面来看，农村在社会主义核心价值观建设过程中存在的一些问题，如村两委被动地建设社会主义核心价值观、村民被动地接受社会主义核心价值观、社会主义核心价值观的宣传不到位、社会主义核心价值观建设的机制不完善、社会主义核心价值观建设的内容片面等是制约农民认知、认同、践行社会主义核心价值观的直接原因；从微观层面来看，村庄内的组织因素、人才因素、公共因素以及综合因素等存在的问题是阻碍农民认知、认同、践行社会主义核心价值观的具体原因。只有深刻把握制约农民认知、认同、践行社会主义核心价值观的原因，才能针对原因有的放矢地提出推动农村社会主义核心价值观建设的对策。

第六章　关于农村社会主义核心价值观建设的对策思考

社会主义核心价值观建设是一项系统性工程，其在农村的建设更是机遇与挑战并存、困难与希望同在。在农村推进社会主义核心价值观建设不能坐而论道、泛泛而谈，而是要结合各地农村的实际情况，将虚事实做、实事真做，变村干部被动地建设为主动建设，变农民被动地接受为主动服膺。具体可以从夯实农村社会主义核心价值观建设的结构性基础、丰富农村社会主义核心价值观建设的活动形式、完善农村社会主义核心价值观建设的过程性机制、整合农村社会主义核心价值观建设的因素性资源四个方面入手。

第一节　夯实农村社会主义核心价值观建设的基础

农村社会主义核心价值观建设需要以和谐稳定的社会结构为前提，而和谐稳定的社会结构表现在农村的经济、政治、文化等方方面面，这就需要大力发展农村经济、创新基层社会治理体系、营造良好的农村文化环境，为农村社会主义核心价值观建设奠定基础。

一、大力发展农村生产力

“人们为了能够‘创造历史’，必须能够生活。但是为了生活，首先就需要衣、食、住以及其他一些东西。因此，第一个历史活动就是生产满足这些需要的资料，即生产物质生活本身。”①物质交往的最初形式就是生产力的发展，如果没有生产力的发展，“那就只会有贫困、极端贫困的普遍化；而在极端贫困的情况下，必须重新开始争取必需品的斗争，全部陈腐污浊的东西又要死灰复燃”②。如果没有生产力的发展，人类就会处于愚昧、落后、无知的状态，人类的文明发展就会受到限制。……“只有随着生产力的这种普遍发展，人们的普遍交往才能建立起来。”③而只有在这种“普遍交往”的形式下人们的社会关系才得以丰富，人类社会才得以文明。以上马克思经典作家的论述说明人们只有在满足了自己的吃穿住行等基本物质生活需求之后，才会有更高层次精神层面的需求，中国的古话“衣食足而知荣辱，仓廪实而知礼节”说的也是这个道理。因此，要大力发展农村的生产力，不断提高农民的物质生活水平，为农村社会主义核心价值观建设奠定物质基础。发展农村的生产力，可以从壮大农村集体经济，建立现代农业体系，推动农村

① 马克思恩格斯选集(第一卷)[M].北京:人民出版社,2009:158.

②③　马克思恩格斯选集(第一卷)[M].北京:人民出版社,2009:166.

一、二、三产业协调发展三个方面入手。

（一）大力发展农村集体经济

集体经济是公有制经济的重要组成部分，体现着社会主义共同富裕的价值原则和价值目标。因为人的价值取向都受其自身利益支配，因此，形成价值共识的基础和前提就是不断扩大和增进村落共同体的共同利益。发展农村的集体经济，一方面有利于提高农民的合作能力、协商能力，而协商的核心精神就是民主、平等、公正、和谐，这无形中促进了农民对社会主义核心价值观的认知、认同与践行。另一方面，发展集体经济还能有效整合村庄的社会资源，提高村庄内部的凝聚力，缓解农民的就业压力，带领农民实现共同富裕。集体经济强的农村才会有更多的精力和金钱加强村庄的文化建设，集体经济弱的农村农民的原子化现象更加严重，农户各自寻找增收途径，缺乏交往和沟通，缺乏凝聚力，难以形成价值共识。因此，要大力发展农村的集体经济，积极发展包含有集体所有制经济成分的新型生产经营实体，如农民专业合作社、农民股份制公司、现代家庭农场等新型经济组织形式。发展集体经济要坚持以市场为导向，发挥市场在资源配置中的决定性作用，同时更好地发挥政府在政策引导、资金支持、规划引领等方面的作用。各地还要注重积极探索、创新集体经济发展的不同形式，探索不同经营主体的组织形式和商业运营模式，坚持结合本地实际，因村因势施策发展，宜农则农、宜商则商、宜工则工，推动一、二、三产业协同发展。①

① 梁昊. 中国农村集体经济发展：问题及对策[J]. 财政研究，2016(3).

（二）推进农业规模化经营，发展现代农业经营体系

传统农业以手工业经营为主要方式，现代农业以机械、规模经营为主要方式。改革开放初期家庭联产承包责任制的实行，改变了人民公社体制下农村"三级所有"、"队为基础"的经济关系，农户变成了独立的生产经营单位，实现了自主经营、自负盈亏。家庭联产承包责任制的实行让我国农民在短短的几年内就解决了温饱问题，农民的生产积极性和生活水平前所未有地提高。但是，随着改革开放的深入和社会主义市场经济的发展，农业的分散、小规模经营已经难于抵抗市场经济风险的强大冲击，这就需要发展现代农业经营体系，努力实现农业的规模化、专业化和市场化。农业的规模化经营能提高农业的质量、产量和边际效益，特别是现在进城务工农民越来越多，农村不同程度地出现土地抛荒现象，土地资源严重浪费，因而土地流转、规模经营是发展现代农业不可扭转的趋势。土地规模经营需要进一步规范和完善土地的承包权经营权流转制度，而党的十九大提出的"保持土地承包关系稳定长期不变，第二轮土地承包到期后再延长三十年"①的政策为农村的土地规模经营、农业的现代化发展提供了制度保证。需要注意的是，土地的规模经营要坚持"依法、自愿、有偿"的原则，严防非法和强迫流转，严防农用土地非农化使用，切实保护农民群众的经济利益。各地可以根据自己的资源禀赋和政府的政策，选择适合自身的土地经营方式，不断"加快构建以农户家庭经营为基础、合

① 习近平．决胜全面建成小康社会夺取新时代中国特色社会主义伟大胜利——在中国共产党第十九次全国代表大会上的报告[M]．北京：人民出版社，2017：32．

作与联合为纽带、社会化服务为支撑的立体式复合型现代农业经营体系”①。

（三）发展农村的第二、第三产业，促进农村一、二、三产业的协同发展

发展农村的经济不能只靠农业的发展，还要推动农村的第二、三产业，促进农村一、二、三产业的协同发展。农村的第二、第三产业如乡村旅游产业、农家乐、有机农场采摘等既能帮助农民增收，又能体现地域特色，促进当地传统文化的现代化转化。此外，还要鼓励农民自己在家门口创业，农民外出打工从事的多是工作环境差、工资低、劳动强度高、技术含量低的工作，而在家门口创业不仅可以以创业带动就业，带领乡亲们共同致富，而且也可以解决农民外出务工与家人两地分离的处境。当然，农民创业需要政府在资金、技术、政策等方面多多给予支持；政府应该出台相关的政策，鼓励农民自主创业，并给予一定的创业资金支持或者免息贷款，组织有关部门对农民进行市场营销、电子商务、工商管理、先进技术等方面的培训，提高农民把握市场机遇、识别市场风险的能力，为农民自主创业创造环境和条件。

二、创新完善乡村治理体系

本书第五章分析过，农民的价值观不仅受农村经济基础的影响，也受基层社会治理方式的影响。我国的基层社会治理大

① 中共中央宣传部．习近平总书记重要讲话读本［M］．北京：学习日报社，人民出版社，2016：158－159．

致经历了由“皇权不下县”时期的乡绅治理到计划经济时期的“全能型政府”治理，再到改革开放以后的“乡政村治”的治理方式的转变。国家治理行动的每一次转变对农民的价值观念都产生直接的影响。随着我国社会基本矛盾的变化以及新时代乡村建设面临的各种新挑战、新任务，基层社会治理体系和治理能力也需要不断创新和完善。党的十八届三中全会提出全面深化改革的总目标“是完善和发展中国特色社会主义制度，实现国家治理体系和治理能力的现代化”①，这就更加突出创新、完善基层社会治理体系的重要性和必要性。这是因为国家治理体系和治理能力的现代化是以基层社会治理体系和治理能力的现代化为基础和前提的。那么，新时期农村基层社会应该建立一个什么样的治理体制呢？习近平在2017年的农村工作会议报告中明确指出我们要建立健全一个“党委领导、政府负责、社会协同、公众参与、法治保障的现代乡村社会治理体制”②。基层社会治理不是自治与他治的二元对立，而是一个自治与他治的完美融合，是一个自治、法治、德治相结合的乡村治理体系。自治、法治、德治内含着民主、法治和中华民族丰厚的传统美德，这些都与社会主义核心价值观具有内在的一致性。从某种意义来说，社会主义核心价值观即是新时期基层社会治理的价值引领，又是基层社会治理的价值目标。加强和完善基层社会治理体系，就在无形中推动了社会主义核心价值观建设。因此，要注重加强农村基层的基础性工作，加强农村基层党组织建设，深化村民自治实践，为乡村治理体系和治理能

① 中共中央关于全面深化改革若干重大问题的决定[M]．北京：人民出版社，2013：9．

② 习近平在中央农村工作会议上的讲话[EB/OL]．http://cpc.people.com.cn/n1/2017/1230/c64094－29737283.html，2017－12－29．

力现代化奠定基础、提供保障。基层社会治理体系和治理能力现代化的基本目标是确保农村社会充满活力、和谐有序。只有充满活力、和谐有序的农村，才能让农民各自安家乐业，才能让农民在各美其美的基础上实现美人之美、美美与共。

三、营造良好的文化环境

农民认知、认同、践行社会主义核心价值观离不开良好的文化环境，营造良好的村落文化环境可以从以下几个方面着手：首先，村委会和村级党组织要自觉抵制负面文化和落后文化对村庄的侵蚀，禁止赌博和封建迷信活动，积极引导农民开展移风易俗活动，遏制村庄红白喜事大操大办、薄养厚葬、人情攀比行为。各地村委会可通过红白喜事理事会，根据本地实际情况，制定具体的、符合大众需求的红白喜事管理章程和实施意见，改变红白喜事大操大办和铺张浪费的不良风气。其次，要坚决抵制任何反马克思主义的思想，对外来文化有包容心的同时，还要有警惕之心，严防“外来的和尚念歪了经”。最后，做好中华优秀传统文化的传承发展提升工作。中华优秀传统文化是社会主义核心价值观的母体，为农村社会主义核心价值观建设提供丰厚的滋养，要努力实现传统文化的创造性转化和创新性发展（以下简称“双创”）。“双创”的实质就是对传统文化进行“重构”与“新构”，也有学者将前者称为“扬弃式建构”，后者称为“借鉴性互构”。前者是指要分析、斟酌传统文化的内容，去其糟粕、取其精华；后者是指要努力实现优秀传统文化与现实文化相融相通，赋予其不同于过去的新的含义或“外形”。只有努力实现传统文化的“重构”与“新构”，传统文化才能更好地与时俱进，为当代所用，共同服务于以文化人的时代任务，共同为实现中华民族伟大复兴的中国梦提供精神支撑。实现传统文化的“双创”就要努力做好民俗文化的保护和传承工作，要“保护好文物古迹、传统村落、民族村寨、传统建筑、农业遗迹、灌溉工程遗产；支持农村地区优秀戏曲曲艺、少数民族文化、民间文化等传承发展”①。民俗文化与农村、农民有着天然的联系，政府有关部门应定期组织专家学者和专业文化工作者深入农村基层，对民间艺人进行培训，帮助他们掌握文化知识，增加业务技能，对于腰鼓、农民画、画花、捏人、手工刺绣等艺术要给予鼓励和支持，避免民间有特色的传统文化后继无人。民间丰富多彩的传统文化以其潜移默化、寓教于乐的方式引导农民形成健康向上的精神风貌和价值观念，农民也以达观向上、形式多样的民俗文化表达其对美好生活与高尚道德的追求与向往。这就要求村级组织注重唤醒、激活村庄沉睡的文化资源，深入挖掘和阐发本土优秀传统文化的时代价值，积极运用本土文化、乡村伦理等共同体意识唤起农民群众的“我们感”和认同感，不断吸取传统文化中有利于农民认知、认同、践行社会主义核心价值观的养分，为农村社会主义核心价值观建设提供良好的文化氛围。在这方面，陕西省铜川市耀州区孙原村就做得很好，该村是唐代伟大的医药学家、药王孙思邈的故里，具有药王特色的文化是这个村的重要标志。每年农历“二月二”，该村都要举办“药王古文化节”，村民耍社火、唱秦腔。年接待海内外游客达20多万人次，产生了良好的经济效益、社会效益和文化效益，通过这些活动农民的思想道德素质也不断得到提高。

① 中共中央国务院关于实施乡村振兴战略的意见[EB/OL]. http://www.farmer.com.cn/zt2018/1hao/tt/201802/t20180204_1354953.htm, 2018-02-04.

第二节 广泛开展涵养社会主义核心价值观的实践活动

生动的实践活动是推进农村社会主义核心价值观建设的一个重要路径。“离开了生活、离开了实践，再好的核心价值体系也只能是空中楼阁。”①这是因为，一方面，社会主义核心价值观建设遵循着从价值认知到价值认同再到价值实践这样的内在机理，价值认知与价值认同虽然是人们的心理活动，但人们对社会主义核心价值观的认知来自实践，认同同样也来自实践，人们践行社会主义核心价值观并将其外化为一种行为习惯，也只有通过反复的实践才能形成。另一方面，在农村建设社会主义核心价值观如果只停留在理论宣传的层面上，难免会成为停留在墙上的标语或者口号，难以取得理想的效果，而通过开展涵养社会主义核心价值观的实践活动，能将抽象的社会主义核心价值观更加生动化、直观化、具体化、乡土化，这样才能增强农民对核心价值观的感性认知和理性认同。对于务实而又虔诚的中国农民来说，崇高理想的灌输、意识形态说教和重大理论的解释都比不上实践来得重要。② 总之，各种涵养社会主义核心价值观的实践活动是农村社会主义核心价值观建设的重要载体，因此，要在农村广泛开展涵养社会主义核心价

① 刘云山.深入推进社会主义核心价值体系建设，巩固全党全国人民团结奋斗的共同思想基础[J].党建，2008(5).

② 郭于华.仪式与社会变迁[M].北京：社会科学文献出版社，2000：344.

值观的实践活动，具体可以从政府的“三下乡”活动、道德实践活动、民俗文化活动入手。

一、深入开展“三下乡”活动

“三下乡”活动是1996年由中央宣传部、农业部、文化部、国家科委等十部委联合组织的文化下乡、科技下乡和卫生下乡活动，该活动于1997年开始在全国范围内实施。“三下乡”活动是服务基层、服务“三农”的重要惠民活动，在促进农村经济发展、改善农村社会风气等方面发挥了积极作用。其中，“文化下乡”包括图书、报刊下乡，送戏下乡，电影、电视下乡，开展群众性文化活动；“科技下乡”包括科技人员下乡，科技信息下乡，开展科普活动；“卫生下乡”包括医务人员下乡，扶持乡村卫生组织，培训农村卫生人员，参与和推动当地合作医疗事业发展。“三下乡”活动的针对性和实效性正是其生命力所在。广大农民热切盼望“三下乡”，热烈欢迎“三扎根”。因为，文化、科技、卫生是农村之所缺、农民之所盼。农村，尤其是“老少边穷”地区，缺医少药、信息闭塞，高水平的文艺演出也很少见，“三下乡”活动如雪中送炭，使广大农村群众获得了致富的信息和技术，获得了健康知识和医疗服务，获得了精神文化的享受。譬如，文化下乡，为农民送去欢乐；科技下乡，为农民送去富裕；卫生下乡，为农民送去健康。通过“三下乡”和“三扎根”活动，在提高农民致富能力的同时，也潜移默化地提高了农民的思想道德水平和科学精神，提高了农民同封建迷信作斗争的能力。“三下乡”活动对于形成农村社会主义核心价值观建设的阵地、农村社会主义核心价值观建设的内质和农村社会主义核心价值观建设的环境三个方面具有积极的推动作用。“文化下乡”

进一步完善了农村社会主义核心价值观建设的阵地，通过财政拨款、部门捐赠和多方筹集相结合的方式，加大投入力度，许多乡镇建起了文化站和新华书店发行网点，建起了农村示范图书室，许多村建立了农民俱乐部、书画社、戏剧社、文学社、棋社等五好社团，建立了广播室、阅报栏、文化活动室等。有了这些文化阵地，农村的社会主义核心价值观建设也就有了平台。“科技下乡”进一步提高了农村社会主义核心价值观建设的内质，科学知识讲座、展览和科学课堂等形式的活动使广大农民增强了科学意识，为帮助农民确立科学理念，反对封建迷信奠定了坚实的基础。通过卫生下乡，村村建起了卫生室，做到了“小病不出村，大病不出县”。“三下乡”活动还教育农民饭前洗手、有效预防艾滋病，教育女性树立正确的生育观、节育观等，丰富了农民的防病知识，提高了农民的健康知识，净化了农村社会主义核心价值观建设的环境。因此，要继续利用好政府的“三下乡”活动，不断推进农村社会主义核心价值观建设。

二、开展道德实践活动

国无德不兴，人无德不立。要推动农村社会形成向上向善、孝老爱亲的社会氛围，就必须广泛开展道德实践活动。习近平总书记曾指出：社会主义核心价值观是一种德。社会主义核心价值观个人层面的价值遵循与社会公德、家庭美德、职业道德、个人品德具有内在一致性。因此，农村的道德实践活动是推动社会主义核心价值观建设的重要抓手。要广泛开展农村“最美媳妇”、“最美婆婆”、“最美妯娌”、“最美创业之星”等道德模范人物评选活动，开展寻找最美乡村教师、医生、村官、家庭等活动，用身边人、身边事来感知农民群众继承传统美德、弘扬真善美、传播正能量。农村开展道德实践活动，首先要注意了解农民的思想道德情况，了解制约农民思想进步的因素，做到有针对性地开展活动，做到有的放矢、对症下药。其次，农村的道德实践活动要注意提高农民参加的积极性、自发性。道德模范人物评选活动中农民的积极、广泛参与是第一位的，要广泛动员，可以将评选活动与农民的经济利益挂钩，例如，对评上道德模范的人物给予一定的物质奖励。最后，道德模范人物评选活动的程序和过程要规范，做到公开透明、公平公正，做到农民的楷模农民选。整个实践活动可以参考“四议二公开”的程序进行，要实实在在地搞活动，而不是走形式、随大流。福建省顺昌县谟武村自创的“四榜评议会”就是基层群众开展的涵养社会主义核心价值观的生动实践活动，该活动取得很好的效果，值得学习和推广。“四榜评议会”的“四榜”分别是“成才榜”、“功德榜”、“好样榜”和“能人榜”。“成才榜”将村里勤奋好学、考上大学的村民子女记录在上，以营造好学上进的好风气；“功德榜”树的是对村两个文明建设有突出贡献的人员；“好样榜”则是表彰遵纪守法、家庭和睦、尊老爱幼、文明礼貌的村民；“能人榜”记载靠科技勤劳致富的村民典型。为了做到公平、公正、公开，村里成立了“四榜”评议会，由村里德高望重的老年人、老党员、老干部、村两委和村民代表组成，评议出的名单公示到村宣传栏及宣传文化中心中，接受群众监督。活动的评选过程就是村民自我教育、自我完善的过程，营造了一种“以上榜为荣，做时代新人”的道德风尚。

三、开展民俗文化活动

民俗文化是人们在长期生产实践和社会实践中创造的语

言和行为模式，或者说它是民众共同创造和遵守的行为规则，它是民间文化中带有集体性、传承性、模式性的现象，主要以口耳相传、行为示范和心理影响的方式扩布和传承。① 民俗按其类型大致可分为物质民俗、社会民俗、精神民俗和语言民俗四大类。其中，物质民俗主要包括生产民俗、商贸民俗、饮食民俗、服饰民俗、居住民俗、交通民俗、医药保健民俗等；社会民俗主要包括社会组织民俗、社会制度民俗、岁时节日民俗以及民间娱乐习俗等；精神民俗主要包括民间信仰、民间巫术、民间哲学伦理观念以及民间艺术等；语言民俗包括民俗语言与民间文学两大部分。民俗具有教化功能、规范功能、维系功能和调节功能。民俗的教化功能，是指民俗在人类个体的社会化文化过程中所起的教育和模塑作用；民俗的规范功能，是指民俗对社会群体中每个成员的行为方式具有的约束作用；民俗的维系功能，是指民俗统一群体的行为与思想，使社会生活保持稳定，使群体内所有成员保持向心力与凝聚力；民俗的调节功能，是指民俗活动中的娱乐、宣泄、补偿等方式使人类社会生活和心理本能得到调剂的功能。可以说，中国的民俗文化具有天然的“草根性”，这是因为民俗从诞生的一开始就根植于广大民众尤其是农民中，在后来的发展中其主要阵地亦在农村，因此，从某种意义来说，民俗最重要的特质就是农村性和农民性。

农村的民俗文化为社会主义核心价值观建设提供很好的契机和平台，这是因为民俗文化活动是一种农民聚集在一起的社群活动，这种活动使农民能够在相对集中的时间点上聚集在一起，农民在活动中有交流、有互动，有利于农民形成价值共识。村落的民俗文化活动还具有年复一年的周期重复性，这种

① 钟敬文等.民俗学概论[M].上海：上海文艺出版社，2009：4.

周期重复性能使农民对民俗活动传达的价值观念、道德观念印象更加深刻和巩固，能够更深层次、大范围、广辐射地唤起农民群众对共同价值观念的追求，是一种潜移默化、润物细无声的培育方式。农村民俗文化的多样性、风俗习惯的独特性决定了特定地域农村社会主义核心价值观建设方式的独特性，如贵州苗寨千人长桌宴的礼仪仪式、豫南光山县元宵节“送灯”的风俗习惯、华北老镇范庄“二月二”的龙牌盛会等，这些独特的民俗文化决定了农村社会社会主义核心价值观建设没有统一的模式，各地需要根据自身的实际情况、合理地利用各种活动推动社会主义核心价值观建设。

此外，各地农村还可以利用节庆日开展民俗文化活动。事实上，一年中有很多节日，如“五四”、“七一”、“八一”、“十一”等革命节日，“三八”、“五一”、“六一”等国际性节日，以及清明节、中秋节、重阳节等传统节日和重大历史事件、历史人物纪念日等，这些节日都蕴藏着培育社会主义核心价值观的宝贵资源。因此，要充分利用节庆日开展文化活动，增强农民对社会主义核心价值观的认知、认同，引导农民自觉践行社会主义核心价值观。例如，可以利用“五一”劳动节进行爱劳动的教育，向农民演讲“五一”国际劳动节的来历和意义，让农民从中悟出勤劳致富的道理；利用“十一”国庆节进行热爱祖国、热爱社会主义的教育，使农民从中懂得国家富强了，人民才能过上好日子，只有社会主义才能救中国；利用“七一”党的生日进行爱党教育，宣传党的富农、惠农、强农政策，坚定农民跟党走的决心；利用清明节既可以悼念逝去的亲人，缅怀死难烈士，又可以宣传移风易俗、破除迷信、崇尚科学；利用“五四”青年节可以进行革命传统教育，使广大青年热爱家乡、建设家乡、回报家乡，发扬敢想敢干、敢于创新的精神，使青年在自己的节日里更加懂得生命的价值和意义；利用重阳节深化农民及时行孝、孝敬老人的观念等等。通过不断深化民俗文化活动的精神内涵，创新民俗文化活动的方式，发挥民俗活动的文化熏陶和教化作用。

农村的文化活动除了政府通过“送戏”下乡、送“电影”下乡提供的公共文化服务以外，还包括许多自办的或半官方性质的民间文化活动。这种活动的形式多种多样，内容也丰富多彩，贴近百姓的日常生活，符合广大农民群众的文化需要和口味，是广大农民群众喜闻乐见的文化活动。农村自办的文化活动大多具有传统性、民族性和地域性的特征。“作为一种社会性的行动体系，民间文化活动总是以集体过程来表达价值追求，并使之体现为人格陶冶、诚信养育、善恶评判、理想憧憬等多种诉求。”①我国农村文化资源十分丰富，开展民间文化活动要注意因地制宜，充分挖掘、利用本村的文化资源优势，不能一味地模仿别的村庄的文化活动。要鼓励农民挖掘身边的文化资源、身边的好人好事进行文艺创作，并且配备专业人员对农民的文化活动给予专业指导，促使农民群众发挥自己的聪明才智自编、自导、自演文化活动②。当然，自办文化活动需要一定的人力、物力、财力做保障，需要村级组织或民间组织的积极牵头、组织与协作，这也在无形中增加了农民的合作能力和协商意识，而协商的核心精神就是平等、民主、和谐与公正。对于没有能力自办文化活动的村庄，可以整合资源与相邻的村庄一起合办。自办的文化活动既能传承当地的民俗文化，形成地方特色，又能在娱乐群众中增强村庄的凝聚力，在无形中增强农民

① 杨敏.“活着的过去”和“未来的过去”——民俗制度变迁与新农村建设的社会学视野[J].学习与实践，2007(11).

② 徐艳利.当代农民社会主义核心价值观培育研究[D].上海师范大学，2015(5).

对社会主义核心价值观的认知与认同，可谓是一举多得、事半功倍。

以上所有的活动都重在农民的积极主动、自觉自愿地参与，只有农民自觉自愿地参与到涵养社会主义核心价值观的实践活动中，社会主义核心价值观的种子才能在农民心中生根发芽，才能开花结果，这样日积月累，社会主义核心价值观在农村才会像空气一样无处不在、无时不有。

第三节　完善农村社会主义核心价值观建设的机制

夯实了农村社会主义核心价值观建设的基础以后，还需要在农村深入进行社会主义核心价值观的宣传、建立健全社会主义核心价值观建设的长效机制、加强农村社会主义核心价值观建设的制度保障这一系列过程性机制，来增强社会主义核心价值观的吸引力和感召力，引导农民正确理解认知、深层次认同并坚定地践行社会主义核心价值观。

一、深入农村进行社会主义核心价值观的广泛宣传

要继续深入社会主义核心价值观在农村的宣传和普及，宣传要注意以下几点：第一，宣传要注意转变话语体系和贴近农村实际。由于农民的科学文化素质不高，对抽象的理论理解认知存有一定的障碍，这就要求社会主义核心价值观的宣传要注

意运用通俗化、大众化和接地气儿的话语，注重用农民熟悉的、通俗易懂的表达方式来引导农民认知、认同社会主义核心价值观。在农村宣传社会主义核心价值观，还要注意贴近农民的生产生活，注意从农民最关心的现实问题入手，这样才能引起农民的注意力，才能增加社会主义核心价值观的吸引力和感召力。第二，注意宣传方式的多样性，要利用好手机、电视、网络等新媒体对社会主义核心价值观进行宣传。首先，从国家层面来看，政府的主流媒体是推广主流价值观的主渠道。要利用好国家主流媒体把社会主义核心价值观体现到公益广告和影视作品之中，积极营造健康向上的主流舆论，振奋民族精神，凝聚党心民心，在全社会形成有利于社会主义核心价值观建设的舆论强势。国家主流媒体还可以编辑出版农村社会主义核心价值观建设读本、手册等来宣传社会主义核心价值观的时代内涵与时代价值，推动社会主义核心价值观在农村深入人心，引起共鸣。其次，各省市还可以利用"三农"频道宣传和培育社会主义核心价值观。"三农"频道可以效仿央视网开通的"乡村法治剧场"、"健康乡村"、"美丽中国乡村行"、"农业科技苑"等栏目，让农民在熟悉熟知的事物中产生价值认同，形成价值共识。再次，从村庄内部来看，各村党支部可以利用现代传媒如微信群、QQ群向农民群众宣传党的政策，通报村中的大事小事，广泛传播信息、充分征询意见、自觉接受监督，充分赋予群众知情权、决策权、参与权、管理权和监督权，以此来增强农民群众的民主参与意识，凝聚村民的价值共识。最后，在利用大众传媒传播社会主义核心价值观的同时，也要注意加强对网络的监管力度，规避网络文化低俗和逐利等负面效应，为推动社会主义核心价值观建设营造良好、和谐的网络环境，创造有利的条件。第三，继续凝练社会主义核心价值观。社会主义核心价值观是对社会主义核心价值体系的高度概括和凝练总结，它具有一定的抽象性。调查反映出农民普遍认为社会主义核心价值观内容太多、太长，不易牢记。因此，相关学者和政府有关部门要继续探索对社会主义核心价值观基本内容的凝练总结。

二、建立健全农村社会主义核心价值观建设的长效机制

农村的社会主义核心价值观建设需要建立健全长效机制来推动，具体可以从建立健全领导负责制、建立健全各部门合作机制、建立健全考核机制和奖惩机制三个方面入手。

（一）建立健全领导负责制

社会主义核心价值观建设首先作为一种国家行为，其在农村的推动通常是由县级领导部署、镇级主管负责、村级实施落实的，即由县、乡级领导部门统一部署，做到有规划、有部署、有保障，基层党组织来具体贯彻落实。当然基层党组织在贯彻落实过程中要注意发挥主观能动性，不能比着葫芦画瓢，没有创新。然而，农村工作千头万绪，社会主义核心价值观建设作为农村思想文化建设的重要内容，乡镇领导和村级领导由于种种原因在具体工作推动中并不重视，如果不实行领导负责制，就会出现“主抓经济、不管思想”或者“说起来重要，干起来次要，忙起来不要”的局面。因此，要建立农村社会主义核心价值观建设的领导责任制。领导责任制要精确到人，要建立一把手负总责、一把手“两手抓”的领导责任制，使农村基层组织的主要领导切实负起领导农村社会主义核心价值观建设的责任，并带头做好引导农民认知、认同、践行社会主义核心价值观的工作。

由于与农村社会主义核心价值观建设联系最密切的责任主体是乡镇党委和村党支部，所以在乡镇这一层面应该由乡镇党委书记主抓，在村级这一层面应该由村支部书记主抓，并建立相关的领导问责制，与领导负责人的业绩挂钩，这项工作没开展好就要追究相关领导人的责任，以此来推动农村社会主义核心价值观建设。

（二）建立健全各部门合作机制

农村社会主义核心价值观建设不是某个具体领导人或者某个部门单独负责的工作，它还涉及各职能部门的协调与配合，需要各部门的统一与分工、合作与协调一起推动。① 具体来说，县、乡政府的各部门要各司其职，各级宣传、教育、文化、组织、人事、纪检监察等党政部门，共青团、妇联、科协等群众团体，以及社会各界，都应当在党委的统一领导下，各尽其责，相互配合，把社会主义核心价值观建设与业务工作紧密结合起来，纳入目标管理责任制，制定规划，完善措施，扎实推进。宣传部门在社会主义核心价值观建设中负责核心价值观建设的总体规划和协调实施；教育部门要把提高青少年、特别是农村留守儿童的素质放在首位，要强化素质教育，真正为中国的社会主义现代化事业培育人才；文化部门要加快乡村文化建设的步伐，多开展涵养社会主义核心价值观的活动，引导农民树立正确的价值观念，提高农民群众的文化生活层次和质量；组织人事部门在培养、考核、选拔、任用干部的过程中，要始终坚持德才兼备、道德优先为原则，真正把那些政治强、业务精、作风

---

① 霍军亮. 社会转型期农村基层党员思想建设研究[D]. 武汉大学，2013(5).

正的人选拔到领导岗位上来。纪检监察部门要严肃党的纪律，对那些忘记了党的奋斗目标和宗旨、损害人民利益、贪污腐化、道德败坏的党员干部要严惩不贷，绝不能姑息迁就。共青团是党的助手，要协调党组织抓好社会主义核心价值观建设，特别是要加强青少年的思想道德教育，要通过青年突击队、青年文明号和青年志愿者等活动，帮助青少年树立共产主义远大理想，树立正确的世界观、人生观和价值观。妇联在农村社会主义核心价值观建设中起着特殊的作用，要调动广大农村妇女参与社会主义核心价值观建设的积极性，要在维护女性合法权益的同时，宣传好践履社会主义核心价值观的典范，特别是赡养老人、尊敬公婆、文明礼貌、相夫教子、勤俭持家、邻里和睦相处方面的典范；同时，通过妇女禁赌会、妇女帮教小组等形式，充分发挥妇女在社会主义核心价值观建设中的作用。科协等群众团体要在农村社会主义核心价值观建设中通过知识讲座、主题研讨等形式侧重对农民进行科学精神、科学思想、科学方法和科学知识的传播，利用农村道德讲堂宣传科学知识，反对封建迷信。各部门要相互配合，各有侧重，把社会主义核心价值观建设真正落到实处，抓出成效。① 正如《关于培育和践行社会主义核心价值观的意见》所说的那样："党政各部门，工会、共青团、妇联等人民团体，要在党委统一领导下，加强沟通、密切配合，努力实现各部门之间的协调与配合，落实工作责任制，明确任务分工，完善工作措施，形成共同推进社会主义核心价

① 中共中央宣传部宣传教育局.农村道德建设常识[M].北京：中共中央党校出版社，山东人民出版社，2006：90－91.

值观培育和践行的良好局面。”①

（三）建立健全考核机制和奖惩机制

建立农村社会主义核心价值观建设的考核机制，就是要把社会主义核心价值观建设纳入各级党委岗位责任制和政绩的考核范围。建立考核机制也是为了监督和鞭策相关责任人和各部门切实负起责任，真正形成全社会“齐抓共管的工作格局”。县委县政府要把农村社会主义核心价值观建设作为“新时期农村思想政治教育的一件大事来抓，与中心工作同部署、同研究、同考核，做到年初有安排、年中有检查、年终结考评”②。建立考核机制首先要建立科学的考评机制，能否对农村社会主义核心价值观建设做出科学评价，是建立考核机制的重要前提。由于社会主义核心价值观建设是关于做人的思想工作，这种工作本身具有长期性、模糊性、潜在性的特点，从而使其缺乏科学系统的评价标准。本书认为结合农村的实际，社会主义核心价值观建设应该坚持这样的评价标准：是否促进了农村生产力的发展，是否促进了农村社会秩序的和谐与稳定，是否提高了农民的综合素质。在具体考核中，可以对农村开展的关于宣传和培育社会主义核心价值观的实践活动、理论学习活动的视频、图片以及文字记录进行检查，重点考察各村开展活动的丰富性与创新性。乡镇主管部门在年终考核中对各个村的材料进行检查和评比，并上报给县级相关部门进行全县评

---

① 中共中央办公厅.《关于培育和践行社会主义核心价值观的意见》[EB/OL]. http://www.wenming.cn/ll_pd/shzyhxjztx/201312/t20131223_1654835_2.shtml,2013－12－23.

② 张继涛.非赢（营）利组织与新农村文化建设：对英山经验的审视[J].湖北大学学报（哲学社会科学版），2016(1).

比，将评选结果与各村镇主要领导人的政绩直接挂钩，依据评比结果进行相应的奖赏和惩罚。对那些搪塞敷衍、评议结果差的村级领导取消来年一切评优评先资格。

三、加强农村社会主义核心价值观建设的制度保障

推进农村社会主义核心价值观建设，除了必要的宣传教育、实践养成之外，还需要借助制度为社会主义核心价值观建设保驾护航，这是因为制度具有约束、激励、规范人的行为的功能，而价值系统作为一种观念不会自动地实现，而要“依靠制度化、社会化和社会控制一连串的全部机制”①来实现。制度分为正式制度和非正式制度，前者是根据社会管理的需要由高踞社会之上的权威机构设计并正式执行的②，它包括有关经济基础和上层建筑的法律、法规、条例以及各行各业的规章制度等；后者是人类经验演化凝结成的规范、习俗、惯例以及仪式性文化活动等，非正式制度大量地广泛地存在于人们的日常生活的交往关系中。

社会主义核心价值观需要正式制度为其保驾护航，这就需要把社会主义核心价值观体现在党和国家的路线、方针、政策之中，体现在国家的宪法、法律、法规之中，融入各行各业的管理规范之中，分解为更具操作性、针对性的行为规范，使社会主

① [美]帕森斯．现代社会的结构与过程[M]．梁向阳译．北京：光明日报出版社，1988：144．

② [德]柯武刚等．制度经济学——社会秩序与公共政策[M]．韩朝华译．北京：商务印书馆，2000：148．

义核心价值观逐渐内化为人民内心的道德追求。① 党和政府之前出台了免征农业税政策、种粮补贴政策以及九年义务教育免费政策、农民的养老保险政策、大病医疗保险政策等，而这些政策一方面能给农民带来实实在在利益，另一方面能让农民在读政策、懂政策、用政策的过程中明白政策内涵的价值观念，从而增进对社会主义核心价值观的认知与认同。因此，要特别注重将社会主义核心价值观体现在与农民日常生产、生活联系密切的涉农政策、强农政策、惠农政策之中，例如，出台关于保障农民工工资支付的相关规定，出台具体的与发展农村集体经济相关的配套性法律法规，完善种粮直贴、农机购置补贴等政策。需要注意的是，政策的制定是一回事，政策的执行是另外一回事，要注意打通惠农政策的“最后一公里”，将制度执行、贯彻、落实到底。

从非正式制度层面来看，就是要把社会主义核心价值观融入到村规民约之中。村规民约作为村庄内部的公约，是村庄内部非正式制度的重要表现形式，它是一种村民进行自我教育、自我劝诫、自我约束的机制，在本质上是村民集体意志的表达，具有公共性、约束性和权威性。我国最早的村规民约可以追溯到北宋学者吕大钧兄弟制定的《吕氏乡约》以及后来明代王阳明制定的《南赣乡约》。在漫长的历史进程中，村规民约虽然历经发展演变，但它仍然具有价值引导、道德教化与规范行为的功能。在我国，在乡土社会，“宏大的价值体系不能很好地与村民的日常生活相契合，官方主导的价值观念在型塑乡村社会价值方面收效甚微。而村规民约根植于乡土社会，是一种内生于

① 王学俭，李东坡.培育和践行社会主义核心价值观的原则、路径和机制研究[J].中国特色社会主义研究，2014(3).

乡土社会的价值形式。在村落中，村规民约更多呈现为一种自发遵守的道德规范，更贴近于地方社会的实际，因此更能发挥其形塑社会的道德和价值体系的作用”①。可以说，村规民约是农村社会主义核心价值观建设的天然载体，村规民约可以使社会主义核心价值观的基本内容具象化、乡土化，二者具有天然的亲缘性。因此，要不断结合农村的新实践赋予村规民约崭新的时代内涵，发挥村规民约的舆论作用，引导农民形成新的伦理道德和价值体系。②

但是，现代社会的村规民约已经不同于传统时期的村规民约，传统社会是礼治社会，违反族约或家约要受到家族或家庭内部严重的惩罚，而现代社会的村规民约不同于法律，不具有强制性，违反村规民约不会受到法律制裁。而且，现在很多农村村规民约的制定不是由村委会带领广大村民一起制定的，而是仿照上级给的参考模版复制出来的，农民群众对村规民约的内容根本不熟悉，也根本不关注。村规民约的公共性在某种程度上还存在，但其权威性和约束功能逐渐瓦解。从这个角度来看，只有激活村规民约的约束性和权威性才能再现村规民约的价值引导、道德教化与规范行为的功能，否则即使社会主义核心价值观融入村规民约，它也仅仅是停留在墙上的“公约”，发挥不了任何作用。要重建村规民约的公共性、约束性和权威性，就要营造农村的公共空间，激活农村社会的公共舆论作用。

农村的公共空间是指村民常常聚集的地点。以前农村的公共空间大多是村头的槐树下、水井旁、稻场边，但随着现代社

① 赵旭东，朱添谱．乡规民约与新乡土秩序的构建——乡规民约在中国城镇化建设过程中的意义[J]，中国党政干部论坛，2015(7)．

② 于安龙．农民社会主义核心价值观培育的现实困境与路径选择[J]．继续教育研究，2017(1)．

会的发展，农民很少聚集在一起东家长西家短地聊天，大多数农民闲暇时间都在自己家里看电视，偶尔才去个别很要好的亲戚朋友家串门聊天。现代社会里，农民的聚集地点从公共空间转变为私人空间，农民的个性和主体性也局限在私人领域，农户越来越趋于原子化，这种私人生活的兴起使农村原来的公共空间日益消失，公共舆论也日益消解，这些都大大削弱了传统道德和村庄舆论对村民行为的规范和约束作用。事实上，公共空间为村民提供了一个互相交流、增进了解、交换信息的场所，农民茶余饭后在公共空间中彼此问候、相互关心，无形中增进了彼此的情感，村庄也呈现出文明、和谐、友善的社会氛围。最重要的是，农民在公共空间里的互动可以产生社会资本、产生共同的价值观念；在公共空间里，即使有农民发生争吵，“但争吵之后也可能产生公共意识和形成村庄公共规则”①。再加上，农村社会，特别是中西部内陆地区的农村，在某种程度上仍然是熟人社会，熟人社会中人们的行为遵循的是面子逻辑，所谓面子逻辑是指农民在人际交往中在意熟人对他的客观印象和舆论评价，农民会自觉不自觉地依这种舆论评价去行事。只要村庄舆论还发挥着作用，村民就仍会在意别人的看法，这时作为体现村庄集体意识的公约（村规民约）才能再现其权威性和约束性。因此，要利用好政府提供的公共文化服务，将惠民工程中的文化大院、文化舞台、道德讲堂、村支部办公室等转化为新时代农村的公共空间，引导农民在公共空间里积极参与村庄的公共事务，充分体现民主，提高村民的凝聚力、向心力和归属感，再现村庄公共舆论的规范作用，激活村规民约的价值引

① 吴理财.公共性的消解与重建[M].北京：知识产权出版社，2014：92.

导、道德教化与规范行为的作用。

第四节 整合农村社会主义核心价值观建设的资源

农村社会主义核心价值观建设是一项复杂的系统性工程，作为一个系统性工程，它是由系统结构和相关的因素相互作用构成的动态过程。因此，在夯实农村社会主义核心价值观建设的结构性基础的同时，还需要整合农村社会主义核心价值观建设的因素性资源，最大化地发挥这些因素的作用和力量。如果这些因素不发挥作用，这一系统工程就不能正常运转。整合农村社会主义核心价值观建设的因素性资源，可以从加强基层组织建设、加强农村人才队伍建设、完善农村公共文化服务体系、优化农村的教育资源、重视农村的“家风”教育、深化户籍制度的改革几个方面入手。

一、加强基层组织建设

（一）加强基层党组织建设

基层党组织是农村社会主义核心价值观建设的重要责任主体、执行主体和推动主体。基层党组织建设状况直接关系到农村的精神文明建设和物质文明建设。我们前面分析过一些农村的基层党组织存在着不同程度的问题，如党组织软弱涣散、党员丧失带头示范作用、党员结构不合理、干群关系紧张或疏离、党支部的战斗堡垒作用弱化等困境。要解决这些问题，首先，需要建设好支部班子，选好村党支部书记。要通过民主选举选出一个能带领大家致富、愿意为村集体无私奉献并且有村务管理能力和经验的人当支部书记。对于“问题村”，如“两委”选举难产的村、派性纠纷严重的村、集体上访频发的村、经济发展缓慢的村，可以由上级政府指派有能力、有品行、有基层管理经验的人担任该村党支部书记或者担任驻村干部，主持村里的工作，而派出的人员最好不是本村村民，避免驻村干部包庇亲属、以权谋私。其次，提高基层党员的思想政治素养和党性修养。基层党员是农村社会主义核心价值观的宣传者、引导者和实践者，其一言一行影响着农民对社会主义核心价值观的认同。市场经济入侵以后，农村党员不同程度地受拜金主义、享乐主义、个人主义等思想的影响，在工作中出现官僚主义、服务意识差、把个人利益看得高于集体利益等现象，党员的先进性丧失，与普通群众没有区别。基层党员的先进性直接关系到党在农村的执政能力，关系到农村的经济发展，关系到基层民主政治建设、美丽乡村建设等方方面面。因此，要努力提高基层党员的思想政治素养，提高党员的先进性。提高党员的先进性可以从戴党徽做起；可以定期组织党员参加培训，培训由县、乡镇相关部门开展，培训内容为党和国家的路线方针政策、村两委的职权职责、农村社会经济管理知识和技能等；各个村要定期召开党员大会和民主生活会，开展党员的批评与自我批评，引导党员经常“照镜子、正衣冠、洗洗澡、治治病”。党员的思想政治觉悟和党性提高了才能更好地为群众服务，才能发挥出党员的带头示范作用。再次，通过创新党员管理制度加强基层党组织建设。党员队伍是要鞭策的，只有通过合理有效的制度才能够提高党员队伍的含金量。各地可以建立党员的积分管理制度，每个党员的基础分定为100分，党员做好事了，一个季度一申报，根据党员积分管理手册，根据办好事的程度、含金量，该积多少分积多少分。无故不参加会议、迟到、早退，违规违纪，触犯法律，该扣多少分扣多少分。以此来鞭策党员，提高党员的积极性。在党员后备人才的培养和选拔上，存在年轻人外出务工，不发展党员，党员的年龄结构就普遍偏大；发展党员，年轻人又都在外面，出现开会找不来人的困境。即便如此，也一定要切切实实按照组织的原则，成熟一个发展一个，要站在公平的立场上，站在对村庄建设有益的角度，选择能够为村里干实事的优秀青年。对于外出务工的人员申请入党，要首先搞调查研究，可以优先考虑那些以后还想回村里发展，对家乡这片热土怀有感情的优秀青年的入党请求；还可以让外出务工人员所在的单位出具证明，了解这个人在单位的表现如何。总之要从多方面进行考察，最后再决定是否培养他。只有坚持这个原则，才能够保证党员队伍的素质。最后，基层党员要自觉用社会主义核心价值观武装头脑。基层党员要认真学习、深入领会社会主义核心价值观的精神实质和内涵，只有党员自己领悟了社会主义核心价值观的精神内涵和实质，才能去教育、引导农民群众认知、认同、践行社会主义核心价值观。

（二）激活村民小组的上下联动作用

我国在集体化时期，村支部延伸到自然村一级，生产大队设有党支部，党支部下面设有党小组，党组织与农民群众关系非常近，国家政权才得以渗透到农村的各个角落，党的政策才得以有效贯彻和落实。但是，1998年的《中华人民共和国村民委员会组织法》对村民自治单元进行了重新界定，规定将村委会上移到行政村，自然村不再设立村委会。随后，村级党组织也上移到行政村这一层面。随着21世纪初一些地方实施的“合村并组”,行政村范围进一步扩大,党组织的服务半径跟随扩大。现阶段,一个行政村的人口大约有2000人,村“两委”干部大约在5人左右,农村居民又不同于城市居民,居住分散,基层党组织要进屯入户工作,工作量非常大,加上很多农民外出务工,有的地方村民一年见不到村干部一次,干群关系就这样慢慢疏远。税费改革以后,村干部不再担有向农民收取农业税的职责,忙着向上级政府争资跑项,干群关系进一步疏离,在这一过程中有的党组织能力也随之弱化。我们前面分析过,基层党组织是农村社会主义核心价值观建设的责任主体、推动主体、执行主体,而党组织能力弱化,群众与党组织接触少、沟通少则严重影响农村的意识形态教育工作。因此,如何拉近党组织与群众的关系,如何实现社会主义核心价值观与农民群众“零距离”地接触,笔者认为可以发挥村民小组的“上下联动”作用。村民小组是乡村社会中真正的熟人社会,是农民生产生活和人情往来的基本单元,正是通过村民小组而让在村庄生活的每一个人都联系到村庄这个网络上面。村民小组同时还是生产村庄价值的场所,是凝聚价值共识的场所。社会主义核心价值观建设不仅仅需要国家自上而下地推动,更需要农民自下而上地参与,需要农民的积极性。绕开了农民的主动参与,绕开了农民的积极性,社会主义核心价值观建设就只能停留在空中,不接地气,或者只是停留在村庄的文化墙上,根本没有入老百姓的脑和心。而调动农民积极性最基础的单位就是村民小组,最有力和最有效的方式是召开村民小组会议。村民小组会议是一个观察农民生活及他们公平感的窗口,也是一个观察农民民主政治的窗口,还是一个观察村庄公共价值、公共精神的窗口。基层党组织通过召开村民小组会议将国家的惠农政策、中央的精神传达下去，将村庄的公共事务布置下去，同时也将农民的偏好需求表达上来，形成一个上下联动的机制。村民小组会议也是调动农民参与村庄事务、献计献策的最佳方式。通过召开村民小组会议，提高农民政治参与的积极性，激发农民的主人翁精神和现代民主、协商意识，从而形塑农民的主体性，形成价值共识，为村庄的建设积聚力量。

（三）发展农村的民间组织

我们前面分析过，农村的民间组织是社会主义核心价值观建设的重要参与者，不同类型的农村民间组织对村庄的民主政治建设、经济建设、文化建设、环境保护等发挥不同作用。民间组织对于提高村庄内部凝聚力、丰富农民文化生活、完善村庄治理等方面发挥着不可忽视的作用，但由于我国民间组织起步较晚，农村的民间组织在自身的发展过程中面临着不同的问题，如规模小、实力弱、会员人数少、发展资金匮乏、内部制度不健全、人才匮乏等情况，这些都制约着民间组织的发展。农村的空心化以及农民的原子化导致农民自组织能力非常薄弱，这就需要借助外界的力量发展民间组织，这个力量就是政府。尽管近年来，政府在支持发展民间组织发展方面出台了相关的政策，但对于多数农村的民间组织来说，他们在规模、会员数量、活动资金等方面实力仍然较弱，很难达到政府出台的《社会团体登记管理条例》里的注册要求。这就使得这些达不到标准的民间组织不能很好地享受政府的优惠政策和扶持，不利于它们的发展壮大，不利于它们发挥作用。因此，首先政府应该在资金、技术、人才、项目等方面给予民间组织切实可行的优惠政策。根据农村非政府组织不同类型，可以通过“资金拨付、税费减免、利率优惠、购买服务等方式,解决其资金困难”①。但是,要避免政府有关部门对民间组织内部事务的直接干预,要变指令为指导,变事前事中干预为监督。② 其次,基层党组织和村委会要主动发展、扶持本村的民间组织,如红白喜事理事会、民间志愿者组织、村庄环保组织、民间职业剧团、业余演出队等自发性的群众组织,并在力所能及的范围内提供一定的支持,给予一定的指导。比如,由村委会牵头将留守老人组织起来,组建老年腰鼓队,村委会可以为老年腰鼓队配备专业的服装、腰鼓,并请专家来给予专业的指导;腰鼓队组建成功并不断成熟后,村委会和村支部可以帮老年腰鼓队联系外出演出增收,这样既丰富了农民的文化生活,帮助其强身健体,又帮助他们增收,实现了老年人的自我价值,无形中推动了社会主义核心价值观建设。类似女子舞蹈队这样的文化娱乐组织同样可以这样组建。最后,农村民间组织要不断完善内部的管理机制,要建立健全一系列的管理制度,包括决策制度、财务制度、考核制度和奖惩制度等,在使内部运行机制制度化的同时充分体现民主、公平、自愿的原则,通过内部制度深化农民对社会主义核心价值观的认知、认同和践行。

二、加强农村人才队伍建设

农村的人才类型可以分为生产经营型人才、技能带动型人才、村庄管理型人才和社会服务型人才。不同类型的人才在社

---

① 刘美萍.农村非政府组织:优化村民自治的社会基础[J].江苏师范大学学报(哲学社会科学版),2014(3).

② 张继涛.非赢(营)利组织与新农村文化建设:对英山经验的审视[J].湖北大学学报(哲学社会科学版),2016(1).

会主义核心价值观建设中发挥着不同的作用。但是，由于农村的人才匮乏导致农村社会主义核心价值观建设主体的缺失。因此，要加强农村的人才队伍建设，发挥各行各业的人才在社会主义核心价值观建设中的带动和辐射作用。加强农村的人才队伍建设，可以从以下几个方面入手：第一，加大对农村人才培养的投入。各省、市、县要加大对农村人才培养的经费投入，省政府每年要根据各地市的实际情况，及时、足额地将人才培养经费下拨到相关市、县，各市、县可以根据自身的经济情况再配套一定的专项经费用于农村人才队伍的建设。第二，利用好国家对农村的"反哺"政策，发挥好驻村干部、大学生村官、特岗教师的帮带功能，为农村的人才队伍建设注入新鲜血液。第三，激发农村生产经营型人才（生产大户、企业经营者、合作社带头人等）、技能带动型人才（种植、养殖、加工、捕捞等技术的专业户、示范户、致富户）参与村庄事物的热情和积极性，可以在他们中选拔能带领农民致富的人才作为村干部后备人选。第四，注重发挥农村老教师、老干部、老党员等三老人员的余热，利用他们人熟、地熟、事熟、村情熟的优势，发挥他们解决乡村纠纷、维护乡风文明的作用。第五，对农民进行培训。培训秉着"因需而培、培而有为、为而有效"的原则，将农民培育成有文化、高素质、懂技术、会经营、有能力、有担当的社会主义新型农民，使农村劳动力从体力型向技术型、脑力型转变。第六，注重对农村女性人才的培养。新时期，随着社会流动的不断加剧，女性在新农村建设中的地位日益突显，各地政府要破除传统观念，鼓励女性参加农村人才培训，充分挖掘农村人才的潜力，整体推进农村人才队伍建设。此外，还可以借助市场的力量加强农村人才队伍建设。例如，利用政府＋企业＋农民的模式，吸引社会力量对农民进行培训等等。总之，农村的人才队伍建设要坚持自主培育与人才引进相结合的原则，鼓励社会各界以乡情乡愁为纽带投身乡村建设，吸引支持企业家、专家学者、医生教师、技能人才通过下乡担任志愿者、投资兴业、行医办学等方式不断发展壮大农村人才队伍，扶持培养一批农业职业经理人、经纪人、乡村工匠、文化能人、非遗传承人等。①

三、完善农村公共文化服务体系

政府的公共文化服务是农村社会主义核心价值观建设的重要抓手，也为农村社会主义核心价值观建设提供载体和平台。我们前面分析过，当前政府在农村提供的公共文化服务还存在不同程度的问题，这就需要不断完善政府在农村提供的公共文化服务，使公共文化服务符合农民的需求，满足农民的文化需要。完善农村的公共文化服务，可以从以下几个方面入手。

（一）改进“一刀切”的公共文化政策

改进“一刀切”的公共文化政策，扩大地方自主权，促进农村公共文化服务高效和多样性发展。将公共文化建设决策的中心下移，各地方因地制宜决定本区域公共文化发展路径。在遵循国家基本政策的前提下，允许地方根据其社会经济发展水平、人口分布和规模以及实际需求，制定灵活、高效的公共文化服务办法和措施。上级公共文化建设考核标准可以分为指导

① 中共中央国务院关于实施乡村振兴战略的意见[EB/OL]. http://www.farmer.com.cn/zt2018/1hao/tt/201802/t20180204_1354953.htm, 2018－02－04.

性标准与约束性标准两大类,后者可由省级政府制定。各地根据其社会经济发展水平和人口结构与规模的不同,分别制定符合本地实际的标准。对农家书屋、农村电影放映、电子阅览室配备等可由基层政府根据当地的实际情况,自主决定建设和配置方式。要继续深入推进农村的文化惠民工程,利用好文化广场、图书室、电子资源共享工程这些基础设施助力社会主义核心价值观建设。要尊重农民在公共文化服务建设中的主体地位,畅通农民群众的需求表达渠道,听取农民关于需求的意见和建议,使政府的公共文化服务匹配农民的需求,这样才能最大化实现政府公共文化服务的效益。政府提供的公共服务到位,才能加深农民对公平正义的理解,才能让农民感悟到社会主义核心价值观不是一套空洞的话语、空洞的说教,是真真实实与农民的生产生活联系在一起的。

(二)继续加大农村公共文化建设的投入

一方面,政府要加大对地方公共文化服务的投入,各地方也应确保基层公共文化服务建设投入的增长幅度不低于经常性财政预算收入的增长幅度。农村公共文化建设的投入重点在于保障行政村一级的文化设施建设需要,实现行政村一级的基本公共文化设施达到县市级标准,以使农村居民能够享受到与城镇居民等值化的基本公共文化服务。在人口规模较大的自然村,应按照行政村的标准投资建设公共文化设施。① 另一方面,鼓励社会资本办文化。相关部门应研究合理的免税办法,支持企业参与公共文化事业;应制定切实可行的政策,鼓励

① 魏后凯,潘晨光.中国农村发展报告[M].北京:中国社会科学出版社,2016:291－293.

文化服务企业开展群众需要的文化服务，支持有条件的民间商业机构向社会提供开放性的公共文化服务。总之，在加大政府对地方公共文化服务投入的同时，尽可能地发挥市场作用，利用市场机制解决文化服务的需求。

（三）完善农村公共文化服务的评估机制

对农村公共文化建设的评估要重绩效，而不是重业绩；评估要侧重看重农家书屋图书的借阅量、电影放映观众的人数等隐性的建设后果，而不是侧重于看有没有建农家书屋、有没有定期每月放电影，要注重考察农村文化基础设施的使用率。评估是为了找出不足，找出不足是为了用来完善工作，而不是为了排名进行表彰。此外，要定期开展群众文化需求调查，保障公共文化建设决策的合理性；建立公共文化服务的第三方评估机制和公共文化服务评估标准，促进各类文化服务组织朝专业化方向发展。

四、优化农村的教育资源

学校教育是提高农民文化水平的重要途径，农民的文化水平高了，对抽象理论的理解能力自然也会提高。农村学校的教育质量的提高以农村校舍的基础设施建设和一定的师资力量为前提。从当前来看，我国农村学校的教育质量和教育水平与城市相比有很大的差距，农村学校教育的开展也存在不同程度的问题：一些偏远山区的农村学校校舍破旧；农村学校的义务教育经费困难不同程度地存在；农村学校的师资力量严重不足，教师队伍知识结构老龄化严重；教育的硬件设施非常落后，现代教学设施如多媒体教室、电脑机房等十分匮乏，离国家教委要求的标准相差很远。① 因此，政府要加大对农村教育经费的投入，特别是对老少边疆地区、贫困地区农村学校教育经费的投入；要加强农村的校舍基础设施建设，逐步缩小城乡校际的差距，努力提高农村学校教育资源现代化的程度，逐步实现教育公平。此外，还要注重重点帮助贫困人口子女接受教育，阻断贫困代际传递。教师资源是提高农村教学质量的关键，要继续出台相关政策鼓励城市教师下乡支教，如精神物质奖励、职务职称晋升等；要努力提高乡村教师的薪资待遇和社会地位，定期组织对乡村教师教学技能培训，提高乡村教师的教学技能；政府要出台、创新相关政策，鼓励、吸引优秀的大学毕业生去乡村任教，以人文关怀和现实利益留住优秀大学生。近年来，特岗教师政策就成功地为农村的师资力量不断"输血"，起到不错的成效，值得继续深入地开展。

五、重视农村的"家风"建设

与学校教育相比，社会教育就宽泛很多，社会的教育无时不在、无时不有，而家风教育是社会最基础、最直接、最有效的德育教育方式，是培育和践行社会主义核心价值观的微观载体。家风，通俗来讲，就是一个家庭的价值观，是"一个家庭或家族在发展过程中逐步形成的传统习惯、行为准则与处世之道的综合"②。习近平总书记曾强调："不论时代发生多大变化，不论生活格局发生多大变化，我们都要重视家庭建设，注重家

① 徐艳利．当代农民社会主义核心价值观培育研究[D]．上海师范大学，2015(5)．

② 高永强．论家风家训在社会主义核心价值观大众认同机制中的作用[J]．道德与文明，2017(5)．

庭、注重家教、注重家风。”①这是因为个体的心理特征、价值观念、为人处事的原则和方式都受家风家教的影响，这种影响往往是长远的，有时甚至会是一辈子。父母作为孩子的第一任老师，其一言一行对孩子的成长成才、对孩子价值观念的形成都有十分密切的联系。因此，要利用好家风家教这个易于传承和推广的微观载体，大力弘扬中华孝道，注重培育孩子尊敬父母、孝敬父母、爱戴父母的品格，引导家庭成员养成勤俭节约、吃苦耐劳、诚实守信、讲信修睦的传统美德，摒弃好逸恶劳、奢侈浪费、目无尊长等坏习惯。通过家风家教，“促进家庭和睦，促进家人相亲相爱，促进下一代健康成长，促进老年人老有所养，让社会主义核心价值观在家庭里生根、在亲情中升华”②。注重家风家教还需要特别注重从农村的娃娃抓起。随着社会流动的不断加剧，我国农村的留守儿童从2000年的不到2000万，猛增到2010年的6000多万。留守儿童由于父母关爱不够等原因，心理问题和价值观问题日益特别突出。留守儿童的价值观问题和心理问题关系到全民族整体素质的提高和整个社会的长治久安。据调查，大部分留守儿童常常有孤独感和负面情绪，甚至有的留守儿童存在心理抑郁问题。因此，广大外出务工的农民要多花时间与孩子沟通，让他们感受到亲情、感受到关爱和温暖，及时发现他们的负面情绪，积极引导他们形成健康向上、刚毅自强、积极乐观、勤劳勇敢的时代品质和人格特征。

---

① 习近平．在2015年春节团拜会上的讲话[N]．人民日报，2015－02－18．

② 中央宣传部、中央文明办．《培育和践行社会主义核心价值观的行动方案》[EB/OL]．http://theory.people.com.cn/n/2015/0417/c239645－26860714.html，2015－4－17．

六、深化户籍制度改革

城乡户籍制度的壁垒是影响农民认同社会主义核心价值观的重要因素。当前深化户籍制度改革是增强农民群众认同社会主义核心价值观的重要抓手。户籍制度的改革是为了消除城乡差别，保障有条件、有意愿、在城镇有稳定就业和住所的农业转移人口的合法权益，让他们在城市落户后可以享受到与城镇居民相同的教育、医疗、卫生、养老、文化等公共服务，不断推动社会公平正义的实现。户籍制度改革的核心就是要通过创新社会治理，扩大城市福利覆盖面，实现由户籍人口向常住人口的全覆盖，进而通过人口分布转移，减少农村人口，扩大农业生产规模，缩小城乡福利差距，促进城乡公共服务均等化。城市化政策和户籍制度改革必须与土地、人口、财政政策改革相配套才能取得成功。因此，深化户籍制度改革应该由中央高层做出决定，要有计划、有组织、有步骤地进行，政府可以在一些地方进行试点，再由点到面在全国铺开。

结　语

农村的社会主义核心价值观建设是一项复杂的系统性工程，这是因为社会主义核心价值观建设是一个不同层面的主体、不同要素（人、财、物、制度等）之间相互作用、相互协调、通力配合的过程，这个过程涉及党委和政府在宏观上的领导与规划，涉及基层政府各部门的贯彻与执行、协调与合作，涉及市场与社会组织的发力，更需要农村基层组织的推动与执行，需要农民群众积极广泛地参与，需要制度的保障、舆论的引导、理论的宣传、实践的养成等。事实上，社会主义核心价值观建设是一个自上而下地“推”和自下而上地“建”相结合的过程，遵循着党领导、政府负责、社会协调、公众参与的建设原则。但是，当前农村社会主义核心价值观建设大多停留在自上而下地“推”这一层面，缺乏自下而上地“建”。这种缺乏自下而上地“建”的社会主义核心价值观建设在某种程度上就“沦为”“硬灌输”，其结果必然是社会主义核心价值观不接地气，飘浮在空中，停留在知识分子的“应该”这一层面，没有深入人心。而且，由于我国农村千差万别，东南沿海地区的农村与中西部地区的农村在经济发展程度、历史传统文化、地理环境以及资源禀赋等方面各不相同，导致农村的社会主义核心价值观建设不可能有整齐划一的模式，这也为本书带来一定的难度。本书在实证部分选取豫南的一个村庄为个案研究的对象，虽然不能代表全国所有的农村，但遵循着马克思主义认识论的基本原理，即从认识个别到认识一般，再从认识一般到认识个别这样一个认识规律，也正如毛泽东所说的那样："人们总是首先认识了许多不同事物的特殊的本质，然后才有可能更进一步地进行概括工作，认识诸种事物的共同的本质。"①当然，由于笔者时间和精力的有限、知识结构的匮乏、调研样本和方法的局限以及掌握的数据有限，本书中所提的一些观点和认识可能存在某种程度的偏差，而这些遗憾也只能在以后的工作和写作中逐步地完善和修补。从某种意义来讲，本书的研究还只是"开题和破题"，农村社会主义核心价值观建设仍需要学界继续深入地研究。

① 毛泽东选集(第二卷)[M].北京：人民出版社，2009：309－310.

附　　录

农村培育和践行社会主义核心价值观调查问卷

亲爱的同志：

您好！感谢您在百忙中接受我们的调查。我们正在进行一项关于在农村培育和践行社会主义核心价值观现状的调查研究。此问卷采用不记名的形式，您的回答只用于统计分析，不存在好坏对错之分，也不会对您造成任何负面的影响。敬请按照您的实际情况和真实想法选填。恳请得到您的支持与配合。衷心感谢您参与本次调查！

（注：请您直接在适合您的选项序号上划“√”或者在横线上填写）

Part A　个人基本情况

1. 您的性别是：A. 男；B. 女。
2. 您的年龄是：________。
3. 您的民族是：________。

4. 您的政治面貌是：________。

5. 您家庭年均总收入大概是：________(元)。

Part B 农民认知、认同、践行社会主义核心价值观的调查

(一) 农民认知社会主义核心价值观的调查

Q1. 您知道国家正在宣传和倡导"社会主义核心价值观"吗？

A. 知道　　B. 知道一些　　C. 不知道

Q2. 您了解社会主义核心价值观的基本内容吗？

A. 十分了解　　B. 了解一些　　C. 不了解

Q3. 请选出社会主义核心价值观的基本内容(多选)

A. 富强、民主、文明、和谐

B. 自由、平等、公正、法治

C. 爱国、敬业、诚信、友善

D. 创新、协调、共享、发展

Q4. 你认为社会主义核心价值观与中华优秀传统文化是否有联系？为什么？(请将答案填写在横线上)

A. 有联系　　B. 没有联系　　C. 不清楚

答案：____。

Q5. 您认为国家层面、社会层面、个人层面的价值要求是相辅相成、互为统一的吗？

A. 是　　B. 不是　　C. 不清楚

Q6. 您认为社会主义核心价值观的基本内容是否通俗易懂？

A. 通俗易懂,完全认同

B. 比较易懂,基本认可

C. 词汇太多,难以把握

D. 说不清楚

Q7. 您是通过什么途径了解到社会主义核心价值观的?(可多选)

A. 电视、广播　B. 宣传标语　C. 互联网

D. 书籍、报刊　E. 村干部口头宣传　F. 其他

(二) 农民认同社会主义核心价值观的调查

Q1. 您是否赞同"国家富强,人民才能幸福"?

A. 是　B. 否

Q2. 您是否赞同"摆脱贫困,首先得靠自己"?

A. 是　B. 否

Q3. 您是否赞同中国是一个民主的国家?

A. 是　B. 否

Q4. 您是否赞同民主就是一人一票选村主任?

A. 是　B. 否

Q5. 您是否赞同乡风文明很重要?

A. 是　B. 否

Q6. 您是否赞同人与人、人与自然都要和谐相处?

A. 是　B. 否

Q7. 您是否赞同公民人身自由不可侵犯?

A. 是　B. 否

Q8. 您是否赞同法律面前人人平等?

A. 是　B. 否

Q9. 您是否赞同生儿生女一样好?

A. 是　　　　B. 否

Q10. 您是否赞同城市和农村、富人和穷人享有同等的获得教育和福利的机会?

A. 是　　　　B. 否

Q11. 您是否赞同做人做事法律是底线?

A. 是　　　　B. 否

Q12. 您是否赞同没有共产党就没有新中国?

A. 是　　　　B. 否

Q13. 您是否认可、赞扬党在农村实行的惠民政策?

A. 是　　　　B. 否

Q14. 您是否赞同干一行就要爱一行?

A. 是　　　　B. 否

Q15. 你是否赞同做人应该诚实守信?

A. 是　　　　B. 否

Q16. 你是否赞同对待熟悉的人和陌生人都应该友善?

A. 是　　　　B. 否

Q17. 您是否赞同"当集体利益与个人利益发生冲突时,应该以集体利益为重"?

A. 是　　　　B. 否

Q18. 您是否参加过社会主义核心价值观的宣讲或学习活动?

A. 参加过　　　　B. 未参加　　　　C. 不清楚

Q19. 您是否会主动参加社会主义核心价值观的宣讲或学习活动?

A. 会　　　　B. 不一定　　　　C. 不会

Q20. 您认为在农村宣传和倡导社会主义核心价值观是否有意义?

A. 很有积极意义

B. 有意义,但很难把握

C. 是一种理想主义追求,很遥远

D. 没有实际价值

(三)农民践行社会主义核心价值观的调查

Q1. 当看到别人家有虐待老人或者虐待儿童现象时,您会怎么做?

A. 这样做违反人伦纲常,我会上前制止

B. 向村干部反应,让村干部出面解决

C. 看亲疏远近关系再决定是否插手

D. 别人家的事跟我没有关系

Q2. 人们一般用"潜规则"来形容社会的不公正,您如何看待潜规则?

A. 坚决反对潜规则,促进社会公平正义

B. 顺应潜规则要求,满足自身利益需要

C. 视情况而定

Q3. 如果您做生意,您是否会用八两秤、九两秤?

A. 坚决反对八两秤、九两秤,对这种坑蒙老百姓的行为要坚决抵制

B. 别人都在用,我不用就亏了,还是随大流吧

C. 不好说

Q4. 您是否会积极参加村庄选举?

A. 会积极行使自己的权利,投上神圣的一票

B. 选举只是走个形式,都是上面安排好的,投不投票都一样

C. 选举都是村干部和党员的事,与老百姓没关系

D. 说不清楚

Q5. 与邻里发生纠纷时,您会如何解决?

A. 本着互谅互让、和睦相处的原则自己协商解决

B. 以法律形式解决

C. 找村委会或村干部调解

D. 先忍着,找机会跟他过不去

Q6. 如果损害自己利益的是当官的或者上级政府部门,您会怎么办?

A. 去法院告他(她)

B. 发动全家或全村人上访

C. 当官的和政府部门得罪不起,还是忍一忍算了吧

D. 找机会报复他

Q7. 当村里为村集体修路需要占用你的农田时,你会如何处理这件事?

A. 愿意为了集体利益牺牲自己的利益

B. 通过协商,希望村里给予一定的经济补偿

C. 要求村里一定给予补偿,不然不愿意

D. 乘机敲诈,要尽量多的补偿

参考文献

Ⅰ. 马克思主义文献

[1]马克思恩格斯选集:第一至四卷[M].北京:人民出版社,2012.

[2]马克思恩格斯文集:第一至十卷[M].北京:人民出版社,2009.

[3]马克思恩格斯全集:第1卷[M].北京:人民出版社,2002.

[4]马克思恩格斯全集:第2卷[M].北京:人民出版社,2005.

[5]马克思恩格斯全集:第3卷[M].北京:人民出版社,1995.

[6]马克思恩格斯全集:第25卷[M].北京:人民出版社,2001.

[7]马克思恩格斯全集:第26卷[M].北京:人民出版社,2001.

[8]马克思恩格斯全集:第33卷[M].北京:人民出版社,2004.

[9]马克思恩格斯全集:第44卷[M].北京:人民出版社,2001.

[10]马克思恩格斯全集:第45卷[M].北京:人民出版社,

2003.

[11]列宁全集(1—7)[M]. 北京:人民出版社,2014.

[12]毛泽东选集(第一至五卷)[M]. 北京:人民出版社,2009.

[13]邓小平文选(第一至三卷)[M]. 北京:人民出版社,2014.

[14]习近平谈治国理政[M]. 北京:外文出版社,2014.

[15]习近平谈治国理政(第二卷)[M]. 北京:外文出版社,2017.

[16]习近平. 之江新语[M]. 浙江:浙江出版联合集团,浙江人民出版社,2013.

[17]中共中央文献研究室. 十二大以来重要文献选编(上中下)[M]. 北京:中央文献出版社,2011.

[18]中共中央文献研究室. 十四大以来重要文献选编(上中下)[M]. 北京:人民出版社,1997.

[19]中共中央文献研究室. 十五大以来重要文献选编(中)[M]. 北京:人民出版社,2000.

[20]中共中央文献研究室. 十五大以来重要文献选编(下)[M]. 北京:人民出版社,2003.

[21]中共中央文献研究室. 十六大以来重要文献选编(上)[M]. 中央文献出版社,2005.

[22]中共中央文献研究室. 十六大以来重要文献选编(下)[M]. 北京:人民出版社,2011.

[23]中共中央文献研究室. 十七大以来重要文献选编(上)[M]. 北京:人民出版社,2009.

[24]中共中央文献研究室. 十七大以来重要文献选编(上)[M]. 北京:中央文献出版社,2009.

[25]中共中央文献研究室. 十八大以来重要文献选编(上)[M]. 北京:中央文献出版社,2014.

[26]中共中央关于深化文化体制改革、推动社会主义文化大发展大繁荣若干重大问题的决定[M].北京：人民出版社，2011.

[27]中共中央关于全面深化改革若干重大问题的决定[M].北京：人民出版社，2013.

[28]中共中央宣传部.习近平总书记重要讲话读本[M].北京：学习日报社，人民出版社，2016.

[29]习近平.决胜全面建成小康社会 夺取新时代中国特色社会主义伟大胜利——在中国共产党第十九次全国代表大会上的报告[M].北京：人民出版社，2017.

[30]中共中央办公厅.关于培育和践行社会主义核心价值观的意见[M].北京：人民出版社，2013.

Ⅱ.国内学者著作

[1]杨素稳，李德芳.中国共产党农村思想政治教育史[M]北京：中国社会科学出版社，2007.

[2]高岳仑，唐明勇.中国共产党农民思想政治工作的理论与实践[M].北京：中国农业出版社，2009.

[3]罗国杰.马克思主义价值观研究[M].北京：人民出版社，2013.

[4]袁贵仁.价值观的理论与实践[M].北京：北京师范大学出版社，2013.

[5]陈新汉等.社会主义核心价值体系论研究[M].北京：北京师范大学出版社，2012.

[6]施惠玲.制度伦理研究论纲[M].北京：北京师范大学出版社，2003.

[7]徐斌.制度建设与人的自由全面发展[M].北京：人民出版社，2012.

[8]司汉武.制度理性与社会秩序[M].北京:知识产权出版社,2011.

[9]田海舰,邹卫.社会主义核心价值观论纲[M].北京:人民出版社,2010.

[10]方旭光.认同的价值与价值的认同[M].北京:中国社会科学出版社,2014.

[11]朱颖原.社会主义核心价值观多维研究[M].北京:人民出版社,2013.

[12]袁银传.中国特色社会主义核心价值观[M].武汉:武汉大学出版社,2014.

[13]廖小平.价值观变迁与核心价值体系的解构和建构[M].北京:中国社会科学出版社,2013.

[14]骆郁廷.精神动力论[M].武汉:武汉大学出版社,2003.

[15]陈少雷.文化价值观的哲学省思[M].北京:社会科学文献出版社,2006.

[16]陈来.古代思想文化的世界[M].北京:三联书店,2009.

[17]梁漱溟.中国文化要义[M].上海:上海世纪出版集团,2005.

[18]李宏斌,杨亮才.文化哲学与社会主义核心价值研究[M].北京:人民出版社,2015.

[19]阎云翔.私人生活的变革——一个中国村庄里的爱情、家庭与亲密关系(1949—1999)[M].龚小夏译,上海:上海书店出版社,2009.

[20]曹锦清.黄河边的中国[M].上海:上海文艺出版,2013.

[21]陈柏峰.农民生活及其价值世界——皖北李圩村调查[M].济南:山东人民出版社,2009.

[22]康来云.中国农民价值观变迁[M].郑州:河南人民出版

社,2008.

[23]简明不列颠百科全书(第4卷)[M]. 北京:中国大百科全书出版社,1986.

[24]吴忠民,杨敏,王道勇. 社会学理论前沿[M]. 北京:中共中央党校出版社,2015.

[25]郑杭生等. 社会学概论新修[M]. 北京:中国人民大学出版社,2013.

[26]郑杭生. 郑杭生自选集[M]. 北京:学习出版社,2013.

[27]司汉武,同春芬. 传统与超越:中国农民与农村的现代化[M]. 西安:西北农林科技大学出版社,2006.

[28]庄孔韶等. 时空穿行:中国乡村人类学世纪回访[M]. 北京:中国人民大学出版社,2004.

[29]贺雪峰. 新乡土中国[M]. 北京:北京大学出版社,2013.

[30]吴理财. 公共性的消解与重建[M]. 北京:知识产权出版社,2014.

[31]赵旭东. 文化的表达:人类学的视野[M]. 北京:中国人民大学出版社,2009.

[32]陈桂蓉. 中国传统道德概论[M]. 北京:社会科学文献出版社,2014.

[33]费孝通. 乡土中国 生育制度 乡土重建[M]. 北京:商务印书馆,2011.

[34]费孝通. 江村农民生活及其变迁[M]. 敦煌:敦煌文艺出版社,1997.

[35]梁漱溟. 乡村建设理论[M]. 上海:上海人民出版社,2011.

[36]农业部调研组. 社会主义新农村建设百村调研汇集[M]. 北京:中国农业出版社,2006.

[37]王怀超等.社会主义精神文明建设的历史进程与基本经验[M].北京:中共中央党校出版社,2011.

[38]陆益龙.农民中国——后乡土社会与新农村建设研究[M].北京:中国人民大学出版社,2010.

[39]陆学艺.中国农村现代化基本问题[M].北京:中共中央党校出版社,2004.

[40]袁银传.小农意识与中国现代化[M].武汉:武汉出版社,2008.

[41]王伟光等.建设社会主义新村的理论与实践[M].北京:中共中央党校出版社,2006.

[42]张耀灿,郑永廷等.现代思想政治教育学[M].北京:人民出版社,2001.

[43]钟敬文等.民俗学概论[M].上海:上海文艺出版社,2009.

[44]杨菊平.非正式制度与乡村治理研究[M].上海:上海交通大学出版社,2016.

[45]本书编写组.第一书记脱贫攻坚手册[M].郑州:中原农民出版社,2016.

[46]中华人民共和国农业部.农民思想政治教育读本[M].北京:中国农业出版社,1996.

Ⅲ. 中文译著

[1][古希腊]亚里士多德.政治学[M].吴寿彭译.北京:商务印书馆,2003.

[2][美]塞缪尔·亨廷顿,劳伦斯·哈里森等.文化的重要作用——价值观如何影响人类进步[M].程克雄译.北京:新华出版社,2010.

[3][法]古斯塔夫·勒庞.乌合之众——大众心理学研究[M].戴光年译.北京:新世界出版社,2010.

[4][德]斐迪南·吉登斯.共同体与社会:纯粹社会学的基本概念[M].林荣远译.北京:北京大学出版社,2010.

[5][美]黄宗智.中国乡村研究[M].福建:福建教育出版社,2010.

[6][美]黄宗智.明清以来的乡村社会经济变迁:历史、理论与现实[M].北京:法律出版社,2014.

[7][美]塞缪尔·亨廷顿.变化社会中的政治秩序[M].王冠华译.北京:三联书店,1989 .

[8][德]马克斯·韦伯.新教伦理与资本主义精神[M].陈婧译.北京:北京大学出版社,2012.

[9][英]凯特·纳什,阿兰·斯科特等.布莱克维尔政治社会学指南[M].李雪、吴玉鑫、赵蔚译.杭州:浙江人民出版社,2007.

[10][德]哈贝马斯.公共领域的结构转型[M].曹卫东等译.上海:学林出版社,1999.

[11][英]齐格蒙特·鲍曼.共同体[M].欧阳景根译.南京:江苏人民出版社,2007.

[12][美]约翰·罗尔斯.正义论[M].何怀宏等译.上海:上海三联书店,2003.

[13][古希腊]亚里士多德.尼各马可伦理学[M].廖申白译.北京:商务印书馆,2003.

[14][美]曼纽尔·卡斯特.认同的力量[M].曹荣湘译.北京:社会科学文献出版社,2006.

[15][英]洛克.政府论[M].刘晓根译.北京:北京出版社,2007.

Ⅳ. 学术论文

[1]刘云山.深入推进社会主义核心价值体系建设,巩固全党全国人民团结奋斗的共同思想基础[J].党建,2008(5).

[2]刘云山.着力培育和践行社会主义核心价值观[J].求是,2014(2).

[3]刘云山.推动农村精神文明建设再上新台阶[J].求是,2009(10).

[4]刘云山.紧紧围绕四个全面战略布局,锲而不舍推进精神文明建设[J].党建,2015(4).

[5]颜玉凡,叶南客.我国现阶段农村公共文化服务困境解析——以H社区为例[J].文化研究,2015(4).

[6]辛世俊.培育和践行社会主义核心价值观的“四化”问题研究[J].学习论坛,2015(3).

[7]杨兴林.社会主义核心价值观大众认同的内涵、挑战与抉择[J]. 中共浙江省委党校学报,2015(2).

[8]贺雪峰.论中国农村的区域差异——村庄社会结构的视角[J].开放时代,2012(10).

[9]贺雪峰.农民价值观的类型及相互关系——对当前中国农村严重伦理危机的讨论[J].开放时代,2008(3).

[10]朱炳祥.社会文化转型中的村庄变迁:兼论村庄的本性及其意义[J].社会学评论,2013(02).

[11]叶小文.社会主义核心价值观:从必要性向可行性的飞跃[J].党建研究,2014(3).

[12]王学俭,杜敏.培育和践行社会主义核心价值观的动力微探[J].中国特色社会主义理论,2013(10).

[13]田旭明,陈延斌.社会主义核心价值观引领民间舆论场的

实效性对策探讨[J].马克思主义研究,2016(3).

[14]黄家亮.基层社会治理转型与新型乡村共同体的构建——我国农村社区建设的实践与反思(2003－2014)[J].社会建设,2014(1).

[15]张红霞,谭春波.论社会主义核心价值观的生活化[J].思想政治教育,2016(4).

[16]朱明,谢建社.社会变迁中的农村社区党组织建设[J].求实 ,2003(5).

[17]王淑芹.首都农村社会公德研究[J].北京社会科学,2010(3).

[18]萧永禄.现阶段民间文化活动类型分析及其特征[J].文化纵横.2010(6).

[19]杨敏."活着的过去"和"未来的过去"——民俗制度变迁与新农村建设的社会学视野[J].学习与实践,2007(11).

[20]杨敏.中国社会转型过程中社区意涵之探讨[J].武汉大学学报,2006(11).

[21]杨敏,王建民.在社区建设中重铸社会认同[J].天津社会科学,2009(5).

[22]杨敏.历史视域下的社区文化建设新趋势[J].华中师范大学学报(人文社会科学版),2015(5).

[23]杨敏.社会学视野中的社区建设与制度创新——深圳经验的一种社会学理论感悟[J].哈尔滨工业大学学报(社会科学版),2012(1).

[24]郭云.中国共产党推动革命根据地移风易俗的历史经验与启示[J].毛泽东邓小平理论研究,2015(1).

[25]杨冬梅.论社区概念及其演进中的价值诉求与伦理意蕴[J].中州学刊,2006(5).

[26]项继权.论我国农村社区的范围与边界[J].中共福建省委党校学报,2009(7).

[27]徐勇.在社会主义新农村建设中推进农村社区建设[J].江汉论坛,2007(4).

[28]郁建兴.走向社会治理的新常态[J].探索与争鸣,2015(12).

[29]殷昭举.中国社会治理的现代化[J].社会学评论,2014(3).

[30]苏光.中国社会治理的价值诉求——基于工具理性和价值理想的统一[J].理论探讨,2014(3).

[31]济南市社会主义核心价值观研究中心.社会主义核心价值观在创新社会治理中的作用与践行[J].中共济南市委党校学报,2015(4).

[32]孙力.社会治理需要核心价值的中轴[J].思想理论研究,2014(7).

[33]张康之.社会治理中的价值[J].国家行政学院学报,2003(9).

[34]杨建华.传统基层社会治理文化的现代转型[J].中国特色社会主义研究,2015(5).

[35]袁银传.培育和践行社会主义核心价值观的基本路径[J].思想理论教育,2014(10).

[36]王学俭,金德楠.论社会主义核心价值观的社会治理功能及其实现机理[J].黑龙江高教研究,2014(11).

[37]陈柏峰.从乡村社会变迁反观熟人社会的性质[J].江海学刊,2014(4).

[38]刘新玲,陈锦萍.乡村培育和践行社会主义核心价值观的载体研究[J].毛泽东邓小平理论研究,2015(6).

[39]范逢春. 地方政府社会治理:正式制度与非正式制度[J]. 甘肃社会科学, 2015(3).

[40]王贤卿,刘园园. 从马克思主义的利益观看当代中国国家治理的价值指向[J]. 毛泽东邓小平理论研究,2015(12).

[41]杨相琴. 马克思主义利益观探究[J]. 理论月刊,2010(9).

[42]孟迎辉,邓泉国. 社会主义核心价值观与日常生活的内在逻辑[J]. 社会主义研究,2015(1).

[43]朱晨静. 社会主义核心价值观的日常生活视角[J]. 山东社会科学, 2014(10).

[44]朱晨静. 社会主义核心价值观体系认同与人的内在需要[J]. 云南农业大学学报,2011(5).

[45]郭超,赵平. 在农村开展社会主义核心价值体系学习教育的有效路径[J] 河北农业大学学报(农林教育版), 2013(4).

[46]郭超,赵平. 在农村培育和践行社会主义核心价值观要注重“五化”[J]. 人民论坛,2015(1).

[47]郭超. 关于推进社会主义核心价值观乡土化的几个基本问题的探讨[J]. 南昌航空大学学报(社会科学版),2015(4).

[48]陈柏峰. 从乡村社会变迁反观熟人社会的性质[J]. 江海学刊,2014(4).

[49]陈柏峰. 新农村建设要关注非物质性公共品供给[J]. 新观察. 2006(7).

[50]吴潜涛. 培育和践行社会主义核心价值观重要意义的几点思考[J]. 思想教育研究,2015(2).

[51]吴潜涛. 社会主义核心价值体系的科学内涵[J]. 道德与文明,2007(1).

[52]吴理财. 文化治理的三张面孔[J]. 华中师范大学学报(人文社会科学版),2014(1).

[53]李德顺.关于价值与核心价值[J].学术研究,2007(12).

[54]陈秉公.马克思主义意识形态理论与社会主义核心价值体系建构[J].马克思主义研究,2008(3).

[55]吴广庆.马克思主义意识形态本质及当代价值述论[J].理论导刊,2011(12).

[56]顾钰民.深化社会主义核心价值观研究的几个问题[J].中国特色社会主义研究,2013(4).

[57]冯秀军,王淼.培育和践行社会主义核心价值观的几个基本问题[J].教学与研究,2014(8).

[58]戴木才.积极培育和践行社会主义核心价值观[J].思想政治工作研究,2014(2).

[59]沈壮海.社会主义核心价值观培育和践行的着力点[J].思想政治工作研究,2012(12).

[60]沈壮海.构筑社会治理创新的价值基础——当代中国的社会主义核心价值观建设[J].社会主义核心价值观研究,2016(1).

[61]王学俭,郭绍均.关于社会主义核心价值观的几个重点问题——学习理解习近平总书记关于社会主义核心价值观的系列讲话[J].社会主义核心价值观研究,2016(1).

[62]王学俭,李东坡.社会主义核心价值观研究述要[J].思想政治教育研究,2013(4).

[63]钱广荣.论弘扬社会主义核心价值观与传承中华优秀传统文化的辩证统一关系[J].社会主义核心价值观研究,2016(1).

[64]马永庆.论社会主义核心价值观的培育主体[J].社会主义核心价值观研究,2016(1).

[65]王炳林,郝清杰.努力践行社会主义核心价值观[J].社会主义核心价值观研究,2015(1).

[66]郑永廷.社会主义核心价值观主导与多样价值追求协调新常态研究[J].社会主义核心价值观研究,2015(1).

[67]邱柏生.社会主义核心价值观主导与多样价值追求协调新常态研究[J].社会主义核心价值观研究,2015(1).

[68]刘建军.以弹性思维把握社会主义核心价值观[J].社会主义核心价值观研究,2015(1).

[69]张耀灿.构建社会主义核心价值观养成教育长效机制的思考[J].社会主义核心价值观研究,2015(1).

[70]刘新庚,刘邦捷,黄力.培育社会主义核心价值观的动力机制探索[J].社会主义核心价值观研究,2016(1).

[71]方爱东.社会主义核心价值观论纲[J].马克思主义研究,2010(12).

[72]张永芝.核心价值秩序与社会主义核心价值观[J].教学与研究,2013(6).

[73]贺来.价值秩序的颠倒与现代社会的命运[J].吉林大学社会科学学报,2003(6).

[74]胡为雄.重新理解马克思的"上层建筑"概念[J].教学与研究,2008(7).

[75]钟明华,黄荟.社会主义核心价值观内涵解析[J].山东社会科学,2009(12).

[76]郑杭生.中国特色社区建设与社会建设——一种社会学的分析[J].中南民族大学学报(人文社科版),2008(6).

[77]项继权.论我国农村社区的范围与边界[J].中共福建省委党校学报,2009(7).

[78]简臻锐.在农村培育和践行社会主义核心价值观的思考[J].思想教育研究,2016(11).

[79]郭超.农村培育社会主义核心价值观的困境与对策[J].

西安建筑大学学报(社会科学版). 2016(2).

[80]游训龙.当前农村社会主义核心价值观培育中的问题及改进[J].江西社会科学 ,2014(9).

[81]吴春梅,席莹.农民的社会主义核心价值观认同:困境与出路[J].科学社会主义.2014(6).

[82]吴春梅,雷定鹏.城乡文化交融背景下农民的社会主义核心价值观培育[J].广西社会科学,2016(4).

[83]吴春梅,席莹.农民文化生活与农民公共精神的生长:机理与对策[J].中南民族大学学报(人文社会科学版),2015(4).

[84]吴春梅,刘可.转型期农民的价值困惑、价值追求与价值提升[J].学习与实践,2016(4).

[85]吴春梅,刘晓杰.转型期的农村矛盾及其化解机制[J].云南行政学院学报,2009(6).

[86]吴春梅,石绍成.乡村公共精神:内涵、资源基础与培育[J].前沿,2010(7).

[87]谭俊杰.论人的需要与价值追求[J].四川师范大学学报(社会科学版),1998(2).

[88]王义芳,李伦.农民价值观念变迁与新农村社会价值规范建设——以湖北农民和湖北农村为例[J].道德与文明,2008(3).

[89]吴春梅,吕英喆.村庄治理中的农民公共价值观念分析[J].理论探讨,2015(2).

[90]薛明珠.农村地区社会主义核心价值观大众化的有效保障[J].信阳师范学院学报,2014(5).

[91]薛明珠.社会主义核心价值观引领新农村先进文化建设实现机制[J].江西农业大学学报(社会科学版),2013(3).

[92]吴翠丽.社会主义核心价值观嵌入日常生活的困境与消解路径[J].思想教育研究,2014(1).

[93]吴翠丽.社会主义核心价值观嵌入日常生活的内在机理与实现路径[J].南京社会科学,2015(2).

[94]漆晓玲.论农村社会主义核心观建设面临的困境与对策[J].社科纵横,2016(11).

[95]钟玉芳.农村培育和践行社会主义核心价值观的困境与对策分析[J].理论观察,2016(9).

[96]谢加书,董宏鹰.面向群众日常生活培育社会主义核心价值观研究[J].湖北社会科学,2014(9).

[97]杨顺昌,杨建义.论农村党员干部在社会主义核心价值观培育中的角色[J].贵阳市委党校学报,2016(3).

[98]申瑞锋.重建农村社会核心价值观的若干问题[J].调研世界,2008(2).

[99]陈仁铭.略论当前农村文化主义矛盾[J].科学社会主义,2007(2).

[100]欧亚静.电视进村、国家退出与农村伦理变迁[J].江西师范大学学报(哲学社会科学版),2008(2).

[101]吴理财,张良.农民的精神信仰:缺失抑或转化?——对农村基督教文化盛行的反思[J].人文杂志。2010(2).

[102]董磊明,陈柏峰,聂良波.结构混乱与迎法下乡——河南送法法律实践的解读[J].中国社会科学,2008(5).

[103]王思斌.体制改革中的城市社区建设的理论分析[J].北京大学学报(哲社版)》,2000(5).

[104]郭学旺,贾绘泽.我国农村社会主义核心价值体系宣传机制创新的思考[J].山东社会科学,2012(11).

[105]陆军恒.新农村建设中社会主义核心价值体系的实现路径[J].河北学刊,2011(6).

[106]皋艳.新农村建设中农民内化社会主义核心价值体系的

思考[J].长白学刊,2010(5).

[107]陈柏峰.农村仪式性人情的功能异化[J].华中科技大学学报,2011(1).

[108]陈柏峰,郭俊霞.也论“面子”——村庄生活的视角[J].华中科技大学学报(社会科学版),2007(1).

[109]张海荣.转型时期乡村治理文化认同重构[J].中国特色社会主义研究,2016(5).

[111]霍军亮.乡土文化变迁视阈下农村思想政治教育的困境与对策[J].学习与实践,2016(9).

[111]赵旭东,朱添谱.乡规民约与新乡土秩序的构建——乡规民约在中国城镇化建设过程中的意义[J],中国党政干部论坛,2015(7).

[112]赵旭东,孙笑非.中国乡村文化的再生产——基于一种文化转型观念的再思考[J].南京农业大学学报(社会科学版),2017(1).

[113]孟轲.近六年来社会主义核心价值观认同研究综述[J].探索,2013(5).

[114]金伟.十八大以来社会主义核心价值观培育研究综述[J].思想理论教育导刊,2015(11).

[115]廖志坤,乔玉为.社会主义核心价值观在农村传播的渠道和与效果研究[J].湖南师范大学学报(社会科学版),2016(5).

[116]王国伟.新形势下农民群体对社会主义核心价值观认同度的分析——基于全国 2142 份问卷的调查[J].思想政治教育研究,2017(2).

[117]沈贤岚,沈又红,郭庆.农民社会主义核心价值观的认同度及影响因素研究——基于湖南省的实证分析[J].伦理学研究,2017(3).

[118]朱红晖.农民对社会主义核心价值体系的认知及践行——基于广西藤县的调查.人民论坛,2013(3).

Ⅴ.学位论文

[1]梁跃民.论中国特色社会主义核心价值观建设[D].保定:河北大学,2011.

[2]方爱东.社会主义核心价值观的发展历程及其当代建构[D].合肥:安徽大学,2010.

[3]朱颖原.社会主义核心价值观研究[D].太原:山西大学,2013.

[4]谷耀宝.中国特色社会主义制度价值简论[D].北京:中共中央党校,2014.

[5]田海舰.社会主义核心价值观研究[D].北京:中共中央党校,2008.

[6]刘月玲.马克思制度伦理思想研究[D].长沙:湖南师范大学,2013.

[7]周蓉辉.中国特色社会主义核心价值观研究[D].北京:中共中央党校,2011.

[8]孙杰.当代中国社会主义核心价值观研究[D].北京:中共中央党校,2014.

[9]徐滕.中国特色社会主义核心价值观研究[D].扬州:扬州大学,2013.

[10]唐丽娜.农村培育和践行社会主义核心价值观的现实困境与实现机制研究[D].郑州:郑州大学,2016.

[11]欧阳爱权.社会主义新农村道德建设研究[D].武汉:武汉大学,2010.

[12]林凤英.新农村建设背景下农民价值观问题研究[D].福

建:福建农林大学,2011.

[13]汤西米.社会主义核心价值观在农村的宣传与培育研究——以湖南省双农乡为个案[D].湖南:湖南师范大学,2015.

[14]刘芳.社会转型期的孝道与乡村秩序[D].上海:上海大学,2013.

[15]徐学庆.社会主义新农村建设研究[D].武汉:华中师范大学,2007.

[16]何文毅.新农村建设中农民思想政治教育实施策略研究[D].重庆:西南大学,2011.

[17]夏梅花.当前农村精神文明建设中的问题及其对策研究[D].南京:南京师范大学,2015.

[18]肖芳.推进农村当代马克思主义大众化研究[D].曲阜:曲阜师范大学,2011.

[19]孙可敬.我国农民公民意识培育研究[D].郑州:郑州大学,2016.

[20]周占杰.新农村建设中农民素质问题研究[D].北京:中央民族大学,2010.

[21]欧阳爱权.社会主义新农村道德建设研究[D].武汉:武汉大学,2011.

[22]薛明珠.新时期农民思想政治教育研究[D].北京:北京交通大学,2015.

[23]赵霞.乡村文化的秩序转型与价值重建[D].石家庄:河北师范大学,2010.

[24]霍军亮.社会转型期农村基层党员思想建设研究[D].武汉:武汉大学,2013.

Ⅵ. 报刊资料

[1]习近平.在文艺工作座谈会上的讲话[N].人民日报,2015—10—15.

[2]胡锦涛.在全国农村基层组织建设工作座谈会上的讲话[N].求是,1996—10—25.

[3]吴潜涛.深刻理解社会主义核心价值观的内涵[N].人民日报,2013—05—22.

[4]习近平.青年要自觉践行社会主义核心价值观——在北京大学师生座谈会上的讲话[N].光明日报,2014—05—05.

[5]胡锦涛.高举中国特色社会主义伟大旗帜 为夺取全面建设小康社会新胜利而奋斗[N].人民日报,2007—10—25.

[6]刘伟,严红枫,叶辉,裘浙.乡贤回乡,重构传统乡村文化——浙江"乡贤文化"与乡村治理的采访和思考[N].光明日报,2014—07—02.

[7]项继权,夏宁波,唐钱琳.我们需要怎样的农村生活共同体——"中外农村社区建设比较研讨会"观点综述[N].中国社会报,2012—03—16.

[8]陈秉公.如何认识社会主义核心价值观与社会主义意识形态的关系?[N].光明日报,2011—02—25.

[9]陈延斌,邹放鸣.社会主义核心价值理念刍议[N].光明日报,2007—07—31.

[10]韩振峰.社会主义核心价值体系与核心价值观是一回事吗?[N].光明日报,2011—01—24.

[11]陈柏峰.乡土逻辑根植于熟人社会[N].中国社会科学报,2011—03—29.

[12]中共北京市关于培育和践行社会主义核心价值观的实施

意见[N]. 北京日报,2014－05－27.

Ⅶ. 网络资料

[1]关于培育和践行社会主义核心价值观的实施方案[EB/OL]. 中国文明网,2015－04－16.

[2]河南省“践行价值观、文明我先行”主题系列活动行动方案[EB/OL]. 河南省教育厅网,2015－12－10.

[3]浙江省培育和践行社会主义核心价值观实施方案[EB/OL]. 浙江文明网,2014－11－04.

[4]2015 年中央一号文件:关于加大改革创新力度 加快农业现代化建设的意见[EB/OL]. 中华人民共和国农业部网,2015－02－02.

[5]2016 年中央一号文件:关于落实新发展理念 加快农业现代化实现全面小康目标的若干意见[EB/OL]. 中华人民共和国农业部网,2016－01－29.

[6]2017 年中央一号文件:关于推进农业供给侧结构性改革加快培育农业农村发展新动能的若干意见[EB/OL]. 中华人民共和国农业部网,2017－02－06.

[7]2018 年中央一号文件:关于实施乡村振兴战略的意见[EB/OL]. 中华人民共和国农业部网,2018－02－05.

附:作者已有科研成果

发表论文

1. “传统－现代”关系的本体论与方法论意涵. 甘肃社会科学(CSSCI),2016(6).

2. 知遇历史:陆海双轴的国家政略新均衡态势——“一带一

路"蕴含的深度互构与新发展主义. 思想战线(CSSCI),2018(2).

3. 传统的"重构"与"新构"——试析习近平的传统文化观. 理论月刊(CSSCI),2017(11).

4. 在农村社区培育和践行社会主义核心价值观的思考——以豫南东岳村为个案. 贺州学院学报,2017(2).

参与省级课题

1. 河南省教育厅项目"当代中国公民道德建设的实践及经验研究"(已结项).

2. 河南省社科联项目"用'三平'精神推动中原经济区建设研究"(一等奖,已结项).

3. 贵州省哲社科规划国学单列重大项目"阳明心学与当代社会发展研究"(在研).

4. 中国工程院咨询研究项目"乡村振兴战略背景下土地承包权退出试点调查研究——以土地规模化集约化经营为目标"(在研).

后　记

书稿终于完成，掩卷思量，饮水思源，在此谨表达自身的殷切期盼与拳拳谢意。

真心期盼在党的领导下，我国的农业越来越强，农民越来越富，农村越来越美。

在著书过程中，我深刻感觉“学无止境”与“力有不逮”的压力，应该说没有老师和各位亲朋的帮助，本书不可能付梓，现一并致谢！

我要感谢我的博士导师、中央财经大学教授杨敏先生。本书是在我的博士论文基础上加以修改完成的，写作过程中得益于恩师的指导和点拨，为本书的完成奠定了理论基础。恩师严谨的治学态度、孜孜以求的探索精神、诲人不倦的人格魅力足以令我获益终生。

本书撰写的过程中离不开基层社会鲜活、生动的案例做支撑，感谢DY村支书杨长家、村小学校长杨峰、文殊乡文化站站长从平、光山县前文联主任蔡从春等父老乡亲和领导在我调研过程中给予的帮助和支持。没有他们，就没有本书的实证部分，谢谢他们！

感谢河南农业大学马克思主义学院给了我出版此书的机

会。本书是在河南省重点学科河南农业大学马克思主义理论一级学科、河南省高等学校人文社会科学重点建设研究基地科学发展与农民权利研究中心、河南农业大学马克思主义研究中心资助下完成的,在此一并致谢!

杨筱明

2018 年 10 月 13 日